中小学名师指导系列丛书

U0580299

写作：我们这样教

包建新◎主编

鲁金会 朱林鹏◎副主编

包建新名师工作室实践成果

北京师范大学出版集团
BEIJING NORMAL UNIVERSITY PUBLISHING GROUP
北京师范大学出版社

图书在版编目（CIP）数据

写作：我们这样教/包建新主编. —北京：北京师范大学出版社，2019.8
　ISBN 978-7-303-24666-3

　Ⅰ．①写…　Ⅱ．①包…　Ⅲ．①作文课－教学研究－中学　Ⅳ．①G633.342

　中国版本图书馆 CIP 数据核字（2019）第 078964 号

营　销　中　心　电　话　010-58802181　58805532
北师大出版社职业教育与教师教育分社网　http://zjfs.bnup.com
电　子　信　箱　zhijiao@bnupg.com

XIEZUO WOMEN ZHEYANG JIAO

出版发行：北京师范大学出版社　www.bnup.com
　　　　　北京市海淀区新街口外大街 19 号
　　　　　邮政编码：100875
印　　刷：天津旭非印刷有限公司
经　　销：全国新华书店
开　　本：787 mm×1092 mm　1/16
印　　张：17
字　　数：280 千字
版　　次：2019 年 8 月第 1 版
印　　次：2019 年 8 月第 1 次印刷
定　　价：45.00 元

策划编辑：伊师孟　　　　　责任编辑：罗佩珍　伊师孟
美术编辑：焦　丽　　　　　装帧设计：焦　丽
责任校对：段立超　　　　　责任印制：陈　涛

　　教书久了，难免为职业所化，言谈举止，一副"冬烘先生"的样子，人们就善意名曰"教书先生"。举凡"教书先生"，无论是生活还是工作，总是书生气有余，而趣味儿不足，但老包却是"另类"。知道老包拉了一个微信圈，名曰"唱歌去唱歌去"，"圈"里都是些喜欢自娱自乐的"教书先生"，好像女性居多，我们当然要不失时机地调侃一番，但未尝没有艳羡之意。今年暑假，偶尔坐老包的车，我看到一册厚厚的歌本，有歌词有简谱，有"阳春白雪"，亦有"下里巴人"。我这才知道，老包的"唱歌"圈，并非一时兴起的"赶时髦"，而是一个充满生活情趣的"朋友圈"。老包跟我说，他在学习唱歌的过程中悟到了许多教育的道理，尤其是对一个人学习一种基础很薄弱的东西，需要经历怎样的一个过程，他有了清楚的认识，并说由此更理解学生了；又说，假以时日，他想上一些在歌唱中学习语言的课。这老包，总是这么有意味。

　　多年以前，因为生活的交集，我和老包也偶尔同为歌狂。老包的代表作是《酒神曲》《妹妹你大胆地往前走》之类，他用不是唱而是吼的腔调，把《红高粱》的蛮劲和粗犷发挥得淋漓尽致。在我听来，这是包建新的《红高粱》，而不是张艺谋的《红高粱》。因为我未对老包的"歌唱艺术"加以溢美，老包也许一直有个期待。现在，遇到老包，聊起以往盛事，老包会对我说："我现在比过去唱得好多了！"士别三日当刮目相看，老包对生活有激情，对艺术有感觉，加上身体又好，所以我是相信老包的自我评价的。唱歌这活儿，真是要身体好，即使不能丹田发声，也要中气十足，而我早已过了激情燃烧的岁月，又被生活和工作弄得"暮色苍黄"，很怕进歌厅了，但老包仍然乐此不疲。

　　老包的可贵在于，对有感觉的东西，他会有持久的兴趣。他爱唱歌，所以有"唱歌去唱歌去"的微信圈；他热爱教学，故有名师工作室。这就让他成为一位少有的既有生活情趣又有教研建树的语文特级教师。老包嘱咐我为他的作文教学项目成果作序时，他正在驾车，我坐在后座翻他的歌本。这似乎是一种隐喻——老包的作文探索，是根植于鲜活的生活现场的，是富有情趣的。

置评老包的歌唱艺术，我一直是有信心的。为老包工作室的作文教学项目成果作序，我却实在缺乏底气，这倒不是谦虚，是因为太了解老包。老包既有实力又相当聪敏，我未到回浦中学教书的时候，老包已是临海市语文高考复读界的名师，蜚声台州。在复习班，提高分数是硬道理，老包能在复习班上经久不衰，确属实力派。我到回浦中学后，常就语文教学和老包交流一些"迂阔"之论，发现各自的语文教学"三观"颇为接近。我也看老包的"杜十娘怒沉百宝箱"，也听老包"铮铮然有京都声"的《琵琶行》，也读老包撰写的语文活动课的案例。好多我以为要"如琢如磨"好长时间的稿子，老包下笔千言，倚马可待，所以，老包又是"灵性派"。为这样的"两栖"人物作序，我还真有点惴惴不安。但老包"不依不饶"，来信讨稿，毫无虚言，还限以时日，一副"理所当然"的样子。

本人生性鲁钝，又胆小怕事。偶尔任事，总是举轻若重；受人之托，不敢虚与委蛇。老包之序，并非当务之急，但我答应了，只能老老实实看稿子。花了几个晚上浏览书稿后，眼界为之一开。

有鲜明的道理，这是我的第一感觉。所谓"道理"，就是它的理论价值。老包是讲道理的人，不管是教学还是生活，每逢疑虑，他总是微皱眉头问曰："为什么是这样的？道理在哪里？"工作室的作文实验，建立在对作文能力的本体认识之上。老包对写作教学有两个重要的认识：第一，他认为写作能力包括语言组织能力、思维能力、情感能力和生活摄取力，这些能力是先天地存在于人这个生命体中的。教师的责任，不是从零起点教学生写作，而是培育学生固有的这些能力，让它潜滋暗长。第二，他认为写作能力的提升，是一种"场效应"，不是线性的和逻辑的。根据这两点认识，他总结道：写作不单单是技巧和方法的教学，更是生活的感悟和生命的培育。这就超越了纯粹技巧和方法的指导，而让他的实验具有了"作文"和"人文""一起成长"的价值。

可资借鉴的范式，这是我的第二个感觉。所谓"借鉴"，就是它的实用性。当前语文教学遗憾多多，我承认自己未曾泯灭理想，同时又有很强的实用主义情结。我始终认为中小学教师不是理论研究者，而是实践工作者。你的实践能否解决问题，能否被复制推广，这是决定你的实践有无价值的根本。否则，纵使说得天花乱坠，也没有用。所以，我对这类书籍的期待就是，拿出令人信服、可资借鉴的"干货"来。令人信服就是有道理，可资借鉴就是可操作。本书无论是论述类案例还是记叙类案例，在这两个方面都有"干货"。基于论述的本质，于是，说服、理序、分析、证明作为关键能力点加以训练；基于记叙的本质，于是，性灵、感"物"、细节、描写作为关键能力点加以培育。老包对于写作能力的训练，是散点布置，不求系统。那么，有没有可以上手的策略呢？论述文写作的阅读助产、群文介入、角色代入、明确对象、拆词组词、看透对手等，都是耳目一新的操作法。记叙类文章的重构、移情、合作等策略，都是从课堂实践中总结出来的。操作性强，就是它最大的特点。可资借鉴，还表现在案例的体例上。"教学实录"呈现真实的、完整的过程；"执教者言"说出教学的感觉和反思，尤其是教学思路的图示，既给学习者形象的提示，又将内在的规律外化；"观教者言"从第三者角度，评析这堂课的得失，供读者参考；最后的"习作"，则是训练的成果和例文，直接供读者使用。这样的布局，只有深谙实践规律、对教师的诉求有感同身受的人，才能做到。

老包的"鲜活"和"扎实"源自对作文教学的本质有深刻的体认，正像他的生活情趣建立在他对生命的感受上一样。曾记得老包有过几次短暂的"改头换面"。我在回浦中学的时候，老包还是一副"教书先生"的标准样子。后来老包到浙江师范大学去的一段时间，长巾肩垂，头戴鸭舌帽，从里到外，洋溢着文雅的教授范儿，自信满满而毫不做作。最近老包又"文风"大变——一身黑色的轻便装，留着很酷的发型，于我等目光呆滞的"教书先生"中，侃侃而谈，泰然自若。我曾扪心自问，我会像老包那样顶着圆圆的一圈头发出行吗？回答是否定的。我缺乏老包这样强大的内心和对新潮的自如把握。当年丰子恺于上海十里洋场中，粉墨登场，就是极好的角儿；风流倜傥，又是公子哥儿的标榜。老包也一样，学什么像什么，而且尽可能做得最好。这只有极具天赋而且生命力强大、情趣鲜活的人，才能做得到。老包当年执教复习班，驰名台州；后来转向教学，又是名至实归的特级教师；经营着名师工作室，带领一班年轻才俊，作文实验搞得有模有样。老包曾跟我说，接下来要腾出一些时间研究中学生生涯规划了。我隐约觉得兹事体大。懵懵懂懂地读了十几年书，最后不知何去何从，这是多数中学生的状态，应该尽快改观。据我所知，在这个领域，老包开始从台郡起步，走出浙省，走向全国，俨然是一个生涯规划师了。

写到这儿，我才恍然：老包最近的"改头换面"，原来就是一个前卫的规划师的范儿啊！可老包有另一套说辞："跨界"到生涯规划，回头看语文教学，会有另一番天地。

浙江省宁波市教研室　褚树荣

2019 年 3 月 15 日

编者的话

在中学，写作教学可以说是一个"欲说还休"的话题，理论清楚了，但在实际操作中又不是那么回事儿，理论逻辑与实践逻辑之间似乎总是存在着很大的差距。也正因为如此，我们工作室想挑战一番，在"本真写作"这个理念的观照下，编辑整理了 11 位老师的 23 个写作教学案例。

"本真写作"，简单地说，就是写作教学应然的状态。写作教学应然的状态是什么？这是一个很难的问题，我们作了这样的假设：学生是具有写作的潜能的，写作教学就是促进学生这种潜能的发展，不是"你不会，我把你教会"，而是"你会的，我创造条件让你发展"。

写作潜能是与人的精神联系在一起的，立足于学生的写作潜能，我们自然会关注"人的培育""生命成长"，换句话说，写作能力的提升应该与人的培育和生命的成长密切联系在一起。写作技巧对于写作能力的提升当然是必要的，但如果技巧不跟思想感情对接，不跟人的培育和生命成长联系，技巧就会变得生硬，学生写出来的文章则可能会熟练地使用了技巧而实际上内容贫乏空洞。在这个观念下开发课例，我们有两个立足点：一是教学内容的确定与教学方法的总结着眼于学生的精神世界，只有如此，才能谈得上人的培育和生命的成长；二是讨论一些具体的写作技巧（表达技巧）时，避免简单地"给予"，而要充分考虑技巧实质上是为了更好地实现作者与读者的精神相遇。

通过交流讨论，工作室成员都认同了这个思想，并进行了课例开发。其实，课例才是这本书的主体。我们关注的是，事情究竟该怎么做，于是就形成了本书的格局，这一点只要看一下目录就了然了。

课例是我们按照"教学实录""执教者言""观教者言""学生习作"的体例编写的，呈现一种教学实况、执教者阐释这样教的理由、观教者听课后的想法、这样教在学生那里有什么效果的逻辑，我们认为这样比较符合中学教研实际。考虑到高中写作教学以论述文、记叙文为主，且偏重于论述文，我们就按既设的思想开发了这两类文体的课例，且把论述文教学案例置于前面。有老师喜欢诗歌，并且认为高中生处于具有诗情的年龄，要让他们多写诗，于是又开发了合作写诗的课例，为了看起来整饬一些，以免有孤零零之感，我们也把它纳入记叙类写作教学案例中。我们曾经总结过论述文开拓思路的方法，只是没有形成完整的教学案例，于是把它附在论述类写作教学案例的后面，作为补充。

23 个课例是散点的，不求内部有严密的逻辑，也不去考虑序列问题，这个是我们一开始就预想的。我们认为写作教学不应是亦步亦趋、按部就班地往前推进的。如果对写作教学作结构化的认识，那也是"场"结构，而不是"线"与"点"的结构。这就形成了 23 个课例从序列上看"大体则有，具体却无"的状貌，每一个课例都可以独立去看。如果带着写作教学应该序列化的眼光去看，阅读本书的你则可能会有些失望了。

作为对写作教学追求的表达，本书背后蕴含着我们长期的思考。尽管如此，不成熟处肯定不少，希望得到批评和指正。

包建新

2019 年 3 月 10 日

目 录

CONTENTS

理论篇

本真写作教学的内涵与实施

撰写者：包建新

使用"本真写作教学"的概念，是希望有更多的同行探讨本真的写作教学状态，使我们对写作教学的认识更深入。

一、本真写作教学思考的逻辑起点

学生是具有写作的潜能的，而实际情况是目前的写作教学却让学生越来越觉得写作无趣。对中学语文教师而言，写作教学是一块令人尴尬的领地：教师不知道应该教些什么，即使教了，也不知道究竟有没有效果，似乎写作教学让语文教师处于集体"失语"状态。尽管研究写作教学的文章不少，有些还打出了鲜明的旗号（比如个性写作、创意写作等），却往往经不住深入的追问。例如，"个性写作"，本意是针对学生写作缺乏个性而提出的，那为什么学生的写作缺乏个性？每一个人都有自己的个性，可为什么写作教学让学生没有了个性？按照"个性写作"的要求，学生写出来的文章是不是就真的有个性……如此追问下去，便觉"个性写作"似乎是一个伪命题。于是，一些语文教师提出了本真写作，试图探究写作教学的本相。

就目前来看，本真写作教学的探讨尚属初级阶段。这里不妨列出几个公开发表的具有代表性的观点：①写作教学回归本真，即"回归生活、回归自我、回归真情"；②本真写作就是"找回自我、立足生活、捕捉灵感、抒写真情"的写作；③本真写作就是"写出情趣、意趣、理趣"；④本真写作教学要想激发源泉，就得让学生大胆表达"真情实感"，给学生一个自由表达个性的空间，培养学生富有个性的想象力；⑤写作教学的本真就是教怎么写。分析上面的说法，我们发现，有的把写作目标或要求作为写作的本真，但学生即使明白了这些目标或要求，动手写恐怕还是云里雾里的；有的干脆把写作的方法（怎么写）作为写作教学的本真，但学生明白了怎么写是否就能写出好文章？写出了好文章，写作者是否就能清醒地意识到一些所谓的写作手法？因为教师对写作缺乏新的认识，容易根据自己的教学体会，把一些日常的判断用"本真"一词来表达，于是"本真"就成了一个"空筐"。

本真写作教学一定是指向写作行为的，也就是说，写作的指导能够直接对学生的写作行为产生影响，学生根据教师所教，能够把写作这件事做得更有趣，能够对写作能力的提升认识得更清晰、线索更了然。要做到这一点，有两个问题需深入研究：一是写作的能力结构；二是写作能力提升效应发生的机制。如果清楚了写作的能力结构，我们就可以知道从哪里着力作用于学生的写作行为；如果清楚了写作能力提升效应发生的机制，我们就可以运用它营建直接指向学生写作行为的写作教学模式。因此，本真写作教学就是建立在写作的能力结构和写作能力提升效应发生的机制的认识的基础上的教学。随着认识不断深入，本真写作教学的内涵也不断丰富。

二、关乎本真写作教学的两个重要认识

如上所述，写作的能力结构和写作能力提升效应发生的机制对本真写作非常重要，需要我们对其作出客观的描述，否则，本真写作教学将无从谈起。

（一）写作的能力结构

写作能力犹如一座冰山，冰山的大部分沉在水中，露出水面的（语言、技法之类）只是一小部分。如果写作教学只能就冰山露出水面的部分做文章，难免隔靴搔痒。描述写作能力就要描述整座冰山。根据现代写作学理论，结合写作教学的实践，写作能力结构可以用表 1-1 表示。

表 1-1　写作能力结构表

表 达 欲 求	方法层面	立意、结构、体式、章法、语法、技巧……	语言组织力	交 际 欲 求
	思维层面	回忆、安排、推断、归类、归纳、评估……	思维能力	
	情感层面	动机、兴趣、爱好……喜、怒、哀、乐……	情感能力	
	生活层面	事实、数据、表象、观念、态度、常识……	生活摄取力	

表 1-1 要表达的意思是，写作能力不仅仅是语言的组织能力和写作技巧的运用能力，它实际上是一个多层级、多侧面的系统。语言组织能力和写作技巧的运用能力处于不同层级的最上层，对写作能力的影响也最微弱；思维能力、情感能力、生活摄取能力都影响着写作能力，并且对写作能力的影响更深入、更本质。越处于下层的能力，对写作的影响越大，情感由生活触发，激情使思维活跃，而生活、情感、思维往往影响着方法的形成。同时，写作能力的四个层面又受写作主体的表达欲求和读者意识(从作者与读者的关系看，读者意识则表现为作者的交际欲求)的影响，并由写作主体统摄。写作教学如果只是在方法层面和思维层面做文章，而不能深入到情感层面和生活层面，同时又忽略了表达欲求和交际欲求，那就只做了极小部分的工作，这不是写作教学的本真状态。

(二)写作能力提升效应发生的机制

写作能力提升效应是一种"场效应"。试图抓住写作的某一方面，建立一种线性的逻辑，进而形成写作教学序列，是不现实的。这种场效应是怎么发生的？我们可以用图 1-1 表示。

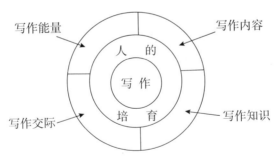

写作能量　　　　　　　写作内容

人　的

写　作

培　育

写作交际　　　　　　　写作知识

图 1-1　写作能力提升效应图

这三个同心圆描述的是写作教学对写作能力作用的状态。写作教学可以从写作能量、写作交际、写作内容、写作知识四个侧面促进写作能力的提升。写作能量来源于写作的欲求，也来源于对读者的清楚认识，同时跟情感与生活的内容密切相关；写作交际是写作者以文章为媒介与外界和自我的交流，也包括写作者之间的切磋，写作者只有意识到这种交流的存在才会形成更适当的表达；写作内容包含写作能力中生活层面和情感层面的内容；写作知识指写作能力中思维层面和方法层面的内容，这个知识不是在文章业已形成之后总结出来的知识(可以称之为"后置性知识")，而是在写作行为发生之前的直接影响文章形成的知识(可以称之为"前置性知识")。除了写作知识外，其他三个侧面作用于写作能力的方式不是直接的，这些侧面在具体教学中以人的培育为指向，以写作能力的提升为指标，以完成特定文章的写作为目的。因此，在本真的写作教学中，文的提升与人的提升相伴而生，或者说，写作能力的提升是学生接受教师在写作能量、写作交际、写作内容、写作知识等方面的引导和刺激后伴随着人格的升华而产生的。

三、实施本真写作教学的主要路径

认识写作的能力结构和写作能力提升效应发生的机制目的在于寻找本真写作教学的路径和方法。大而言之，实施本真写作教学的主要路径有四：以写作内容为中心、提升学生写作能量、营造写作交际氛围、开发前置性写作技巧。下面结合《写给父亲》的写作进行具体探讨。

以写作内容为中心，《写给父亲》的作文教学可以这样设计：①找一张父亲的老照片，请父亲谈谈当时拍照片的情景，说说那时的生活琐事；②找一位父亲的长辈，说说父亲小时候的故事；③请母亲说说对父亲的印象；④请父亲说说自己最得意的事、最遗憾的事、最大的失败……⑤请父亲说说对各位家庭成员的看法；⑥与父亲一起做一件事，如给母亲挑选一件礼物、看望一位老人等；⑦写作。一次写作，使学生对父亲有了更深的认识，也使文章更富有内涵。

学生对写作内容的感知、写作交际氛围的营造、直接影响写作行为的写作技巧的运用，都会影响学生的写作能量，但写作能量的提升更重要的是激发学生与自己、与他人、与自然、与社会对话的热情。比如写《写给父亲》这样的文章，目的不仅仅在于写好一篇写人的文章，不在于学习写人的种种方法，而在于通过写作，对身边的人有更深的认识和体会，对身边的人倾注更多的热情。学生对世界的热情是写作源源不断的动力。

简单地说，营造写作交际氛围就是让学生在写作文的时候有一个相互交流的空间，而不是应付性地完成作业。比如在写《写给父亲》之前，就告诉学生，写好的文章要给他们的父亲看，并由父亲写上评语，在这样的交际情境下，学生的写作才智才能得到更充分的发挥。跳出这篇文章的写作，自然会有更多的办法。比如，每个学生每个学期自己编一本作文选，作为班级"藏书"任人取阅；共同办《寻找佳作》刊物（自然可以粗糙一些）；开办作文网站，相互交流评点文章；推荐学生文章发表（可以是报刊，也可以是学校电台、电视台，甚至墙报）；组织学生写班史、办报纸……

开发前置性的写作技巧，比如《写给父亲》的文章，有了充分的写作材料之后如何构思就成了一个问题。前置性的构思技巧可以这样总结：①把自己设想成只了解部分故事的人来讲父亲的故事；②以电影画面的形式描述父亲活动的场景并连缀故事；③让父亲做一件似乎不可能的事来表现父亲……而不是用设置悬念、"曲径通幽""彩线串珠"等方法让学生感觉云里雾里。

实施本真写作教学的路径还有很多，不同的路径共生，方是佳境。

本真写作教学，实现与生命同成长

撰写者：鲁金会

本真写作教学也可以用"生命作文"这个概念来表达。"生命作文"源于西方"生命教育"(1ife education)理念的兴起。生命教育基本宗旨是让孩子树立正确的生死观念，以正确的态度追求生命的价值和意义。"生命教育"辐射到语文学科，并由此诞生了引导学生关注生活、感悟生命的"生命作文"教学理念。生命作文培育意味着作文教学向学生"生命体"回归，意味着作文是生命的言说，作文教学是生命与生命之间的交流与对话。生命作文培育在目标向度上以培养作文能力和健全人格为旨归；在内容向度上以学生真实的生活实践为纽带，不断满足和提升生命的需要；在教学向度上坚持以生命的方式把握作文，教师用生命去教作文，学生用生命去写作文；最终，形成尊重、激励、多元的作文培育文化，使作文成为学生生命的快乐歌唱。

在一次写作教学的研讨会上，包建新老师提出：写作教学本质上不是教学，而是培育。因为我们即使不对一个人的写作能力施加影响，学生作为生命的综合体(思想、情感、思维、表达)却始终存在，我们通过思想、情感、思维、表达四个方面影响"人"进而影响写作能力，使作文与生命同步成长，这个过程用"培育"是最为恰当的。教学与培育的区别主要体现在，"教学"是"你不会，我把你教会"，是教师把知识、技能传授给学生的过程；"培育"是"你会的，我创造条件让你成长"，是培养学生，使学生生命体发育成长的过程。

一、写作与生命同成长的写作教学顶层框架

包建新老师认为，写作能力的提升效应是一种"场效应"，这种"场效应"离不开对人的培育。基于这样的理念，我们可以对写作教学的整体框架作进一步的设计，以实现写作与生命同成长。

生命作文以人为中心，追求作文与生命同步成长。思想、情感、思维和表达决定一个人的写作水平。思想和情感、思维和表达从表述来看是分开的，实则是相互融合、混沌一气的，类似于太极，一阴一阳实为一体，可用太极鱼来图示。由此，我们可以生发出写作的四大核心能力：思想力（认识力）、情感力（内驱力）、思维力和表达力，如图1-2所示。

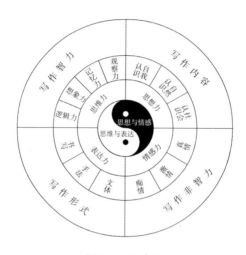

图 1-2　示意图

作文，首先是情感的表达。激发学生写作的热情，引导学生用作文抒发真情，养育学生对待作文的痴情，是培育学生写作情感的应有之义。打造以生为本、激情飞扬的生命作文课堂，是落实生命作文培育的主渠道。养育学生情感，可以提高学生非智力因素，增强学生写作的内驱力，养成写作的良好习惯。

思想和情感是作文的基础，思维与表达是作文的支柱。智力的核心是思维，提高学生写作思维力需要切合学生年龄、心理发展水平，并且要合乎写作思维运行规律。高中生思维应在提高深刻性方面下功夫，着力培养学生深层次观察、高质量回忆、推测想象和分析概括这四方面的能力。

作文是书面表达。学生要学会规范表达进而形成有创意的表达，这是对学生写作表达力的要求，只是前者属于基础等级，后者是发展等级。规范表达除了卷面上要求外，关键是学生会选用记叙文、议论文、说明文或应用文来表达自己的思想情感。有创意的表达要求学生有一定的创作意识，形成自己独特的作文语言风格。

对学生思维和表达的指导是许多教师指导学生写作的主体内容，这部分内容宜基于学情，针对个体，相机传授，进行散点教学，这是由作文的个性化特征决定的。

生命作文的核心思想，即写作教学既是作文的生长培育，也是人的成长培育。生命作文以提升思想与情感力为核心，注重思维力与表达力的训练，注重教师指导和学生自我建构相结合，追求"人文融合，以文立人"的培育思想。

二、写作与生命同成长的写作教学具体实施

前文包建新老师阐明了实施本真写作教学的主要路径，换一个角度看，实施本真写作教学或者说写作与生命同成长的写作教学有以下三点需注意。

第一，建构写作与生命同成长的写作教学目标体系。这个目标体系要以"育人"为首位，以培养写作能力为核心；以写作内容要求为主线，以写作形式要求为副线；有整体写作目标，有阶段性目标；表述力求简洁，层次分明。

第二，写作指导以唤醒了学生的生命为目的。教师的写作指导只有唤醒学生的思想、情感、记忆、思维、表达等才能源源不断地为学生提供写作的能量，这才是有实效的作文指导。

第三，写作评价以学生作文自我修改、自我升格为目标。发挥评价的教育功能、激励功能，促进学生的个性发展，使学生在作文过程中得以张扬个性，释放激情，促进学生享受到表白的快意。制订并使用发展性评价量表，采用多元化的评价形式，以求评价在一定的标准下实现更多的交际情境。

实践篇

‖ 论述类写作教学案例 ‖

说服：论述文的核心

执教者：朱林鹏　观教者：包建新

一、教学实录

（一）激发诱导，各谈感触

师：同学们好，课前我和个别同学聊天，从同学们的言辞间感觉到刚刚经历完大考的各位稍显疲惫。所以今天我们不谈考试，放松些，把目光投向我们身边的校园生活。据统计，最让学生反感的学校行为排名前三名的是"排列名次""发型检查""放学留堂"。我想问问大家，你最有感触的是哪一种？

生1：放学留堂。因为自己有多次被留堂的切身经历，非常难受。（生齐笑）

生2：也是留堂。感觉老师不太尊重个人意愿，过于强硬，让人不舒服。

生3：我也是留堂。排列名次，我还挺喜欢的；发型检查，我的头发很短，不存在这个问题。相对而言，我比较讨厌留堂。

师：看来我们班的同学都对"放学留堂"这种行为比较反感。那我们今天就针对这件事来谈一谈。如果我们要解决这个问题，向谁反映会比较有效？

生（齐声道）：校长。

师：对，校长毕竟是学校里最有权威的人，向他反映肯定有效。那关键是要怎么说服校长，让他提醒老师不应有留堂之举？

生4：需要有自己的理由。

师：是的，理由至关重要。如果只单纯地吐槽、抱怨，校长肯定无动于衷，甚至还可能会适得其反。

(二)同桌互驳，体验分析

师：那如果现在我们班派你作为代表去与校长对话，你认为你最好的理由是什么，哪一点理由校长能听进去？请同桌之间先分角色讨论，预演两分钟，注意是理由的碰撞。

(同桌两人分别担任学生和校长角色，互驳两分钟)

师：接下来我们邀请几组同学上台来尝试辩驳一番。老师负责帮大家做好记录工作。

(第一组同学上台)

生5：校长您好，我是高一(11)班的学生。近日以来，我们老师频繁地在放学后留堂，我认为这极大地限制了我们的自由，没有足够尊重学生意愿，增加了我们的反感情绪，这不利于我们的长远发展。

生6：同学，你的想法我能理解，但从老师的角度来说，很多留堂是为了学生考虑，对学生起到一定的震慑作用，希望能够更好地督促学生，留堂并不全都有坏处，更多的是好处，希望你能理解。

(板书：反感情绪、限制自由、为生考虑、适当震慑)

师：这一组同学的发言给我们提供了四个不同方面的理由，我们先把它们罗列在此。但似乎双方互驳的意味并不是很浓，缺乏来回交锋的感觉。我们再请一组同学，看他们能不能做得更好。

(第二组同学上台)

生7：校长，您好！老师频繁的留堂行为，给予我们太大的压力了，我希望老师能换位思考，想想我们都不想吃到冰冷的午餐。(生笑)

生8：或许你也该考虑到，老师留堂意味着老师本人也没有热饭吃。最后，还是希望你能在学习上多用点心，并且体谅老师的良苦用心。

生7：我们能明白老师的良苦用心，但是这不是我们真正想要的。这只是老师自以为的为了学生好。我想，更重要的应当是培养我们的自制能力，让我们自己去调整自己的学习状态，而非单纯地施加压力，甚至威胁。

生8：我认为你说得还是有一定说服力的，回头我会找相关老师谈谈的。(生笑)

（板书：增大压力、培养自制、调整状态、换位思考）

师：请大家看黑板，同学们想到的这么多条理由，老师在记的时候有意地将它们进行了分类。我们会发现，能说服校长的理由其实分成两种：一种是否定对方，也就是"你错了"；一种是肯定自己，也就是"我是对的"；再算上这边一列校长的反驳理由，即"你是对的"。那么大家看看，我们要将这些理由组合在一起的话，有几种组合方式？请同学们来说说。

生9：第一种，你错了，我是对的，我说给你听。

师：这一种组合方式，你感觉说服的姿态是怎么样的？

生9：直接、直爽，甚至有些强势。

师：对，这是直爽地提要求，一针见血。有没有第二种？

（板书：你错了，我是对的；直爽地提要求）

生10：你是对的，但我的更对，我说给你听。

师：这种组合方式，感觉如何？

生10：比较温和。听的人可能会更容易接受。

师：这是温柔的商议，让人如沐春风。还有没有其他可能呢？

（板书：你是对的，我的更对；温和地商议）

生11：我想，还有没有第三种可能？就是不谈你的对错，只说我的对。

师：不错，其实这也算一种。这种姿态是怎么样的？

生11：也是比较温和的，但是比较文雅。

师：好，那我们可以称之为"文雅的论述"。这种只是摆出双方观点，但不直接给出观点，可以让人自行判断。

（板书：不谈你的对错，但我是对的；文雅地论述）

（三）书面陈述，评审表决

师：这三种组合方式，其实只要你喜欢，你选择哪一种都可以说服对方，关键是理由要充分。接下来请你选择三条理由进行组合，写成一段文字。我们就用组合而成的这段文字来尝试说服校长！

（板书：三种说服方式）

（学生对语言进行书面组织，用时7分钟左右）

师：大家都写得差不多了，下面我们可以先在组内交流一番，推选出组内最有说服力的一篇在课堂上陈述。给大家3分钟左右的时间。同时，我们请第一组的七位同学担任校长评审团成员，听同学代表陈述，并举手表决是否通过该同学的提议。

生12：校长好，老师在放学后把我们留堂，我认为这并不合理。从现实情况来看，这样做的效果并不理想，很多同学被留的次数多了，也就习惯了，效果反不如从前。而且从长远角度来看，这只会增加学生的反感情绪，进一步增大同学的学习压力，学生会越来越不喜欢这一门课。同时这也是限制学生自由的表现，我们还是希望老师能更加尊重我们的个人意愿。

师：我们先看下评审团成员的意见，看这位同学的陈述能否说服我们的评审团。请举手表决。

（七位评审中只有三位举手）

师：看来我们的评审团成员还是很严格的，那我们来听听评审们为什么觉得该同学的发言没有足够的说服力。

生13：这位同学的讲述虽然尝试运用第一种说服方式，但只提到了表层的东西，未能说明老师放学留堂的深层原因，比如在谈及为什么老师明知学生会不满还要留堂时，没能展开充分论证。所以我认为还不够有说服力。

师：嗯，谢谢你非常中肯的评价，也让我们用掌声感谢第一位上台的同学，敢于做第一个吃螃蟹的人。还有没有同学想要上台阐述个人想法的？

生14（礼貌地鞠躬）：校长您好，近期我们班出现这样一种状况：老师对一些默写未过关的同学频繁地实行留堂，引发了诸多不满。我想向您反映下我们内心的真实想法，希望您能给予我们帮助。我们明白老师采取这种举措的出发点是好的，也知道这位老师非常负责。但就像孔老夫子所说，教育应当因材施教，对待不同类型的学生应当有不同的举措，不能一棍子打死。每个人的学习效率不同，背诵能力有强有弱。一味地以留堂来作为惩罚手段，势必会引发学生的抵触情绪，而且，在饿着肚子的时候还要痛苦地背书，效果也不一定好。如果老师能站在我们的角度来考虑，给予我们一定的弹性空间，培养学生的自我控制能力，我想，这不管是对良好师生关系的构建，还是对学生个人能力的成长都是有帮助的。希望您能慎重考虑我们的意见。谢谢！（鞠躬）

师：请评审团成员举手表决。

（七位评审中有六位举手）

师：看来这位同学的表现赢得了大多数评审的肯定，也让我们听听评审们的想法。

生15：她的整体发言很有礼貌，而且富有逻辑，运用了第二种说服人的方式。从现象到观点的呈现，逐步推进，最后还向我们讲述了未来的美好愿景，让人信服。

（四）迁移联系，总结提升

师：感谢同学们的热情发言以及评审团成员的点评。今天我们呈现了三种说服人的方式，那它们和我们平常的论述文写作有何关系呢？

生16：在论述文写作中，我们不妨也假想出像校长这样的辩驳对象，然后尝试说服他。

师：是的，这样的辩驳对象在论述文写作中就叫做"论敌"。所谓论敌，就是争论的对手，特指那些持反对、怀疑态度的人。更关键的是，我们要形成一种"论敌意识"。"论敌意识"实际上是一种特殊的读者意识。如果在说理过程中牢固树立"论敌意识"，就会更多地考虑让论敌接受的说理策略，在此基础上的观点冲撞，也会更让人信服。

（PPT 呈现与上述三种说服人的路子相对应的论述方式）

①呈现论敌观点，加以反驳；表明自身立场，展开论证。

②呈现论敌观点，不予置评；表明自身立场，展开论证。

③呈现论敌观点，合理肯定；表明自身立场，更进一步论证。

师：用有力的论据去说服对方，用充分的论据去说服对方，让我们在写作中不断去追问论敌的想法，运用不同的说服方式加以论证。美国黑人运动领袖道格拉斯说："如果我能说服别人，那么我就能转动宇宙！"我们不一定要转动宇宙，但是可以用这一能力去转动我们的生活，让我们的生活更加美好！

师：最后，请同学们根据今天的话题和讨论，写一篇文章，注意怎样才能说服人，在说服人的过程中怎样才能做到用语有分寸。

二、执教者言

本节课的教学思路如图 2-1 所示。

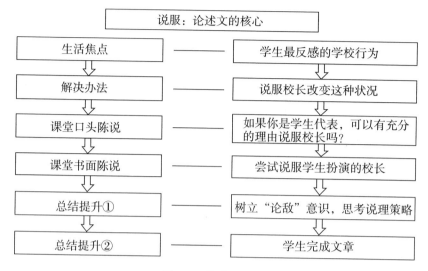

图 2-1　教学思路图

不同于传统的技法指导课堂，本真写作理念下的创意写作课堂虽然也不排斥技法，但却希望能跳出技法本身，更加贴近我们彼此的生活，让老师和学生能在课堂上更加自在地思考，更为畅快地交流，从而让写作这件事更为自然地发生。细致回顾本节课的整体教学过程，我有以下三点感受。

（一）情境营造，让写作离生活更近些

本节课的起点，是让学生关注校园生活本身，能够对校园里正在发生的一些现象发表自己的观点和看法。作为学生，虽然大多数时间都在校内，却对周遭发生的事鲜有深思。过往的作文教学，我们常常会选择一些时事案例来作为课堂的切入，但对学生而言，很多时事还是离得太远，经常出现"为赋新词强说愁"的情况。事实上，学生最有感触的还是自己正在经历的校园生活。

让写作离每个人的生活更近些。学生并不是没有思考生活的能力，而是我们没有给予他们足够广阔的思考空间。这一点在课堂上得到了很好的体现，事实上，学生们很愿意发表个人的看法，只要我们能给予他们一个展示的平台。课上大多数人的脸上都有着兴奋的表情，能看得出来此时他们的表达欲望已经被激发出来了，而这正是写作的起点。写作不是老师出题，学生冥思苦想憋字数，而是能真正地把自己想说的表达出来，就可以了。

（二）形式自由，让学生在课堂更自在

有了强烈的表达欲望，还要有好的表达途径。一般写作课堂的呈现形式主要还是用笔写，写好后在全班展示，师生评价，再修改，再展示。这是一种相当成熟的呈现形式，但有没有氛围更自由、让学生的思维能更加自在地呈现的课堂形式？

在本节课中，我努力尝试多种呈现形式。比如"同桌互驳"环节，就有关话题分角色进行论辩，让思维的交锋以语言的形式呈现出来；再如"评审表决"环节，组成"校长评审团"来评点学生文章。对上台展示的同学来说，评审们的表决是一种激励。对作为评审的同学来说，点评的过程就是自己在理解"到底怎样才算好的说服"的过程。在这两个环节中，我退居幕后，更多的是发挥串联、记录的作用。努力把课堂的聚光灯打回到学生身上，这既能让学生感受到更多的成就感，也让教师更为自如地开展课堂教学。

（三）深入浅出，让晦涩的理论更明了

"教无定法，贵在得法。"技法的学习是需要的，但我们并不希望课堂只呈现冷冰冰的技法知识，学生生搬硬套，事倍功半。在这节课上，前35分钟，没有出现任何的技法知识，只是尝试归纳出能说服人的三种路子。学生初听之下，会觉得这些路子和作文写作没有太大的联系。但当我最后将它和论述文写作中的"论敌意识"相联系时，学生就能够感受到这其中的关联了，并且能很快地进行概念的转换，将说服人的三种路子转换成论述文写作中论证的三种方式。

课后发给学生的问卷反馈也印证了我的想法。一位学生这样写道："我真正见识到了一个多样化学习的语文课堂，大开眼界，很喜欢这样的作文课，就是那种感觉很贴近的话题，却又能跟深刻的概念相联系，最后点出来让人若有所思的感觉真的不错。"

最后，回看这节课，会发现仍有很多不足之处。最大的问题是我的预设仍做得不够充分，面对突发情况，应对能力有限。课堂中的自由并不意味着放任自流，反而是对教师提出了更高的能力要求。这种能力可以是教师本人极强的临场反应能力，见招拆招，收放自如；也可以是教师能事先预料到课堂上的多种可能性，进而有相应对策的预设能力。作为年轻教师，我更加依赖于事先的预设，就这节公开课而言，在陌生的

环境里，面对陌生的学生，还是考虑得不够周全。课的前半段学生的反应和事先预想的差距较大，我的临场反应没能做得更好，影响了课堂的进一步展开，也导致这节课最后出现了"拖堂"的现象。

总体来说，这节课是一次有价值的教学尝试，也是一个好的开始。希望我们能在创意写作的课堂上继续探索，步履不停，走得更远。

三、观教者言

朱林鹏老师的《说服：论述文的核心》教学，是本真写作理念下的"论述文创意写作教学"的一次教学尝试。从效果看，这次尝试很成功，获得了听课师生的好评。

"创意写作教学"可以有两种理解：创意的写作教学和创意写作的教学。这里指的是创意的写作教学。简单地说，创意的写作教学就是寻找写作教学的不一样的思路。那么，朱老师的教学尝试"创意"在哪里呢？我们可以从三个角度讨论。

（一）抓住"说服"，有效组织教学

表面看，这似乎是人人皆知的道理：论述文的关键就是为了说服人。而在实际教学中，教师们更愿意从论述文写作的技巧出发，比如如何提出观点、如何分析例子、如何扣住观点、如何开头结尾等，这些自然是有必要教给学生的，但这些都要在说服人的前提下才有价值。让学生明白，我们讲道理就是为了让人能够信服自己的观点，这是论述文教学的根本。

朱老师没有就如何才能说服人提出种种方法，而是让学生在情境中实践、体验。写作能力的获得并不是运用方法的结果，或者说并不首先是方法运用的结果，而是在写作实践中学会了写作。这节课是让学生针对"放学留堂"问题发表议论。如何发表议论？朱老师直接让学生面对假设的校长说话，看看谁能够说服"校长"，能说服才是好的论述。这样做正体现了叶圣陶先生所说的"写作是一门术科"这一基本认识，让学生在实践中提高说理能力。但这样的做法无疑是论述文与教学所应当倡导的，尽管还可以把如何说服"校长"引向深入。

（二）抓住"交际"，培养学生读者意识

写作是用语言与读者交流的过程，尽管不是所有的写作都是与读者交流，但以交际为目的的写作是写作的主流，也应该成为写作教学的主流。这节课从口头言说到书面表达，然后上升到"论敌意识"，充分体现了交际性。这个交际性并不是教学论上的师生交际性，而是写作学上的作者与读者的交际性，在这样具有交际性的氛围中，学生的读者意识得到了培养。

让学生在写作时注意到读者的存在具有不一般的意义，它直接影响写作内容的选择、写作方法的斟酌、写作语言的调整，甚至是写作动力的增长。可以说，充分意识到读者的存在，文章才能越写越好，否则，写作容易落入为文而文的尴尬处境。在交际中写作，这样教更贴近写作的本质。

这节课的交际性是通过假想的接受者（校长）来实现的，而真实的接受者更能达到理想的效果。比如，教学中如果增添适当的小环节恐怕就能发现一些支持"放学留堂"的学生，这些支持者自然也有他们合理的理由，反对者如何说服他们呢？或者反过来，反对者有反对者的理由，支持者如何说服他们呢？这样针锋相对，争取反方认同自己的观点，说理会越来越严密、深入、有分寸。写作其实就是生活本身，学生在生活中不断成长，写作随着学生的成长而提升。

（三）立足"生活"，寻找写作教学新方法

一篇文章大致是沿着这样的路径形成的：生活—激情—思维—文章。传统作文教学往往更关注最终的结果——文章，因而站在文章学的角度上直接教学生组织文字的方法；或者更关注其中的"思维"，花大量时间尝试训练学生各种各样的思维方式。这样做当然是无可厚非的，也能收到一定的成效，但如果我们承认上面所说的文章形成的过程是合理的，那着眼于"文章"或"思维"的写作教学都没能抓住根本。如果把这样的过程看作生产线，那"文章""思维"是生产线的末端或靠后的工序了——写作教学的着力点应该前移，更加关注"生活""激情"层面的内容。文章的写法和思维都是重要的，它们对于指导学生规范地写作有重要的作用，但如果教学忽略了学生作为写作主体的生活内容和写作激情，我们很难培养出关注生活、关注社会、具有崇高责任感的人才，学

生也难真正写出具有深刻思想和个性的文章。

但怎样的教学算是关注"生活"和"激情"了呢？怎样做才能不仅仅在价值层面强调"生活"和"激情"，还能在教学行为上有章可循呢？就论述文写作教学而言，朱老师对准"说服"这个焦点，论述文无论怎么写，无论怎么思维，根本目的是为了说服人；对学生而言，说服人的过程中也是丰富自己、发展自己的过程，是自我成长的过程。这样，写作教学就可以与真实的生活和写作激情对接了。

从这个意义上说，抓住"说服"两字，不仅是教学组织的事情，而且是论述文写作本质的探讨问题。哪怕这种探讨是稚嫩的，但比起只在价值层面强调生活之于写作的意义或者抱怨学生因为缺乏生活而写不好文章，起码往前走了一步。

朱老师是通过"放学留堂"这个话题把论述文写作教学与学生的日常生活对接起来的。显而易见，这与考试的题目要求相差很大，对此应该这样理解：写作的练习与写作考试不是一回事，写作练习是以提升写作能力为目的的，写作考试是以检查写作能力为目的的。每一次写作练习都应该能够"看见"提升的过程，这样才能在写作考试中经得起检查。

另外，如果单从教学看，这节课学生基本上来到"前台"，而教师只是引导者、组织者，这样的课堂是值得称道的，这一点就不赘述了。

四、学生习作

给校长的一封信

尊敬的校长：

您好！感谢您百忙之中抽出时间来看这封信。近期我们班出现这样一种状况：英语老师对一些默写未过关的同学频繁地实行"放学留堂"措施，引发了同学们的诸多不满。我们想借这封信向您反映一下同学们内心的真实想法，同时也希望您能给予我们些许帮助。

从老师的教学角度来看，我们认可老师实行该项举措的出发点是极好的。对学生而言，适当的惩罚措施能够给学生施加一定的学习压力，使部分懒惰的同学不敢懈怠，从而起到一定的震慑效果。事实也证明老师的留堂带来了一定的成效，前一阶段同学们的默写成绩确实有所提升。与此同时，给学生留堂意味着老师也无法按时下班，这着实体现了老师为生负责、诲人不倦的品质，我们能理解也很感激老师的良苦用心。

惩罚必不可少，但措施不应过于单一。现阶段的成绩确实有所提升，但"看似平静的海面下早已暗流涌动"。首先，以绝对的惩罚换来一时的进步，并非长久之计。如果一味地以此来作为鞭策，势必会引发学生的抵触情绪，继而引发同学们对老师的反感情绪，造成课堂内外极为紧张的师生关系，而不和谐的师生关系也将会导致课堂效率的进一步降低。

其次，就像孔老夫子所说，教育应当因材施教，对待不同类型的学生应当有不同的举措，不可一棍子打死。每个人的学习效率不同，背诵能力有强有弱。背书不过关并不都是由于个人懒惰所致，有时是因当堂背书紧张所致，有时则是个人学习节奏不同。更何况，在饿着肚子的时候还要痛苦地背书，效果真的是不好，这也影响着同学们个人的身体健康。

综上所述，我们由衷地建议，老师能更多地站在学生的角度来考虑，我们接受适当的惩罚，但也请老师给予我们一定的弹性空间。比如，老师可以设置层级处罚制度，按照默写情况，给以不同层级的奖罚，而不是一概而论。此举最终的目的是培养学生的自我控制能力。我想这不管是对良好的师生关系的构建，还是对学生个人能力的提高都是有帮助的。希望您能慎重考虑我们的意见，帮助我们和老师做一个沟通协调，谢谢您！

祝您工作顺利，身体安康！

高一（11）班
2018 年 5 月 10 日

【教师点评】

学生写给校长的这封信，很好地运用了本节课所学的第三种方式：呈现论敌观点，合理肯定，再表明自身立场，更进一步论证。先从教师留堂的合理性谈起，充分肯定了教师此举的良好出发点，但同时也坚持自我立场，陈述个人理由，努力说服校长能以更好的方式来处理此类问题。表述语言克制有礼，不卑不亢，让对方更容易接受。

理序：论述文的"骨骼"

执教者：王倩　观教者：邹兆文

一、教学实录

（一）教师导学，激发思维

师："望美人兮天一方"，从小学到现在，我们已经欣赏到了很多的"美人"，如大家学过的千古华彩之"明珠"——《过秦论》，千古辛辣之"匕首"——《拿来主义》，千古风骨之"峨眉"——《六国论》，这些典范性的论述文的共同特点是都有严密的说理顺序——理序。如果我们把论述文的论点比作"心脏"，把论述文的语言比作"血肉"，那么"理序"就是支撑心脏血肉的"骨骼"。有些同学的论述文写作思路一团糟，老师阅读这样的文章如同进入了"迷魂阵"，不知道出路在哪里。可见许多同学的说理是没有多少逻辑性的，更不要谈思维的深刻性和辩证性了。

生1：老师，我也有同感，我有时候读自己的文章读着读着也迷糊了，就不知道自己当时是怎么写的。

师："理序"，也就是说理的顺序。一般的说理顺序有哪些？

生2：我知道的有并列式、对照式、层进式等名词术语，但不知道具体怎么用。

师：好，这一节课我们就解决这个问题。咱们就以2018年4月台州市第一次模拟考试的作文题为例，分组解决问题。根据课前各组组长抓阄的结果，我们做如下分工。

第一组：负责解决"看什么"，对概念进行界定和厘清。

第二组：负责解决"为何看"，完成"理序"并列式片段写作。

第三组：负责解决"怎么看"，完成"理序"对照式片段写作。

第四组：负责完成"理序"层进式片段写作。

请各组审题5分钟，然后交流讨论，并形成组内发言稿。

（二）小组自学

（PPT 呈现题目）

"世界那么大，我想去看看。"（河南省实验中学某教师的辞职信）

"世界那么大，你凭什么去看看"（重庆一校长开学典礼演讲中语）

"想去看世界，没有那么多的无趣和功利"（《钱江晚报》某评论员）

对以上的言论，你有什么看法呢？请写一篇文章，谈谈你的思考。

（三）组际互评

1. 第一组讨论并展示

生1：我觉得看世界就是看外面的自然风景，让身心舒爽。

生2：看世界还得看外面的风土人情。

生3：这样看世界未免太低俗了，应该去看看西方，学习西方的尖端技术。

生4：我觉得应该看看外面的多彩文化，尤其是异族文化，像国外的建筑文化、饮食文化、宗教文化等。

生5：看世界，不仅要看世界上好的一面，也要看看丑陋的一面，便于我们能全面地看世界。

生6（组长总结）：我们组认为，应该主要从"看什么"的角度去考虑，包括自然景观、风俗人情、尖端技术、多彩文化等方面。

生7（第三组）：第一组同学的发言很好，对"看什么"这个概念界定得很到位，而且能强调好的差的都要看看，能全面地看问题。

师：同学们，对名词术语的界定和厘清是论述文写作的关键，这是为说理的顺序——理序打下坚实的基础。

2. 第二组讨论并展示

生1：为什么要看世界呢？我觉得看世界能增长见识，提升自己，如徐霞客与《徐霞客游记》。

生2：我觉得看世界才能开阔眼界，也就是"世界"与"视界"的问题。马云，早在他15岁时，就在西湖边上免费给外国游客当导游，不求名、不谋利，为的仅仅是能开阔眼界，顺带锻炼一下英语口语，却也因此结识了澳大利亚的莫利一家，并受邀前往澳洲旅行。澳大利亚之行，让马云发现了中国之外的世界，也被他本人称为"人生转折点"。倘若他只为眼前之利，鼠目寸光，相必日后的阿里巴巴也很难是现在的模样。

生3：看世界能促进不同文化的理解、尊重和交流，更能消除各种偏见和异见。

生4：哈哈，我觉得还得用上孔老夫子的话，叫"和而不同"，只有求同存异，和而不同，我们的世界文化百花园才会万紫千红！

生5（第四组）：我觉得为什么要看世界，还要加上一条，那就是，只有不断看世界才能推动历史的前行，没有像哥伦布那样的新航路的开辟者，哪有美洲大陆的发现？

师：这一组同学的发言有一定深度。有请组长发言。

生6（组长）：我们组经过讨论，认为并列式就是几个分论点的罗列。"为什么看世界"呢？第一，增长知识，提升自己；第二，放眼世界，开阔视界；第三，求同存异，和而不同；第四，推动历史，砥砺前行。

师：其他组有无意见？

生7（第三组）：我基本赞同第二组的结论，但我认为，对每一个分论点进行论证时，要多列举几个典型的论据并加以分析，这样能形成较强的说服力，如论述第一个分论点"增长知识，提升自己"时还可举沈括《梦溪笔谈》、李时珍《本草纲目》、达尔文《物种起源》、余秋雨《行者无疆》《文化苦旅》等，最好古今中外各一个，那说服力更强。

生8（第四组）：我觉得论述第一个分论点"增长知识，提升自己"时，不要只罗列事实论据，有时，理论论据更有说服力。明朝哲学家王阳明不是有"知行合一"的理论吗？现代史上不是有一个践行这种理论的教育家陶行知吗？

师：说得很有道理，我觉得大家运用并列式这种理序时，在论述每一个分论点时，论据不能求多，在求精当、求典型之外，还可以结合理论论证，也就是所谓的引证，说服力会更强点。另外在论述每一个分论点时，最好也有一个小"理序"，如从个人到企业再到国家去论述第二个分论点"世界—视界"关系时，第二组同学只举了一个马云的例子，似乎有点单薄。

生9（第二组）：我觉得企业方面可举汽车"玻璃大王"曹德旺的例子。公司原来只是个村办企业，现在办到美国去了，已经构建了一个万物互联的"玻璃王国"了。

生10（第二组）：从国家层面来看，我们不妨将不同时期的政府所为对照来看，清政府实行"闭关锁国"，那时开眼望世界的人就只有魏源、林则徐等寥寥几人，井底之蛙坐井观天之时，天地就小了。而观乎新中国政府，从 20 世纪 70 年代的"改革开放"政策，到现在的"一带一路"倡议，无不在追求着对外开放与合作共赢，体现了大国风范。

师（笑）：第二组同学总算给自己挽回了面子。其实从个人、企业、国家这个小理序去论述就形成了一个思维梯度，说服力更强啊。

（PPT 总结展示）

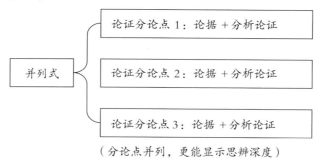

（分论点并列，更能显示思辨深度）

3. 第三组讨论并展示

生 1：怎样看世界呢？我觉得人应该带着理想主义的情怀去看世界，要抱着御风而游、提升自己的信念。

生 2：我认为不能抱着功利心满世界购物，满世界看美女帅哥，然后发朋友圈炫耀，如果长期下去，就成了"购物狂""猥琐男"了，那是为物所役的人生，人生价值何在？（笑）

生 3：我觉得看世界还要有角度和深度，譬如游我们临海的江南长城，就要用心去感受那段深厚的历史。否则，雾里看花，走马观花，看了也是白看。

生 4（第一组）：夜郎国君，因从未走出边疆去看世界，误认为本国是天下最大之国，从而在汉朝使者面前颜面尽失。如果其国君臣子保持一颗对未知世界的敬畏之心，也不至于被人耻笑千年。

生 5：我觉得怎样看世界呢？要仰望星空，更要脚踏实地，否则，凭什么去看呢？眼前的苟且都解决不了，如何谈诗和远方呢？

师（笑）：这一组的讨论很有特点，发言时多用"如果""否则""反之"等，是否大有深意？

生 6：老师，我们这一组不是要完成对照式这个理序的解读吗？正面阐述己方观点是谓"正"，反面批驳对方观点或指出后果叫"反"，一正一反是谓对照式，"如果""否则"都是从反面去论述的，夫子以为然

乎？（生笑）

师（笑）：这一组好强大哦，看来都做足了功课。下面我们有请这一组的发言人总结发言。

生7（组长小黑板展示）：

a. 理想主义情怀/猪样人生

b. 为物所役人生/生命价值

c. 角度深度/雾里看花

d. 脚踏实地/仰望星空

（论述每一个分论点时都有一正一反的对比论述，是谓对照式）

师（总结）：其实上述a、b、c、d各自构成对照式理序，但a、b、c、d又总体形成了并列式理序；如果我们想让论证更醒目，可以把"正"（正面阐述）"反"（反面批驳）各列一段，互为对照，更为醒目。大家请看PPT：

（PPT总结展示）

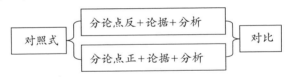

4. 第四组讨论并展示

生1：我觉得所谓层进式，从整篇文章看，应该遵循提出问题—分析问题—解决问题这种理序结构，前面三组所讨论的"什么是看世界"—"为什么看世界""怎样看世界"也遵循这种思维理序。

生2：我觉得不一定所有论述文都有"提出问题—分析问题—解决问题"这种层进式思维理序，好像还有一种我说不清道不明的层进式结构，更多地体现在论述每一个具体的观点上……

师：这位同学说得好，我们不能被表面的大框框所迷惑，其实层进式理序更多地体现在"论点""问题""原因""办法"这四个关键词上。也就是说，我这个论点是针对当下什么问题而提的，支撑我这个论点的理由有哪些，如何解决此类问题，这实际上也体现了层进式的思维理序结构。就拿论述"怎样看世界"这个大问题来说，如果老师提的观点是"比守身如玉更重要的是守脑如玉"，也就是说我们不能被外面的花花世界洗脑了，同化了，大家如何去论证呢？

生3：我觉得老师提这个观点是针对当下信息社会许多人的从众心

理来说的，个体容易传染群体的习惯思维方式而毫不自知，忽略了自己看待这个世界的坐标系。

师：那支撑这个观点的理由有哪些？

生4：从众心理呗，人人都有这种心理弱点。

生5：现在影响我们看世界的不是知识多少的"知沟"，而是判断能力强弱的"智沟"，我觉得人与人在"智沟"方面相差太大了。

生6：从众心理可能导致人们犯下可怕的平庸之恶。"雪崩的时候，每一朵雪花都认为自己是无辜的"，这是没有做到"守脑如玉"去看世界惹的祸。

生7（第三组）：只有"守脑如玉"才能有定见和远见。

生8（第一组）：记得大文豪胡适曾说过，只有在用充分的时间来考查事实和论据后才能下结论。（生大笑）

师：你们在看世界过程中，比"守身如玉"更重要的是"守脑如玉"，那是一个思维问题、判断力问题，夯实思维之基，托起民族之梁！（生鼓掌）

（PPT总结展示）

师（补充）：

观点："守身如玉"更要"守脑如玉"

问题："看世界"丧失判断力

理由："知沟"和"智沟"、从众心理、平庸之恶

办法：定见远见、"守脑如玉"

（四）教师评价

师：今天这节课，每组表现都非常棒，大家的思维好像都被点燃了。大家一定要记住，理序是论述文的"骨骼"，只有理序才能撑起一篇优秀论述文的思维"骨架"。理序也是衡量一篇论述文思维的逻辑性、深刻性、辩证性的重要标尺。希望大家都能写出一篇高质量的典范论

述文。

关于"看世界"，我想再说一下。孔子说"仁者乐山，知者乐水"，其实"人"的左边"丿"好比仁者乐山的"山"，代表"仁"；"人"的右边"乀"好比知者乐水中的"水"，代表"知（智）"。山水相依，仁智相拥，君子之风，人才是一个屹立天地的大写的"人"！请大家带着"仁""智"两个背囊去看世界，去纵横天地、笑傲江湖！（生热烈鼓掌）

（五）课内落实

1. 各组员完成各自片段写作任务，已完成的加以修改，课后交给各自组长。

2. 有需要老师答疑的同学请举手示意，老师会走到你的身边。

二、执教者言

本节课的教学思路如图 2-2 所示。

图 2-2　教学思路图

画家黄永玉曾说，美比好好看，但好，比美好。这节课的思维起点正是黄永玉的这句话引发的。我认为创意写作课堂的魅力不仅仅在于教学内容上的"创意"，也不仅仅在于课堂模式的"创意"，而更重要的是把两者高度融合起来的"创意"，只有把充满教师机智的最贴近学生生活的"创意"内容融入充满"创意"的写作课堂上，才能有真正的价值创生活动，思维之蝶才会在瞬间翩然起舞！在这里我仅对融合"教师导学""小组自学""小组讨论""小组展示""教师评价""课堂落实"这六个要素的"六步教学法"课堂做一下总结和思考。

（一）给我一个"支点"，我将撬动整个地球——"六步教学法"课堂"支点"落在课堂设计理念的科学性上

这个"支点"就是建构主义，建构主义认为学习不是由教师把知识简单地传递给学生，而是由学生自己建构知识的过程，教师充其量只是促进者、协作者或学习顾问角色。而传统课堂模式以教师的主动讲授和学生的被动反应为主要特征，课堂表现为"讲堂"，教师是所谓的"讲师"。"六步教学法"课堂则不然，它是以建构主义理论为"支点"，标志着教师角色从"讲师"到"禅师"的根本性转变，已从普通行为主义的"授鱼"和普通认知主义的"授渔"完全转变到建构主义的"学渔"，即"学生带着问题走向教师"。从构成"六步教学法"课堂的"六个要素"看，"学生自学"是基础要素，"小组互学"是核心要素，即便是"教师导学"也是在学生充分预学的前提下引发思维的"导"，因此整个"六步教学法"课堂呈现出的以学生为主体、问题为主轴、思维为主攻、训练为主线的特点，使学生从被动学习→主动学习，使教师从低效教学→高效教学，把课堂还给了学生，教师退隐到幕后，偶尔像禅师一样出来引导点化，这时教师是制片人或是导演。阿基米德说："给我一个支点，我将撬动整个地球。"我深信，以"建构主义"为支点的"六步教学法"课堂应该会托起学生的未来！

（二）琢"玉"成"器"，普度众"生"——"六步教学法"课堂"点"在学生学习力的有效增长上

"玉不琢不成器"，关键是如何"琢"？根据"六步教学法"课堂构成要素，我们找到了琢"玉"成"器"的五个"点"，即着眼点、着力点、落脚点、契合点和制高点，并名之曰：三"点"立鼎文武火＋两"点""煽风点火"共炖"学习力大餐"。所谓立鼎的三"点"指"着眼点""着力点""落脚点"。"着眼点"指教师要通过"六步教学法"引发思维碰撞，达到学生"仁""智"的高度统一；"着力点"指要用问题导引式激发学生思维，做到学生参与的主动性和学生思维深刻性的高度统一；"落脚点"指学生的学习要主动有效，能内化成学生的精神品格和思维品格。所谓"文武火"实指立"鼎"之后，"六步教学法"课堂"教师导学、个体自学、小组互学、小组展示、教师评价"五个要素有机融合所产生的一系列思维活动。所

谓"学习力大餐"指蕴含"分析、质疑、批判、创新、辨证、应用"等思维品质的学习力。学生用思维的文武火去"炖"学习力大餐，让这个大锅炖出美味，飘出醇香！当然"炖"这锅大餐，光学生去"炖"还不够，还要加上教师的"煽风点火"。一"点""煽风点火"指"教师评价"（教师点评）这一要素，即找寻"契合点"，教师通过"点拨与生成、评价与激励、追问和回应"，不断引导学生思维碰撞的"契合点"，这样无数的"契合点"才能成为学生无数的"生长点"，整个课堂才是高效的；另外一"点""煽风点火"即掌控"制高点"，也就是说教师要掌控好这锅大餐的"火候"，在实现"课堂落实"这一要素之余，追求大成若缺的"留白艺术"，这个"缺口"或"空白"等着让学生"插"上"两翼"即"思维导图"和"课后训练"去查漏补缺、去思维翱翔。也许学生"炖"的只有"萝卜"味道，教师的"煽风点火"好比在锅中加上"肉"，这样这锅学习力大餐就不仅有"萝卜"的味道，还有"肉"的香味！应该说"六步教学法"课堂所"炖"的这锅"色香味俱全"的"学习力大餐"，主要由学生自己"炖"出来的，但也不能忽视教师的作用，教师点"玉"的意义在于做价值建构的促进者、价值创生的促进者，让思维之蝶在瞬间翩然起舞！

以上两点，是我对本节"六步教学法"课堂的思考与实践。当然我不会把这种课堂当做一种静态的模式，而要与时俱进。而与时俱进要靠广大教育同仁且思且行、且行且思的共同努力！

三、观教者言

画家黄永玉认为，美比好看好，但好，比美好。这里的所谓"好看"便是满足视觉的愉悦；所谓"美"便是给予欣赏者的审美愉悦；所谓"好"指能体现人性的至仁至善。作画如此，其实任何的艺术创作都如此，都应该追求真善美的统一。用黄永玉的话反观当下的论述文教学，有两点值得反思：一是教师层面，课堂教学可能考虑到论述文写作指导有些抽象枯燥，为了增强吸引力，着力点过分关注有趣的内容，常停留在"好看"的本真层面，课堂气氛活跃，但课堂的价值创生活动缺少一个有意义的从感性到理性、从表象到本质、从时空到心灵的提升沉淀的过程；

二是学生层面的论述文写作也只停留在"好看"，即停留在对万花筒般的生活表象的简单罗列和分析，缺少"理序"，难以达到"好看""美""好"三者的有机统一。

王倩老师的这节课在论述文"理序"上下功夫，取得比较好的效果。所谓"理序"，就是说理的逻辑顺序，也就是贯穿论述文始终的思维之线。这些思维之线有并列式的、对照式、层进式等共同撑起整篇文章"骨架"，它是反映一个学生思维的逻辑性、辩证性、深刻性的重要标志。一篇论述文，论点是"心脏"，语言是"血肉"，而"理序"就是"骨骼"。只有"理序"才能把"好看""美""好"串起来，使文章形成一个"真""善""美"高度统一的立体的有机整体。

这节课，王老师力求在以下两个方面追求"创意"：一是课堂形式的创意，采用融合"教师导学""小组自学""小组讨论""小组展示""教师评价""课堂落实"这六个要素的"六步教学法"，抓住了论述文的核心知识"理序"，并以融合六个要素的简明学习设计来促进学生学习。二是授课内容的创意，以当下流行的"看世界"为话题，这个话题不仅"好看"，让学生有话可说，但又让学生不只停留在"好看"，而是让学生的论述文思维品格得到提升，也就是让他们的思维"骨骼""挺立"起来。

论述文写作缘于生活，高于生活，只有不拘于生活表象，对生活表象背后的东西进行思考，融入"分析、评价、质疑、批判、创新、辩证"等宝贵的思维因子，才能"筑"起学生思维品格的"峰峦"，并进而建构学生融"批判""求实""辩证"为一体的文化品格，学生才能成为一个有真正生命意义的大写的人。

四、学生习作

提升自我，御风而游

王士祯诗云："一曲高歌一樽酒，一人独酌一江秋。"这是怎样洒脱的境界？在我看来，想去"看世界"，本身就是一份情怀。我们应该做的，是提升自我，御风而游。

看世界，字面义上是指云游四方，遍阅世情，看看世界各地的风土人情、地域文化，实则是对个人心灵的一次放逐。正如顾少强辞职时所说："世界这么大，我想去看看。"他想看的又仅仅是不同的建筑、人种？他真正想触及的，是自己被现实束缚下呻吟的心灵；真正想突破的，是现有生活的限制；真正想追求的，是到广袤的世界里寻找自己真正的生命意义。

如此看来，看世界这一行为本身便蕴含着高蹈的精神，是对饱含限制的现实生活的一次抗拒。它不关乎所谓的"拓展视野"此类功利的目的，纯粹是顺应心灵的御风而游。不由得想起了疯狂的诗人尼采，他背起行囊看遍世界，在孤独的旅行中寻觅到真实的自我，写出了振聋发聩的《查拉图斯特拉如是说》；又如高更，毅然决定放弃优渥的物质生活，跑到南太平洋的一个小岛，用童稚的眼光看看人类最原始的状态，不断叩问自己生命的本质。由此看来，"看世界"何尝只是一场旅游？它是赫尔曼·黑塞所说的"思索、了解、抉择、创造与精进的过程"。

尽管如此，"看世界"也不是一场说走就走的旅行，"看世界"者需要有足够的文化修养和基本的自我生存能力。试问，一个内心浅薄的人，如何能窥得古埃及壁画下的生死轮回？而一个衣不蔽体、食不果腹的人，又如何能在世界中自如穿梭？正如牟海荣在开学典礼上所说："世界这么大，你凭什么去看看？"一个欲"看世界"的人，的确得有足够的资本。犹记得张碧城独身一人环游欧洲，在那个时代的人看来确是一大创举。她之所以能这样潇洒自如，是因为她学识渊博，而又足以自存，这才能更好地"看世界"。

其实，对于"看世界"的争议，恰恰折射了信息时代国人对生命意义的寻求和迷茫。正如弗兰克在《活出意义来》一书中提到，对意义的寻求是人类基本的需要，当这种需要得不到满足时，人就会感到一种空虚，即"存在的空虚"。人们在信息和网络中迷失，进而寻找意义的欲望更加强烈。所谓"看世界"，也不过是一种对生命意义的探寻方式罢了。

要言之，欲看世界，人之本性也。但自身修养及能力的提升，实为不可或缺。如此，我们方可潇洒地挥一挥衣袖，御风而游。

【教师点评】

本篇文笔清丽，论证有力。小作者紧紧围绕着"为什么看世界""怎样看世界"这个理序展开，运用了王士祯、尼采、高更等论据材料，着重论述了看世界的过程不仅是"思索、了解、抉择、创造与精进"的过程，更是"寻找自己真正的生命意义"的过程，也就是所谓的"提升自我，御风而游"，立意可谓新颖深刻，反映了小作者较强的论述文思维品格和人文修养。值得推敲的是倒数第二段的内容属于"为什么看世界"，应放在开头几段为好。

分析：论述文的纽带

执教者：王倩　观教者：邹兆文

一、教学实录

师：一篇规范的论述文除了结构合理和思路入格外，还有更重要的一个方面，就是对论点有针对性的阐述和对论据(事件、事例)有中肯的分析。没有这样的阐述和分析，论述文论点和论据就不能很好地粘连在一起，而这个粘连也是有"道"的。有一位学生为了证明"要坦然面对自己的缺陷"这一论点时，运用了下面的事例。

(PPT 展示)

有一位歌手人长得很丑，又很矮小。他以前生怕自己会引来别人的嘲笑，于是仅仅在电台做录制工作。可上舞台演唱一直是他的梦想，他决定无论如何也要冒一次险，哪怕被人轰下台。朋友们知道了他的想法，都劝他不要做这样的傻事，但他还是执意如此。

机会终于来了，在一次晚会上，他排除一切困难登上了舞台，以最自然的姿态和最真实的一面去面对观众。因为真诚、自信和充满魅力的表演，他受到了观众的热烈欢迎。最终，他成为了一名杰出的歌手。

师：此论据叙述过长，我们要懂得对论据进行去芜存精的加工制作，突出精华和重点，不能掺杂与论点无关的叙述，否则，论述就显得空乏无力，论点也无法得到有力的证明。我们按照上节课讲的概括事实论据的方法，先对上述论据进行压缩概括。(此环节略)

师：同学们思考，此事实论据列举出来以后，接下来应该怎么对此进行分析论证？

(5分钟后)

生1：以前我们在学习材料作文审题立意的方法的时候，老师不是说过，对于论述类材料，都可以用因果分析法找出立意吗？我想，对论

据进行分析，应该也能用这种方法。（试探性地看着老师）

师：会思考，能学以致用，好。那么，我们应该如何进行因果分析呢？

生2：正是因为他能坦然面对自己的缺陷，勇敢地登上舞台，真诚、自信地展示自己，所以他最终成为了一名杰出的歌手。

师：这位同学对原因进行了直接陈述，从而完成了对事实论据的过程分析。其他同学还有要说的吗？

生3：为什么他最终能成为一名杰出的歌手呢？那是因为他不惧别人的嘲笑，表演也具有魅力。

师：因果分析，用了自问自答。自答的语句能否用上"不仅……而且"或"是……还是……更是"的句式？

（两分钟后）

生4：为什么他不但没有因为自己矮小、丑陋而埋没了才华，反而最终能成为一名杰出的歌手呢？那不仅是因为他不惧别人的嘲笑，而且是因为他能以最自然的姿态和最真实的一面去面对观众，更是因为他那真诚、自信和充满魅力的表演。而这些，都源于他能坦然地面对自己的缺陷。

（掌声顿起）

师：分析得不错，问句和答句都进行了完善，最后又归纳了论点。抓住论据所述的事实，并据此推求形成原因的一种分析方法，就是"因果分析法"。

（板书：因果分析法）

师：除此之外，我们还可以怎样深化我们的分析？（看学生陷入沉思，提示）在《六国论》中，苏洵这样分析，"向使三国各爱其地，齐人勿附于秦，刺客不行，良将犹在，则胜负之数，存亡之理，当与秦相较，或未易量"。

（片刻）

生5：假如他不能坦然面对自己又矮又丑的缺陷，总是担心被别人嘲笑而不敢登台表演，那么，他的梦想就不会实现，他也不可能成为一名杰出的歌手。

师：运用假设推理对所列举的论据进行分析，证明自己的观点，使事例和析例正反映衬，很有说服力。

（板书：正反分析论证）

生6：试想，面对自己又矮又丑的缺陷，他不敢登上舞台，不会以最自然的姿态和最真实的一面去面对观众，不能真诚、自信和充满魅力地表演，做不到坦然，他又怎会最终成为一名杰出的歌手呢？

师：从事例反面的三个角度进行假设，采用排比句、反问句，语势极为强劲，具有不可辩驳的力量。

（掌声又起）

生7：老师，我想在刚才那位同学分析的基础上完善一下。

（师示意）

生8：试想如果面对自己又矮又丑的缺陷，他不敢登上舞台，不会以最自然的姿态和最真实的一面去面对观众，不能真诚、自信和充满魅力地表演，做不到坦然（反面假设），也许就不会出现他成为杰出歌手这一奇迹了（结果展示）。看来，能坦然面对自己的缺陷，不回避，不掩饰，勇于挑战自我，就会成就自我（正面强调）。

（响起更热烈的掌声）

师：论证要周密，无懈可击，说理时还要注意辩证性的语言。事物是复杂的，那么，我们认识事物、分析事物也不能简单化，不能"一厢情愿"地只取一端，否则，分析就会失之偏颇，犯论述绝对化的毛病。

（板书：辩证性的语言）

师：同学们仔细推敲一下，刚才这位同学的论述是否也有需要改进的地方？

（两分钟后）

生9：能坦然面对自己的缺陷，不回避，不掩饰，还要能根据自己的具体情况确立符合自己实际的目标。

生10："能坦然面对自己的缺陷，不回避，不掩饰，勇于挑战自我"，也不一定就会"成就自我"，应该说"才有可能成就自我"。

师（点头赞赏）：如果我们平时对生活多加思考，对事物勤作分析，写文章多注意辩证分析的妙用，你的论述文写作就有可能达到一个新的高度。就如这个材料，这个歌手其实并不是一开始就……

（一学生突然站起来）

生11：老师，我知道了，这个材料还可以通过他自身心态的前后对比来论证分析。

师（惊喜）：哦？说说看。

生11：他以前总担心会引来别人的嘲笑，所以只能在电台做录制工作。后来他选择坦然面对，才最终成为一位杰出歌手。

生12：身体有缺陷者往往有一种担心遭人轻视的自卑，但这种自卑也可以是一种奋勇向上的激励。这位歌手正是抛弃了最初的自卑，开始了勇敢地面对，才变得杰出。看来，有缺陷并不可怕，关键在于你如何对待它。

生13：缺陷就像弹簧一样，你越用力去挤压它，它给你的反冲力就越大。所以一定要坦然面对它，待人以真诚，自己有信心，不为缺陷所困扰，活出真实的自我，才有可能成就杰出的自己……

（热烈的掌声，经久不息）

师：看来，同学们已经开始有意识地去想一些方法，对所用的事实论据进行分析，力求论点和论据能很好地粘连在一起。分析论证方法有许多种，同学们可以视情况单独使用或综合运用，同时注意逻辑顺序和辩证思维。

作业：写一篇以"学会欣赏别人"为中心的论述文，注意各种分析论证法的运用。

二、执教者言

本节课的教学思路如图 2-3 所示。

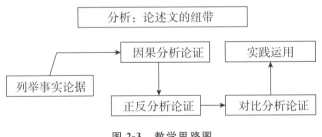

图 2-3　教学思路图

长期以来，我们的论述文教学，往往只注重指导学生如何对所给论题或所给材料进行审题立意，指导学生如何进行谋篇布局以及如何挖掘、运用素材。教师往往只讲解与论点、论据、论证有关的写作知识，或单一地指导学生论述文的结构，却没有或很少有针对事实论据进行分析论证的教学指导，以至于学生听懂了该怎么写的道理，掌握了论述文写作的基本思路，但仍然不会对事实论据进行论证分析，学生论述文写作存在的问题没有从根本上得到解决。所以，在实际的教学工作中，教师只有找准症结，对症下药，才能找到改变现状的方法。本节课结束后，我有以下几点思考。

首先，教师需要给自己一个恰当的定位，即扮演好导演的角色。本来，我打算先向学生讲解几种常见的论证分析的方法，然后再让学生分别运用这些方法，对他们进行有针对性的训练，但在展示一个学生的作文片段时，我突然认识到，学生的作文能力是"写"出来的，是自己"悟"出来的，而不是靠教师"讲"出来的。教师的作用，主要在于引导。况且，这些常见的论证分析的方法难道学生没有接触过吗？我们在议论性的阅读教学中不是都讲过吗？我们不应该割裂阅读教学，而应该使我们的阅读教学与作文教学有效联系起来，让学生做到学以致用。所以，我就自然地抛给了学生这样一个问题："接下来应该怎么进行分析论证？"当学生的思维陷入僵局的时候，我点出了《六国论》中的一些论证分析的句子。没想到，教师只要对学生略加引导，学生就能做得越来越好。当然，这中间，教师也要善于根据学生的具体情况调控课堂，做到有收有放，收放自如。

其次，教师要让学生成为课堂的主角，鼓励学生积极参与课堂活动。一切为了学生的发展，是教育教学的最高宗旨和核心观念。教师作为教学活动的主要实践者，必须转变角色。让学生成为课堂的主角，不是停留在口头上，而是落实在课堂中。只有让学生乐于积极思考和动手实践，才能有利于学生自身的发展。因此，教师不能让学生在课堂上做"听客"和"看客"，而要使他们成为课堂的主人，亲身参与到知识的获取和新旧知识的联系当中。所以，我也尽量少讲，只是适时地点拨。

最后，教学的艺术不在于传授的本领，而在于激励和唤醒。因此，教师对学生的回答要善于评价和鼓励，用精当的评语激发学生的勇气和力量，调动学生的积极性，不断提升学生的自信心和上进心。当然，像"很好""很棒"等这样的评价也不应该用得太多，这样的评价太单调、笼统，显得教师的点评不诚恳，乏味，流于形式。教师应该把鼓励性的评价内容落到实处，比如，像"从事例反面的三个角度进行假设，采用排比句、反问句，语势极为强劲，具有不可辩驳的力量"这样的评价就能使学生知道自己写的作文片段好在哪里，像"因果分析，用了自问自答。自答的语句能否用上'不仅……而且'或'是……还是……更是'的句式？"

这样的评价不仅点出了学生写作片断的特点，而且提出了完善性的建议，这更易于强化学生成功的喜悦，激起学生强烈的求知欲望。

三、观教者言

关于教学内容选择问题，学生的论述文"以例代论"是一大弊端。一篇论述文的观点要想让人信服，是离不开论据的。但许多学生的论述文在事实论据的运用上存在一个严重的问题，就是往往只知道提观点、摆材料，或堆砌论据，有述而无论，有据而无析，不会或不善于对事实论据进行分析论证。譬如要写"共情能力和规划意识利于成就自己"，学生一般马上就"A有共情能力和规划意识，B有共情能力和规划意识，C有共情能力和规划意识，所以我们要有共情能力和规划意识"。为什么"我们要有共情能力和规划意识"？这点不阐述清楚，就是没有分析论证，这样的文章就难以服人。

部分学生即使对事实论据进行了分析，但也常常不能针对论点的需要，不能围绕论点去很好地分析。作为议事说理的论述文，没有合理的分析，就难以揭示出材料与观点之间的内在联系，也难以显示出材料中包含的道理。材料和论点之间呈"油水分离"状态，文章就显得在形式上是材料的简单拼凑，在内容上则肤浅、空洞。

推究"以例代论"原因，一则是部分学生深信所谓"事实胜于雄辩"，误认为事实越多越有说服力；二则也不排除许多学生确实不会分析事实性材料，只好堆砌了事。因此，要想使自己写的论述文具有说服力，写作者必须对使用的论据有深刻的认知和较强的辨析能力，并且需要对事例材料作出必要的辩证分析，把材料与观点之间的内在关系证明给人看。可见，王倩老师的课是针对学生论述文写作问题进行设计教学的，这是写作教学有效性的前提。

至于写作课教学方式问题，王老师也做了深入的思考。在本节课里，王老师注重写作主体活动，让学生在"写"中提高写作能力；而教师并没有袖手旁观，提供写作支架成为她教学的主要任务。如引用《六国论》的名句，归纳出语言表达的范式，这极大地降低了学生言说的难度，使课堂顺利开展。结合具体写作目标、任务驱动使本节课的学生活动有了可测性，保证了课堂教学过程的有效开展。

唯有教什么和怎么教有机结合，方能保证课堂教学的时效性，王老师的这个课例做了较好示范。

四、学生习作

赏兮，互愈也
王婧雯

夫以人为镜，可以明得失。欣赏他人若互为镜也，互正衣冠，互明得失，互愈也。

高山流水，难觅知音。所谓知音，何尝不能以欣赏而说？能够互相真正懂得，互相欣赏，这就是千古难寻的知音。所以我们首先要学会欣赏他人，这不仅是对他人的肯定，也是对自我的欣赏认知。如果周文王没有对姜子牙欣赏，没有"文王拉车八百步"，那么怎么会有"子牙保周八百年"的美谈呢？如此，二人也将消泯于历史，不复众人道也。

习美人之美，得美美与共。欣赏他人，相当于美他人之美，能够正确地认识并且从心里理解接受他人之长。如此，方能以其为镜，以正衣冠，明己之短。孔子曰："与善者游"，亦循此理。雨果《九三年》中杀人不眨眼的刽子手朗德纳克，最后之所以闪烁着人道光辉，正是源于对郭文的欣赏。而张爱玲《金锁记》中曹七巧却因为对世界的猜忌，对所有人的不欣赏不认同，导致她和她的子女们凄惨余生。所以欣赏他人，对于我们自己尤为重要，并且欣赏他人也能称得上是欣赏自己，欣赏他人的优点来欣赏自己的缺点，抑或是欣赏他人来发现自己的美。此可谓：赏兮，互愈也。

欣赏他人在一定程度上也是欣赏生活。因为只有对生活有善于发现美的眼睛的人，才能更好地发现他人的美。知者乐水，仁者乐山。知者能从水中找到变通，喜欢水；那更能从他人身上发现优点，欣赏他人。欣赏是相通的，通过欣赏一个人可以欣赏万千世界。可以通过欣赏他人，来欣赏自己。赏兮，通也，互愈也。

凡赏兮，皆发乎心，万不能流于表。欣赏他人，要心口合一，从内心认同他，向往他，才能学习他。不然，若只表面称赞的为阿谀，表里不一的为伪君子。像那变色龙一般，只能让人啼笑皆非。欣赏也，可口不言唯倾心。

赏他人，易正己。多看到他人的优点，学会"见贤思齐焉，见不贤而内自省也。"如此，让自己处于渴望进步的位置，不断地借取他人的阳光成长。欣赏他人，不仅包括欣赏他们的优点，也应当包括欣赏他人的缺点。欣赏优点，是为了学习；欣赏缺点，则是为了学会包容，帮助他人成长，亦是美事矣。"孔子师郯子、苌弘、师襄、老聃。郯子之徒，其贤不及孔子。孔子曰：'三人行，则必有我师。'"正因为孔子能够欣赏他人的优点，并加以学习，所以成为了空前绝后的孔圣人。由此观之，欣赏可以成就双方，使圣益圣。

然，欣赏他人不只是给予他人肯定，其最终目的应是帮助我们提升向前。通过欣赏他人，培养我们谦逊的品格、持久的上进心，以及对生活的感知力。当然欣赏他人，也能给对方带来鼓励，让对方成长。其可谓："赏兮，互愈也。"

明得失兮，赏他人。互正衣冠兮，相为镜。赏兮，互愈也。

【教师点评】

小作者开篇紧承题目，开宗明义，全文围绕"为什么要欣赏他人"展示论述。值得一提的是，习作者已有意识地对论据进行分析论证，或反面假设分析，或因果分析，或正反对比。但文章语意欠精简，结构欠缜密。另外，文题"互愈"的说法也欠妥帖。

阅读助产：倒逼论述文的自主观点

执教者：郑超　观教者：包建新

一、教学实录

说明：课堂座位是以小组围坐的方式安排的，全班共分六个小组。这个语文学习小组曾经是"阅读小组""辩论赛小组"，现在是"论述文写作小组"。小组成员构成是在学生自愿的基础上，综合考虑各方因素来完成，其中包括男女生比例。

(一)"材料一"出示，话题锁定

师：2017年年末，《我们不一样》这首歌在网络和线下爆火。原先，我真不太明白为什么这首歌会火。可最近发生了几件"沟通事故"，我是越来越切身地感受到这歌名的分量：人与人的差异太大了！我们今天的话题就从这个差异开始。

（PPT呈现）

材料一：

当下我们所处的时代：社会阶层的分化，政见的左右之分，财富占有的巨大差距，每个人道德价值观的不同，个人志趣爱好的不同，似乎都说明差异乃至对立的存在。人与人的沟通、理解尤为迫切。对此，你有何看法？

师：我们先明确材料的关键词应当是——

生集体：人与人之间、理解与沟通。

师：如果是完整一些的一句话的表述呢？应当是——

生1：当下时代人与人的沟通与理解很迫切。

生2：人与人存在差异乃至对立时的理解与沟通很迫切。

师：我们可以综合两位同学的发言完成本次话题的表述：在人与人

存在差异乃至对立的当下时代，人际理解与沟通很迫切。对此，你有何看法呢？现在，我们用两分钟的时间来思考这个问题，请每位同学独立思考，并准备作初始的观点表述。思考过程中，大家可以在纸上记录下观点的关键字。

（两分钟后）

生3：我同意材料的看法，世上一切都存在差异和对立，不沟通不理解就无法共存。

生4：沟通的方式不一定是语言，有时也可以是一种潜移默化的影响。

生5：我没有什么想法啊，材料不是都已经说完了？（部分同学笑）

生6：沟通与理解能带来文化交流，思想碰撞，最终趋于统一，有时还能够集百家之长补一家之短。

师：我看到你在纸上写了一个"求同存异"，我想请你来说说。

生7（犹豫）：我只是脑子里冒出这个词，可我不知道怎么表达。

师：好的。这五位同学都发表了自己的观点，包括生5。我有一个发现，他们好像都认同材料中的观点：当下这个时代需要人与人的沟通与理解。（生7也点头）在座有没有对此发出质疑的？

（学生小声讨论，没有人站出来，有的还一脸疑惑地看着我）

师：其实历史上的每一个时代，人与人之间都存在差异乃至对立，只是随着时代的更新，这种差异与对立的具体内容有了许多的改变，每一个时代也会有一些哲学家、思想家、社会学家、文学家等对这个问题进行思考，并在不同的时空以不同的方式作出他们的回答，并且将回答留存于他们的作品中。我们只有再一次阅读这些作品，才能获取这些观点，而这些观点中，有些是与我们的惯常思维不太一样的，它们更能引发我们的思考。我这里截取了几个回答，我们来看一下。

（二）"材料二"发放，引进质疑声音

（PPT呈现）

材料二："不同的质疑的声音"

萨特的悲观：他人即地狱。哲学家萨特视他人为畏途，人人皆是孤岛，彼此的沟通、理解全无可能，人只能在孤独和疏离中终老。

海子的孤绝：我只愿面朝大海，春暖花开。海子，这位孤独的诗人，最终放弃了和他人沟通、寻求理解的可能。他希望陌生人"在尘世

获得幸福"。

庄子的乐观：鱼我之乐的论争。庄子曰："倏鱼出游从容，是鱼之乐也。"惠子曰："子非鱼，安知鱼之乐？"

师：我们先来梳理一下，这里有几位名人发表了自己的观点？

生集体：四位。萨特、海子、庄子、惠子。

师：接着梳理，哪几位对材料一的观点提出了质疑，提出了什么质疑？

（学生在组内自由讨论）

生8：萨特，他认为人与人的沟通、理解全无可能，人只能在孤独和疏离中终老。

生9：还有惠子，他认为庄子不是鱼，不能知道鱼的快乐。

师：这可以理解成是一种比喻，我们来还原一下本体，相当于人与人沟通时，我说，你不是我，你不可能真正明白我，理解我。所以惠子的观点也是——

生集体：人与人的沟通、理解不太可能。

生10：海子好像没有否认沟通与理解的可能，但他最终放弃了。

师：是的，他选择了放弃。如果说萨特和惠子是在客观上否认了沟通与理解的可能，那么海子就是在主观上放弃了，他不愿意，觉得没必要了。

师：我们来汇总一下，四位回答者，除庄子之外，都对材料一的观点提出了质疑，有的认为不可能沟通、理解，有的认为不必要。其实，萨特还有一个隐含的质疑。

师：大家有没有发现材料二中，他有一个让人吃惊的论断，就是"他人即地狱"。我来略作解释，萨特认为，每一个人都是独立的自由的个体，而"他人"是有别于"我"的存在。"我"与"他人"是有差异甚至对立的。当人的个体意识受到他人意志的干扰时，两种意志就陷入了一种水火不容的、不可调和的状态。他人意志就成为了我痛苦的来源。可怕的是这种干扰有时候不一定是语言行动上的，也可以是生4提到的是一种潜移默化的影响。

（部分学生神情茫然；又有几位学生不以为然，试图反驳；个别学生脸现惊喜，小声说"这个论断好像很厉害的样子"）

师：这里萨特隐含的质疑是人与人沟通、理解最终走向哪里。是干扰、控制对方，让他按照你的意志来吗？这是不是会成为他人痛苦的来源？反过来，他人干扰、控制你的意志，是不是也会成为你的痛苦来源？

（学生交头接耳，轻声讨论，我未加阻止）

师：不同的质疑的声音汇总之后，我们来看一下，是不是可以归结为这样的三个问题？

（三）汇总质疑声音，小组合作探讨

（PPT 呈现）

材料三：

沟通是否必要？理解是否可能？沟通、理解能带来什么，又该走向何处？请分点分层阐述。

师：面对以上几个质疑的问题，你做何思考？做何选择？继续坚持材料一的观点，还是赞同质疑者的观点？请先独立思考并分点分层记录，时间为 5 分钟。

（学生陷入思考，个别同学小声讨论，我提醒先独立思考）

生 11：萨特的悲观，在我看来是将沟通与理解绝对静止化的极端看法，他把人比做孤岛，却没有从另一角度出发，人为何为孤岛？换句话来讲就是孤岛成为"孤岛"，是因为无人问津、人迹罕至。那当它被人发现那座所谓的孤岛后，孤岛自愿孤独，不愿他人打扰——即拒绝沟通，才导致它成为真正的孤岛，这只是承认静止的不变论，亦是对沟通与理解是不可变的谬论。

师：嗯，你对萨特的人际悲观论作了很好的剖析，孤岛的形成，正是因为将沟通与理解静止化了，人与人的沟通与理解本应是一个动态交互的过程，几次失败或者还没有尝试就拒绝沟通了，那就会变成真正的"孤岛"。

生 12：沟通是我们工作、学习、生活中不可或缺的一部分，我认为沟通是必要的。每个人都有自由且相互独立的思想，每个人都有自己的世界观，每个人对于同一件事都有自己不同的认知和想法，沟通让我们彼此更加了解对方的想法。理解也是十分有必要的，理解是沟通的助力。准确的理解，可以拉近人与人之间的距离，减少沟通的障碍。沟通和理解可以带来较为稳定的关系，例如友情、亲情、爱情等。

师：你虽然没有针对材料二中三位质疑者本身的观点与做法进行分析，但你一口气回答了材料三的三个问题，很明确也很完整的做出了自己的回答。当然，还可以结合材料二继续深入思考。

生 13：沟通是必要的吗？我认为这可以根据对象不同而有不同的答案。对社会而言，没有沟通将分崩离析，因为沟通本就由相互联系的人所组成，社会将因人们的沟通而变得和谐。但是对个人而言，沟通有那么重要吗？从古到今，有无数隐士用他们的切身体会告诉我们——"我一个人也很好"。

师：所以，以你的看法，于社会而言，离不开人与人的沟通理解；于个人而言，我允许不愿沟通的人存在？

生 13：是啊！那些独善其身的隐者也可以是一道风景啊！

师：所以，积极入世的孔圣人们，不要试图来找我们这些隐士高人聊天，"道不同不相为谋"！（生笑）

师：刚才，几位同学展示了自己 5 分钟思考的成果，他们的成果让我有些吃惊，无论从思考的深度、高度，还是思考的严密性来说，比之前都有了一个质的飞跃。接下来，我们要让所有的同学都有机会展示自己的思考成果。我们的方式是组内交流，产生思维的碰撞，还要有记录。

师：每个小组都有一个终极任务，本周日晚自习前至少形成一篇900 字的论述文。成文方式可以由各组自主选择，我这里为大家提供一种方案作为参考——大家利用手头的片段先互相交流，由组长带领全组汇总各方意见，列出一个写作框架，然后分派片断写作任务到个人，汇总后再由两位同学整合完篇。当然我们不排除有的组出现无法统一意见的情况，那么你们可以分裂成两篇或者更多篇。

（学生分组围坐开始了热烈的讨论，部分同学看上去神情激昂，有的还边说边在纸上画着什么。我走近一看，是在画几种不同的沟通状态：没有交集或没有共同语言的；有部分可达成共识的；有些小差异但大体一致可以互相理解的。我听了一会儿，继续走向下一组。这一组在讨论"庄子不是鱼，能不能真正理解鱼之乐"。其中一个学生认为理解是可能的，但完全的理解是不可能的。即使一个人能设身处地地为别人着想，但却不能完全成为他人。我赞了她一句，并追问："所以呢?"她沉默了。后来我又随机听了几组，这时前面有个组似乎吵嚷起来，我过去一看，他们说是"谈崩了""完全无法统一"，我笑道："看来你们组要写两篇了。"作为争论方之一的那个女生感叹说："发现跟他们沟通起来好累！想法太不一样了！"投入讨论的时间过得特别快，两课时的作文课过去了，有的小组已经有了些眉目）

师：论述文写作的灵魂是拥有"自主的观点"，但不是每一个人都能轻松地寻找到自己的观点，我们的思维往往会封闭、会堵塞，无法拓展，无法深入。这时候，你可以选择阅读，在阅读中寻找前人早已做出的回答，在剖析这些回答的过程中，也许你会找到自己的答案。以阅读中提取的他人观点来助产你的"自主观点"，这是一条切实可行的论述文写作之路。

二、执教者言

本节课的教学思路如图 2-4 所示。

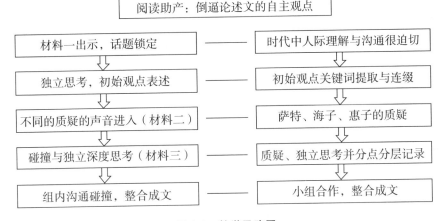

图 2-4　教学思路图

(一)关注写作全过程，着眼学生实际写作的真正难点

根据现代写作学理论，写作的构成系统由四个元素构成，即写作的主体、客体、载体和受体，并且这四个元素在写作系统中是缺一不可的，任何一个因素的自我膨胀或自我萎缩，都会破坏写作行为的和谐与完美。写作训练应当是以一种过程动态交互型的方式进行的。然而反观现在的中学作文教学，写作训练往往特别关注写作载体(怎么写)，各种各样的写作技法、写作指导一股脑儿冲向这一块领域，而对于写作者(主体)、写作对象或题材(客体)和读者(受体)却采取了忽视策略。绝大多数教学方案违背了写作的整体创作规律，忽视了学生的能力发展，而

以一种割裂式的静态文本型训练模式出现，片面而低效。最近几年对于学生写作思维的训练则表现出对于写作主体的关注，但文章形成的全过程应当是这样的路径：客体(生活)—主体(写作者)—载体(作品)—受体(读者)。我以为对学生写作思维的训练更多关注的是从主体到载体这一环节，而极少有对"从客体到主体的思想观点形成"这一环节的观照。

学生实际写作的真正难点正是"从客体到主体的思想观点形成"这一环节，在于他们"没有观点"，觉得"没有什么可说的"。如实录中的生5，他实际上代表了大多数学生的写作状态，他们选择同意材料观点，这种观点实质上是一种"无观点"，是一种"你说什么就是什么，我没想法"的"伪观点"。没有观点，写作的灵魂不复存在，再谈写作成文技巧都是空谈。

(二)难点攻克策略：从"无"到"有"

那么，观点如何从无到有？苏格拉底"精神助产术"给了我灵感。本案例中，我试图探索一条途径，它引导"不同的质疑的声音"进入，与学生的惯性思维进行碰撞，引发学生对原先忽略的，或因盲从众人观点而未曾深入思考的问题进行深层次的思辨性思考，在思考的过程中明晰自己的内心，作出自己的选择。

本案例中，对于学生来讲，他的"从客体到主体的思想观点形成"这一环节应该是这样的：一个本没有深入思考的问题，一个想当然的回答，本不可以对我有所触动，可是当你提出对它的质疑时，我有了选择，有了思考，我可能被质疑的声音说服，朝着这条路走下去；我也可能还是选择坚持原先想当然的回答，但这是思考后的选择，我有反对质疑声音的思考，我有坚持原观点的理由，这与人云亦云的重复他人观点有了质的改变，这是我的"自主观点"。

(三)自主观点的打磨：由浅入深，从粗到细

学生的初稿上交之后，我发现相比于原先平面浅白的"例证文"，本次作文整体思考深度明显上了一个台阶，而且在阐述观点与理由时也能分点分层表述。这些都是可喜的改变，但我也捕捉到了一些普遍存在的问题：观点表达时语言不够简洁明快；文体不是很统一；行文时一不小心就会跑偏，从一个话题的某个字眼扯开去，跳脱到另一个问题上去了，一旦跑偏，深度也就无从谈起了。

我对学生说："这种情形，就类似于我们若干人在一个教室里探讨一个核心话题，你聊着聊着，突然就拐出去了，去了另一个房间，聊另一个话题去了，而且有的还拐不回来了，留在那儿吃中饭了！"学生大笑，然后我问该怎么解决，学生说："找两个守门的看着。"我说好，于是我们有了一个补充要求：每组选定两位"行文监察员"，专门搜寻那些"拐出去"的文字，或删或改。此举一出，修改稿的文字相对就干净、纯粹多了，少走了些歪路，发力也能相对集中了。

三、观教者言

在论述文写作成为高中生写作基调的当下，我们对学生深层思索，进而形成自主观点的能力有了更高的要求。高考作文评改中，达到一类卷的要求表述如下："不仅审题准确，还应在这基础上对题意有自己的理解和生发，论说有层次感，对问题的理解有深度，表达流畅。"解读这个要求，我们会发现它所强调的是学生要有自我思索后的"新观点"，而非停留于题目所给的现成观点，没有任何生发与思考，人云亦云，然后堆砌几个材料来佐证。这是高考写作评改要求中对高中生写作的"自主观点"的一种"倒逼"。

在日常论述文写作中，许多学生对一些现象或者问题"没有观点"，觉得"没有什么可说的"。没有观点，写作的灵魂不复存在，也就无法拓展，无法深入。那么，观点如何产生？如果说观点本就存在于学生的脑中，我们又有什么方法能够导引出他们的"自主观点"？本案例中，郑超老师试图探索一条途径，它借鉴苏格拉底的"精神助产术"，引导学生从在阅读中寻找到的"不同的质疑的声音"进入，与学生的惯性思维进行碰撞，引发学生对原先忽略的，或因盲从众人观点而未曾深入思考的问题进行深层次的思考，在思考的过程中明晰自己的内心，做出自己的选择，进而达到学生"自主观点"从无到有，由浅入深，从粗到细地提炼、打磨并成型的目的。

阅读助产，倒逼论述文的自主观点，其实是引进话语打破学生的思维定势、心理定势、情感定势，形成一个新的判断，用"理由"来制造新颖的思想。深度阅读之于写作，其价值正在于此；郑老师课例的价值也在于此，这是阅读对于写作真正起到促进作用的有效尝试。

四、学生习作

沟通与理解

沟通是必要的吗？

我认为这是会因为对象不同而有不同答案的问题。

对社会而言，没有沟通将分崩离析，因为沟通本就由相互联系的人所组成，人类是"群居"动物，沟通是我们工作、学习、生活中不可或缺的一部分。生活中不能没有沟通，就像傲视苍穹的红杉不能没有坚固的根基，芳香四溢的鲜花不能没有给予它自信的阳光。每个人都有自由且相互独立的思想，每个人对于同一件事都有自己不同的认知和想法，沟通让我们彼此更加了解对方的想法。社会也将因人们的沟通而变得和谐。

但是对个人而言，不是所有人都觉得沟通有那么重要。从古到今，有无数隐士用他们的真实人生告诉我们——"我一个人也很好"。因为沟通需要一定的媒介，而他们没有找到沟通的途径。

通过沟通，我们可以了解别人的想法，甚至在某一方面达成共识，促进理解。但浅层的理解往往是不够的，像是浮光掠影、蜻蜓点水般带过了，不会给人留下多少印象；但过度的理解又常常误解了他人的本意，像是原作者面对高考卷上的"诡异的光"，不敢做过多的补充，怕出卷者过度解读，从而害得考生心里不安。

我认为理解是可能的，但完全的理解是不可能的。即使一个人能设身处地地为别人着想，但却不能完全成为他人。理解不能强求，可确实有美好的本质。理解是十分有必要的，准确的理解，可以拉近两个人的距离，减少沟通的障碍。用对方听得懂的语言进行沟通，是沟通成功的保障。

萨特的悲观，在我看来是将沟通与理解的绝对静止化的极端看法，他把人比做孤岛，而却没有从另一角度思考，人为何为孤岛？换句话来讲就是孤岛为何成为"孤岛"？是因为无人问津、人迹罕至？当它被人发现是所谓的孤岛后，孤岛却自愿孤独，不愿他人打扰——即拒绝沟通，这才导致它成为真正的孤岛，这只是承认静止的不变论，亦是认为沟通与理解是不可变的谬论。

海子的孤独，是将沟通与理解分割了。海子虽认为人是可以沟通的，却否认了理解，所以也放弃了沟通，他选择走向极端，他选择结束自己的生命，究其原因，有对沟通与理解的片面独立的误解在其中。

沟通与理解像一对脆弱的双胞胎。他们既有各自的不安，又有不尽相同的地方。没有沟通，大家都是以各自的利益为体，对于触及自己的会斤斤计较；没有理解，观点不同的人常常引发喋喋不休的争吵，甚至会狂然大怒。世界有隔阂的墙，就必定有沟通的门。就算偶尔的迷雾遮掩了眼前的路，就算无形的墙在不经意间筑起，就算生活中的摩擦和烦恼让自己不小心困在了墙内，只要有及时的沟通，给彼此一个融化寒冰的笑，并从不同的角度思考问题，你就能在墙上推开一扇理解之门。

【教师点评】

这是一篇小组合作写出的论述文，几经修改，本文的外在文本呈现已"眉目清晰"，内在思辨也已成熟、深刻，最可贵的是这其中所表述的是学生的"自主观点"，是他们在阅读"他人观点"之后的"我的选择，我的观点"。

群文介入：让论述多一根拐杖

执教者：鲁金会　观教者：包建新

一、教学实录

（一）时文阅读，编写题目

出示网络文章：《朋友无心之言　他开始替人扫墓》（限于篇幅，原文略）①。

学生编写的题目：

小武从 2013 年起在清明节时"代客扫墓"，2017 年自称累了，决定结束这项业务。对小武曾经的"代客扫墓"业务，你有什么思考？写一篇论述文。

要求：立意自定，题目自拟，不少于 800 字，不得抄袭、套作。

（二）群文阅读，提要钩玄

教师以"清明节扫墓"为议题，建构一组群文，由以下 7 篇文章组成。限于篇幅，只呈现原文题目。

（1）《清明为什么要回乡扫墓，这是我听过最好的答案！》（中国之声，2018-04-05）

（2）《清明"代客扫墓"，谁在亵渎祭奠先人的传统？》（中国江苏网，2017-04-03）

（3）《清明代祭引争议？代表：不能一概否决》（人民网-文化频道，2016-03-25）

---

① 王曦煜：《朋友无心之言　他开始替人扫墓》，载《浙江在线》，2018-04-06。http://zjnews.zjol.com.cn/zjnews/hznews/201804/t20180406 ＿ 6963917.shtml，2018-04-30.

（4）《清明节又至，祭扫彼岸花代您去》（搜狐网，2018-01-25）

（5）《在清明祭中唤醒时代正能量》（中国江苏网，2017-03-30）

（6）《清明节代客扫墓、花钱买哭，是否有违孝道？》（上观新闻，2017-04-03）

（7）《多地打造"绿色清明" 冀望回归缅怀感恩本真》（中国新闻网，2014-04-05 日）

学生快速阅读，提要钩玄，归纳文章的主要内容，在此基础上完成表 2-1。

表 2-1　话题：代客扫墓

正方：认同"代客扫墓"	反方：反对"代客扫墓"
观点："代客扫墓"未必不可	观点："代客扫墓"可休矣
理由：1. 出于各种原因无法亲自扫墓，"代客扫墓"急人所急。 2. "代客扫墓"，打理坟头，总比野草丛生、无人顾问的坟头好。 3. 商品社会，有市场就会出现新型行业，"代客扫墓"体现商业社会特征，赚钱无可厚非。 4. 随着社会的发展，扫墓的民俗形式也在发展，"代客扫墓"只是一种形式而已，没有必要视为洪水猛兽。 ……	理由：1. "代客扫墓"是一种典型的商业运作行为，他们的目的就是为了借机赚钱。 2. "代客扫墓"是一种变相的欺诈行为，是对孝道的歪曲理解和肆意亵渎。 3. 亲力亲为、缅怀逝者的传统，不是花钱就能替代的，只有出于真心实意的缅怀，才能让清明祭扫回归"原味"。 ……

（三）学生互学，观点碰撞

学生作文题目及精彩议论节选：

1. 代扫不如不扫（李子仪）

21 世纪什么都可以"代"，不过可以找人"代考"，文笔不行可以找人"代写"，喝酒之后回家可以找人"代驾"，甚至孕育下一代的本能也能靠"代孕"来完成。在这个有何不可的年代，"代客扫墓"的出现显得新颖却也不再会引起轩然大波了。

（点评：辛辣的讽刺，排比的气势，有批判力度）

2. 清明"代客扫墓"，违背初心（何朋霞）

"代客扫墓"的背后，是赤裸裸的金钱交易。经济的高度繁荣，使金钱越来越趋向万能，于是金钱渗透到生活的每个领域。金钱的用途不合理地从物质层面转嫁到精神层面。"代客扫墓"这种现象的出现便是具体表现。当什么事都能代替时，那人自身的意义在哪里？

（点评：透过现象剖析实质，有深度！）

3. "代客扫墓"缺真情（童含婧）

清明除了缅怀故去亲人这一主要作用外，还有其他用途。清明时节，众人纷纷回乡扫墓，这在客观上就使大家族的子孙们聚在一块儿。一个家庭开枝散叶，清明节可使亲人团聚在一起，让你遇到几年甚至几十年未见的亲人。这份潜在的价值，难道还比不上你在清明，守在岗位上挣的那些外快吗？

（点评：角度新，从清明维系亲情的角度申明它的重要性）

4. "代客扫墓"未尝不可（陈黎明）

"代客扫墓"本身并没有是非可言，它争议的焦点应该是在于那些各取所需的人。既然是各取所需，"需"不同，结果就不同。对于那些真心怀念着祖先却客居他乡的人来说，"代客扫墓"无疑是提供了聊以慰藉的途径。虽然是找人代扫，却也弥补了客观原因造成的遗憾。对这些人而言，"代客扫墓"的确可以理解。而对于那些假真情、真虚伪的人来说，他们的"需"只是完成一种习惯性的形式，有的甚至刻意追求铺张奢侈以尽显孝心。商家为了谋取利益，也更是"竭心尽力"。在这种情况下，"代客扫墓"便成了世风日下的标尺。

（点评：眼光犀利，找出了争议的核心和关键）

5. 吾不与祭，如不祭（冯如青）

6. 扫墓应该亲为（虞丽莎）

7. 尊重扫墓文化（王璐瑶）

8. 让传统文化回归本真（汪蒹欣）

9. 理智祭扫，真心缅怀（杨依盼）

10. "用心"扫墓（邵佳怡）

（四）提供支架，学会"表达"

表 2-2 支架搭建

	就事论事	适度延伸
现象（问题）	代客扫墓	传统文化
对象	有"代客扫墓"需求者	
观点	"代客扫墓"可休矣	传统文化"失真"要不得

续表

	就事论事	适度延伸
原因	如上表（略）	"传统文化"同"商业文明"冲突
实质	赚钱	金钱至上价值观
危害（意义）	孝心变味、亲情冷漠	社会风气每况愈下
措施	亲力亲为	大力弘扬优秀民族文化
结论	"代客扫墓"不可取	回归民族传统的本真

（五）快速成文，作文升格

在群文阅读基础上，学生快速写作，一般在 40 分钟内完篇。教师选取学生习作，当堂点评、修改。学生仿照老师，二次写作，完成作文升格。

二、执教者言

本节课的教学思路如图 2-5 所示。

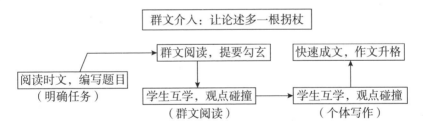

图 2-5　教学思路图

本次写作教学活动仅是"时事时文、热点热词"群文阅读下论述文写作系列案例之一。之所以要进行这样的系列作文教学活动，是因为高中生要会写论述文，论述文写作是高中作文教学的重要任务。而当下学生写作最大的瓶颈为"思想苍白，思维僵化"，做"思维操"是比较有效且切实可行的训练方案。何谓"做思维操"？即"一月一次课，活跃你大脑"的"每月评论课"。我们已经尝试着完成了三个课例：一月，"《南方周末》，只剩下新年献词"；三月，"霍金：生命的意义"；四月，"清明节：'代客扫墓'"。清明节是四月最重要的传统节日，踏青扫墓是清明节最重要的仪式。上这次作文课正是学生清明放假回校时，很应景，有一定的时效性。

本次写作教学活动共花费三个课时：在"阅读时文，编写题目"环节，教师搜集时文，学生编写写作题目，明确了本次作文教学任务。从学生拟写的作文题来看，基本合乎教师的预设，大多学生聚焦在"代客扫墓"这个话题上。让学生出题，是否多此一举？如果仅就完成这一次写作任务来说，效率确实不算高；但如果把这个教学步骤放到学生写作的整个过程来考量，它部分解决了学生写作的动力问题，即学生为什么要写。学生平时习惯了命题作文，被动写作；让他们写自己拟写的题目，兴趣自然高涨。此外，由阅读出发，提炼文章要义到拟写作文题目的过程，对学生更为清晰地认识考场作文题规则是有很大帮助的，因为只有真正做过了，才有可能真正"会"了。在"群文阅读，提要钩玄"教学环节中，教师主要是构建群文，印发资料，供学生阅读。写作课堂上学生主要的活动为自主阅读文章，概括文章主要内容，独立完成表格，为下一环节的观点碰撞打基础。上面表格设计采用"左右互搏"之术，其意在于鼓励学生站在对方（从反面）角度思考问题，以"和自己争论"的方式呈现思考结果，借以全面认识问题；知己知彼，方能无懈可击，这使论证更严密，说理更有力。在"学生互学，观点碰撞"环节，学生在自主阅读的基础上进行分组交流，每组亮出观点，碰撞出思维的火花。在"提供支架，学会'表达'"环节，教师主要提供了学生论述文写作的支架，帮助学生理清写作思路，为快速写作打下基础。在"快速成文，作文升格"环节，师生一共花费了一节课时间。这节课可称为"作文讲评课"，教师的示范不仅让学生明白优秀论述文的标准，更是让学生明确作文修改的方法和价值所在。好作文是改出来的，但前提是学生得对作文有基本的把握，在此基础上才能使作文升格。另外，修改作文必须是学生亲力亲为。

前两节课恰逢笔者出差，作文课堂我是不在的，但不能说，这两节作文课教师是"缺席"的，因为教室里确实有一双隐形的手在帮扶着学生，帮助他们明晰写什么，怎么写。真正把教室变为学堂，不仅仅是把时间和空间还给学生，不打断学生写作，还得能成功介入学生的写作。最后效果也不错，大多数同学在两节课内能在群文阅读基础上，完成一篇规范的800字的论述文。"考场应试式"作文指导教学的流程一般是出示命题—简单指导（审题指导）—实践写作（学生独立写作）—批改评分—

笼统讲评。从流程看出，所谓"写作教学"更多的是师生各自活动，学生独立写作、教师不能有效介入。在这样的作文教学活动中，教师才是真正"缺席"的。第三节课的前半节，我以一个学生的习作为例子，边点评边修改，给学生做示范。学生亲力亲为，二次创作，作文水平明显提高。可见，作文评改课是写作活动的重要组成部分，评改课让学生知晓好作文的标准，以及如何让自己的作文升格。此时，教师在场指导，尤其是个别面批的方式效果最好。

这个教学案例最大的亮点是解决了学生写作过程中教师的有效介入问题："建构群文"，以读促写，提高学生的思想认识，解决学生"写什么"的问题；"提供支架"，有效地监控了学生阅读的有效性，并解决了学生"怎么写"的问题。可见，基于"群文阅读"的写作是符合语文教学"读写结合律"的，并且可以作用于写作教学的全程，是一种操作性强且较为有效的写作教学方式。它可复制，值得借鉴与推广。

三、观教者言

当前的高中语文写作教学确实存在许多问题，"写作"与"写作教学"混为一谈是认识上存在的首要问题。写作，自然是个体行为，但写作教学则是师生的共同行为。所以，写作教学，绝不是学生一个人在写作。换言之，写作教学，重心在"教学"上，即学生在教师指导下学习写作的活动。由此，我们可以获得如下的认识：听说读写是语文基本能力，写作教学是旨在提高学生"写"这项基本能力的一系列活动，在这些活动中不论是教师还是学生都不能缺席。写作教学活动重点是解决三大问题，即本次写作教学的任务是什么、如何激发学生对本次写作的兴趣、如何帮助学生解决本次作文"写什么"和"怎么写"的问题。而教学效果的检测，如果单单以结果来评价，即学生的习作质量高低作为评价的唯一指标，显然是不够的，这也正是基于理解"写作"与"写作教学"内涵不同的理解得出的结论。写作教学需要慢镜头呈现师生共同写作活动的过程，有时过程比结果更重要。

作文课相对阅读课更难上，难处至少有二：一是我们的语文教材仍缺乏给一线老师切实可用的写作教材，作文教学比阅读教学更讲究创生性；二是现代课堂具有对话特点，写作课和阅读课一样具有"场"性。然而写作更具有个人行为的特点（"以我手写我心"），这样写作教学中师生对话"对接"更难，写作教学"场"不易形成。再加上学生的考场作文区分度不大（其实这与评卷是有很大关系的），于是许多老师感到吃力不讨好，在写作教学上"不作为"，这些是不争的事实，集中表现为写作教学中教师的"缺席"，学生所谓的"自由"写作是常态。另一种情况，作文课上教师用"讲解"代替学生写作，学生普遍反应"听起来有理，自己写还是不会"。教师在作文教学中的"不作为"或者"乱作为"导致写作教学低效甚至无效，学生的写作水平确实提高不多。

鲁金会老师的这次的作文课实则是一次没有老师讲评与指导的作文课，老师仅仅是发了几张讲义资料，讲义上的群文有助于打开学生的自主思维。"一千个读者眼里，有一千个哈姆雷特"，同样的，一份相同资料在每个人阅读之后所想到的是不同的，所抓住的重点也是大不相同的。这样的写作有利于突破思维定式，写出各自的文章特色。所以，理想的写作课，应该是教师全程参与的，但又好像是缺席的；学生应该是写作课的主体，写作课离不开学生的"写"，但又不是胡乱地写，应该是在教师指导之下的写作训练活动。

鲁老师课例创意点在于，建构群文、以读促写，提供支架、规范表达；教师不在场，却不"缺席"，一双无形的手全程帮助学生完成写作任务。

四、学生习作

让传统文化回归本真
——从"代客扫墓"谈起

汪葭欣

现代经济发展使大规模人口迁移成为常态，出现了"移一代""移二代"甚至"移三代"。诸如清明回乡扫墓等许多传统遭受时间、距离、情感等问题的考验。"代客扫墓"这一业务悄然兴起，一时成为网络热词。我旗帜鲜明地反对清明节"代客扫墓"。

清明节"代客扫墓"，是一种典型的商业运作行为，它利用上班族没有时间回家祭祖的不安心理，明码标价代人扫墓，伺机赚钱。这样的"扫墓"与其说是一种受客观条件限制后而产生的变通，不如说是在"作秀"。毫无感情瓜葛的人替他人祭祀祖先，又能有多少真情呢？掉下的眼泪，又有多少是出于真心的呢？即便是实在没法抽空看望祖先，也不应采取"代祭"这种方式让自己心灵获得宽慰。好在今年"代客扫墓"业务遇冷，这足以证明人们的理性思维慢慢恢复。缅怀先烈，追思亲人，我们要亲力亲为！

清明节是我们重要的传统节日，清明节扫墓是我们祭奠先祖，缅怀先人的方式，甚至可称之为仪式。踏着蔓蔓青草去追思亲人，这是在追忆深扎我们内心的情感，这是在追寻我们灵魂深处的寄托，这更是生者与逝者生命的交流，是文化的传承，是我们这个时代孜孜不倦的价值追求。以传统节日为重要载体的传统文化的真正内涵，不应在快节奏的生活中丢失，在商业化气息中被冲淡。

隐含在"代客扫墓"背后的，除了传统文化变味，还有家族成员间出现的情感危机问题。在当下，许多类似的传统佳节，如中秋、春节等，本该家人团聚而不得，本该一个大家族的子孙们聚在一块体会血浓于水的亲情而不得。亲情和孝道于是在长期的"不得"中淡了，甚至消失殆尽了。于是人与人之间的距离随着物理空间拉大而变远，人的归属感缺失了。

想起今年春节网络上爆红的一个话题："牵妈妈的手"。我认为这是一种正能量传播，是对亲情的呼唤，是对传统佳节文化内涵的真正诠释。回到"清明节扫墓"，当我们对故乡、对祖先怀有深厚的感情时，难道还做不到亲力亲为缅怀逝者吗？

传统文化是维系民族生存和发展的精神纽带，我们要让传统文化回归本真，生生不息，历久弥新地传承下去！

【教师点评】

这是篇中规中矩的优秀论述文，第一段鲜明地亮出自己的观点：反对"代客扫墓"；第二段对"代客扫墓"这个本文最重要的概念进行诠释，指出"代客扫墓"实质是为了赚钱；第三段、第四段明确清明扫墓的意义所在，顺带上升到当下传统文化"失真"是普遍现象，并与第二段形成对比，从而完成主体部分的全面论证；第五段第六段深入一层，指出传统文化变味导致家族成员间出现情感危机以及解决途径，使全文论证有了深度；最后一段，点题，重申观点，得出结论。

这篇论述文是学生在群文阅读基础之上，借助教师提供的论述文写作谋篇布局的支架，表达是在"就事论事、适度延伸"八字口诀指导下快速完篇的；此后，学生还根据教师点评意见，展开二度写作，最后成篇。

角色代入：让思维多元、理性

执教者：朱林鹏　观教者：包建新

一、教学实录

（一）事件回顾，初谈感触

师：同学们，今天要上的课与教材无关，可以说今天的课既轻松又吃力。轻松的是，这节课不需要任何的先验知识，也和考试离得较远；吃力的是，这节课需要尽可能地转动你的思维，需要你全程以高专注度参与到讨论中来。今天我们要来探讨的是这样一个话题。

（PPT 呈现）

新闻标题：《北京街头外国友人扶摔倒中年女子疑反遭讹诈》①

事件回顾：2013 年 12 月 2 日上午 10 时 30 分许，北京朝阳区香河园路与左家庄东街路口，一名东北口音女子在经过一个骑车老外时突然摔倒，随即瘫软倒地不起。外国小伙急忙下车搀扶女子，却被女子一把揪住。女子自称被老外撞倒以致腿部受伤无法行走，需要该老外负责。外国小伙大惊失色，却被女子死死拖住。在争执中女子行走正常无恙，并死命撕扯外国小伙，造成其衣服被撕烂。随后该女子死命抱住了男子所骑的车不撒手。事故造成现场交通拥堵。一个多小时里，女子多次瘫软抽搐，坚称被撞倒并让男子负责，急哭外国小伙。事发不久警方到场，双方前往煤炭总医院。经医生检查及 X 光拍摄后，该女子被诊断并无大碍。女子随即再度瘫软，大呼难受。最后在双方调解下，外国小伙不得不支付 1800 元"医药费"，女子方才自行离开。

---

① 国际在线：《北京街头外国友人扶摔倒中年女子疑反遭讹诈》，2013-12-03。http：//news. sohu. com/20131203/n391167430. shtml，2018-04-29.

师：面对这条新闻，你的第一反应是什么？你又会作何评价？请在纸上写一写你的看法。

（学生思考3分钟后，挑选三位同学来分享下他们的看法）

生1：看到这样一条新闻，我的第一反应就是尴尬，这样的现象在当今的中国已经屡见不鲜。外国友人出于好心，却换来这样的结果，很心疼他，这让我不禁猜测很有可能这位中年女子是一个惯犯。这也体现了当今社会黑暗的一面，这是一个"笑贫不笑娼"的社会。

师：表述很有条理，也看得出来你的联想发散能力很不错，能从一个点展开到一个面。

生2：我看到了这次事件中女子的籍贯：东北人。这几年网络上体现东北人低素质的新闻非常多，这起事件再次印证了东北人在舆论印象中低素质、不讲理的形象特点，也体现了在此类事件中相应法律的缺失。

师：你抓住了一个细节：东北口音女子，但我们也不能有地域歧视，我们还是得就事论事。法律缺失现象确实存在，此类事件很多，但没有具体的执法对策。

生3：就像上一位同学提到的法律缺失问题，在这起事件中，警察的表现也是存在问题的，明明最后女子是无大碍的，为什么还要判外国小伙付钱，这是典型的"和稀泥"，而且也会给外国友人留下不好的印象。

师：以上几位同学就这个话题发表了自己的看法，有个人层面，也有社会、法律层面，体现了同学们评论时很好的层次意识。但我们回过头来，再细看这个新闻的内容时，会不会发现这个新闻有一些刻意的引导？

（二）角色代入——拒绝标签

师：我们首先区分一个概念：事实与立场。所谓事实，指的是真正发生的事情、现象；所谓立场，是作者有意识地加入自己的看法，并不完全等同于事实。现在我们回看标题"北京街头外国友人扶摔倒中年女子反遭讹诈"，在这个标题中，哪些是事实，哪些是立场？

生4：北京街头、外国、扶摔倒中年女子是事实，友人、反遭讹诈是立场。

师：为什么友人是立场？

生4：因为友人的说法默认了外国人是友善的、亲和的、有素质的，但事实并不一定如此。

师（追问）：那进一步来看，中年女子这个词是事实还是立场？

生4：对噢，中年女子应该也是立场，我说错了。

师：为什么？

生4：因为"中年女子"这个词在我们的印象里，似乎就是那种喜欢贪小便宜、喜欢跳广场舞、斤斤计较的那群人。但事实上，当事人并不一定是这样的。我之前没想到，因为这个词太熟悉了。

师：说得好，因为这个词太熟悉了，所以我们常常会默许这个词，以及这个词背后的标签义。所谓标签义，就是这个词给人的既定印象。那我们首先要做的，就是破除词语的标签化。那如果让你来换一个标题，你会怎么换？

师：我们可以尝试代入这么几个角色：讹人的中年女子、单位阿姨、中年女子；外国友人、垃圾老外、外籍男子。想象他们的模样、语言以及性格，用几个词形容下这些角色的特点。

邀请六位学生上台解说他们各自代入的角色特点，要点如下：

- 讹人女子：用语粗俗、肥胖邋遢、无业、无理、市井小民；
- 单位阿姨：用语礼貌、气质高雅、有工作、有涵养、知书达理；
- 中年女子：只是客观呈现年龄及性别，难以确定其他。
- 外国友人：高大帅气、有素质、豁达、幽默、友善；
- 垃圾老外：流里流气、无业游民、粗鲁、低俗；
- 外籍男子：只是客观呈现国籍及性别，难以确定其他。

小结：

师：通过代入每个标签背后的角色，我们会发现，标签即意味着不同的印象。客观理性的新闻标题应该是《北京街头外国男子与摔倒中年女子发生争执》。

师：作为新闻的读者，我们应当有一个客观、理性的认知，不要被这些标签化词语所迷惑，当我们对这些标签化词语习以为常时，就是在丧失自己的独立辨别能力。

（三）角色代入——还原事实

师：这个事件有三个不同的角色，两个当事人——中年女子与外籍男子，还有一个旁观者——照片的拍摄者。我们可以代入到这三个不同的角色中，想象当时事件发生时他们心里可能是怎么想的，以及思考他们的行为到底是什么原因造成的。

经学生讨论，根据现场的情况，一共有如下六种不同的可能性。

中年女子
- 未被刮擦到：不能这么轻易地让他走，好不容易碰上一个阔老外，必须狠狠得敲一笔。
- 确实被刮擦到：必须要保护好案发现场，保护好自己，万一后续检查有问题怎么办。

外籍男子
- 未刮擦：今天公司还有急事，赶紧走，趁早摆脱纠缠。
- 有刮擦：形势不太妙，借围观群众的声讨，赶紧溜。

拍摄者
- 目击到现场全过程：确实有刮擦，发到网上让大家评评理。
- 目击到争执过程：未证实有刮擦，只是看到两个人在争吵。

师：通过大家的代入分析，我们其实会发现，同样的一个现象背后可能有多种可能性，并不是完全等同于新闻所呈现的内容。那么事实的真相到底是怎么样的呢？

（PPT 呈现事实）

角色代入，还原事实

- **所见：**一中年女子和外国男子发生纠纷，该女子抱住男子的摩托车。争执中，该男子的衣服被撕扯坏。
- **事实：**据警方调查，该外籍男子驾驶无牌摩托车撞倒了中年妇女，双方随后发生纠纷，后妇女被送医检查，因伤情轻微，双方在交警调解下，最终以外籍男子支付了精神损失费、医药费等共1800元赔偿金作结。

   初步查明，该外籍男子系无证驾驶。
- 拍摄者李先生也最终承认过错，公开发表致歉信，承认"使用了不严谨且不翔实、有倾向性且夸张的描述"，导致了网友误读、部分媒体误报。

（四）角色代入——追问深思

师：最后我们会发现，眼见并不一定为实。近些年来，这样的反转新闻可以说是层出不穷，那么作为普通的受众，面对时常反转的新闻，我们又该如何自处？我们不禁要追问，为什么网友会不自觉地、本能地相信了这是一起讹人事件？接下来，让我们采访下先前发表了类似看法的三位同学，（生笑）他们其实就是等同于那些网友，我们看下他们当时的思维过程是怎么样的？

生1：主要还是受惯性思维影响吧，类似的事件太多了，很容易就联想到了之前类似的新闻，觉得应该大同小异吧。

生2：我是觉得这个事情比之前发生的讹诈事情又升了一级，之前都是中国小伙扶老人，这个是外国小伙扶中年女子，事情变得更加新鲜有趣，我其实是把它当笑料来看了。

生3：我觉得这个锅不应该我来背。（生笑）刚刚老师也分析了，这个新闻报道本身就是有导向性的，我只是被诱导了而已。而且现在是个碎片化阅读时代，我一般也就看个标题，大致浏览下，这个新闻的真实性其实并不是我所关注的。

师：我总结一下刚刚三位同学的发言。从网友角度来看，他们选择先入为主地相信可能有以下几点原因：

第一，惯性思维，近些年来出现太多的"好人被冤枉"现象。

第二，满足了人对新鲜感的需求与期待，最后造成一种"聋子听哑巴说瞎子看到鬼"式的浮躁式传播。

第三，来自同伴的影响，网络的话语权实际上还是掌握在年轻人手里，年轻人对这一事件的观点大同小异。

第四，碎片化阅读给人带来的阅读习惯的改变。

（板书：惯性思维、满足期待、话语权、阅读习惯）

师：刚刚有同学提到这是新闻报道者的"锅"，那我们不妨也代入到一个角色：写作这篇新闻的记者，他当时可能是怎么想的？为什么记者不经证实就开始肆意传播了呢？

生5：可能是因为急着发稿吧，现在都是拼点击量，有些媒体为了博眼球不择手段。

生6：或许真的是记者的鉴别能力不行吧，他可能根本就没意识到这是个假新闻。

师：这两位同学的代入分析都很有道理，我们提取下关键词。

（板书：拼点击量、专业能力不足）

（五）总结

师：这节课我们通过代入不同的角色，努力还原了事实的真相，拒绝标签化词语带给我们的影响，也从亲历者以外的视角来分析这个事件背后更深远的原因。代入角色的过程其实就是我们多维、辩证、理性思考的过程。希望大家能够更多地从不同角色思考问题，不要被自己心中的一叶所障目。

师：最后，我们再来看最近发生的一个新闻事件，我们也尝试代入事件中的不同角色来做一个分析，时间关系，我们就留作课下作业好了。

> **案例延伸**
>
> · 昨日上午11点，四川遂宁男孩郭心桓（化名）在回家的16路公交车上，用脚踢了21岁的同车男青年郭某天（两人素不相识）的手背3下。郭某天暴起，一把提起他，将他由半空摔在地板上，又用脚狠狠地踩了他的头3下。今日上午11点，郭心桓左侧脸颊仍肿得老高，满是淤青和血痕，左侧后槽牙也有松动迹象。7岁的他一定想不到，他挨打的视频被发到网上后，网友们称他为"熊孩子"的代表，"你不管孩子有人替你管"的典型。

二、执教者言

本节课的教学思路如图 2-6 所示。

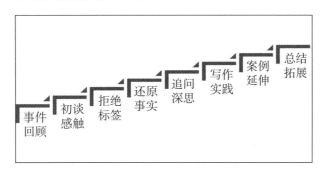

图 2-6　教学思路图

在指导学生进行时评写作时，我一直在思考学生到底应该是以怎样的角色来写作，是完全置身事外以求客观，还是努力全情投入以求感同身受？我认为，不可偏废一方，需要在两者间寻找一个平衡。完全地置身事外，少了一份人文关怀，缺乏评论文章该有的温度；毫不顾忌地全情投入，有时又会让文章显得过于激进、偏颇。所以，我们在思考问题时就应该有意识地多元、理性地考虑事件的各个要素。

过去的教学会有意识地提醒学生务必要从多个角度来思考，但学生到了落笔时却不知从何开始，继而面临无话可说的尴尬境地。角度虽多，但思考却无从下手。表面上看来，代入角色无非也就是在寻找多个角度，但实际上，写作思维的呈现顺序完全不同。教师给多个角度，对学生而言，是被动、受限、集聚的过程；而学生进行角色代入性体验，则是主动、投入、发散的过程。沉浸角色的过程中无形之中会延伸出更多的可能性。

比如在这节课中，学生主动代入事件中的三类角色——亲历者（中年女子、外籍男子）、旁观者（拍摄者）、评论者（网友、媒体），依次从三个层次还原角色心理与事件存在的多种可能性。

层次一：角色代入——拒绝标签

词语的标签化倾向在现实生活中频频出现，比如说提到"程序员"，想到的是呆板、死宅、作息不规律的一类人；提到"山西煤老板"，想到的是暴富、低学历、金钱至上的一类人；提到"中国式城管"，想到的是暴力执法、蛮横无理、欺负弱小的一类人。这些标签用作日常调侃无伤大雅，但一旦进入到新闻报道领域，导致的结果就是"一棍子打死"。标签化思维实际上是一种思维固化的体现。评论一件事，首先就是要"去标签化"，避免被集体意图所干扰。在这节课里，学生通过代入到每个标签背后的角色，比较、感知每种角色间的差异，继而能明白词语标签化带来的深层问题。

层次二：角色代入——还原事实

俗语有言："耳听为虚，眼见为实。"这句话似乎是在告诉我们亲眼看到的会更为真实。

但对于一起新闻事件而言，观众所看到的只是经过媒体过滤、筛选的部分现场图片，并不一定就是事实的全部真相。我们在评论一件事情时，首先要去问"是不是"，然后再去问"对不对"。此环节中，学生代入三类不同的角色，还原现场的多种可能性，让眼前所见之景通过个体的再分析更加真实、客观地呈现出来，避免陷入"眼见为实"的陷阱。

层次三：角色代入——追问深思

评论时最容易忽略的是事件中主角以外的因素，譬如在这则新闻中网友、媒体起到了推波助澜的作用。教师引导学生代入体验这两类角色评论时的心理状态，从而把一个特殊的新闻现象提升至一种普遍性原理，即反转新闻的产生离不开媒体的浮躁心理与网友的惯性思维。

尽管角色代入性体验能够最大限度地帮助学生感知该角色特点，但毕竟学生与角色存在身份的隔阂，在实际代入时可能也会遇到一些困难。

首先，学生需要主动、有意识地去寻找事件中的角色。角色有显性、隐性之分，在这起事件中，中年女子和外籍男子是显性角色，相对容易识别；拍摄者、网友、媒体记者是隐性角色，隐性角色不易被发现，需要写作者有更敏锐的眼光。

其次，学生需要清楚从哪些方面来感知角色的特点。在这节课中，教师指导学生通过揣摩人物心理、分析人物行为、联系生活实际等方式来更好地感同身受，但受限于学生的个人经历与学识素养，代入的效果必定会有好有差。

总而言之，角色代入性体验能够让学生更全面、更专注地思考事件中各个人物表象行为背后的思维逻辑，每个角色都值得我们反复推敲琢磨，从而让我们的思维走得更深、更远。

三、观教者言

在时评类文章的写作过程中，学生经常会出现以下两类问题：一是虽绞尽脑汁却面临无话可说的尴尬境地；二是有话能直说，但其思维的呈现单一、片面，甚至激进。

朱林鹏老师的这节课找到了解决问题的方法，有效地解决上述两个问题，即有意识地进行角色代入性体验。所谓"角色代入性体验"，就是如同演员扮演角色，尝试代入到事件中的各类亲历者、旁观者、评论者，设身处地去体察、揣摩各个角色当时的心理状态及思维方式，借以探求其行为表征背后的深层内涵。

从写作结果来看，有意识地去进行角色代入性体验，至少有以下三点价值：第一，多个角色的视角即意味着多个看待事件的角度，这让我们能够尽可能地去还原事件中真实的一面，同时也能够有效解决学生思维停滞、无话可说的局面。第二，深入揣摩该角色的心理状态及思维方式，更好地了解角色潜在的特点，用感同身受代替"词语标签化"带来的既定印象干扰，继而理解事件发生过程中该角色的立场以及其行为背后的多种可能性，避免学生的思考过于偏颇、激进。第三，学生在评论事件时，最容易忽略的是第三方角色，即旁观者与其他评论者，关注并代入此类第三方角色，能够让学生更好地去追问深思，努力在一起特例事件的背后找寻具有普遍性的公众心理，从而有效地提升评论高度。

从写作过程来看，对学生而言，角色代入的过程同时具备"游戏体验"的色彩，这让写作的过程变得更为有趣、自然。事件中的每个角色都是现实生活中的一员，当学生沉浸于角色中时，他既是在运作思维，同时也是在感受生活本身。相较于平常乏味枯燥的写作状态，此时他会有更强烈的表达欲望。而表达欲望正是写作激情的可靠来源，这会让接下去的写作过程更加轻松、自在。这也符合文章形成的一般路径，即"生活—激情—思维—文章"。

四、学生习作

眼见并不一定为实

许柏逞

2013 年的 12 月 2 日，发生在北京市街头的一件小事曾引起网友们的广泛关注。一位中年女子死死抓住外国男子的衣服并将其撕破，外国男子一脸无奈。现场照片被路过的李先生拍到，又被有心的记者传到网上，并注以《北京街头外国友人扶摔倒中年女子疑反遭讹诈》的标题，引起了轩然大波。

看到新闻的网友愤怒不已，在网上表达自己的情绪，对中年女子进行无情的讽刺，对外国男子表达同情和安慰。

每个人都以为自己伸张了正义；

每个人都以为自己做了件好事；

每个人都以为自己在惩恶扬善。

人们用自己手中的键盘演了一场充满正义的剧情，坏人必有报应。

　　然而事实呢？该外籍男子无证驾驶无牌摩托车撞倒了中年女子，双方随即发生纠纷。在警方调解下，两人最终结束了争吵。

　　因为"中年女子""外国友人"，人们先入为主地将中年女子定义成凶神恶煞的恶人，而外籍男子则被认为是品行善良的好人。

　　每个人在"事实"面前，抢先为他人定了罪。

　　记者和报社，也许可以因为优先报道了这件事而迎来销量上的领先，掌握了市场的主动权。但当真相大白的时候，他们虚报事实的行为则可能遭到读者的谴责。

　　我想起电影《武侠》中刘金喜说的一句话："人没有自性，一个人犯了错，众生皆为同谋者。"

　　不要轻易站队，也不要随随便便恶语相向。

　　曾经在社交软件上看到两张照片，第一张是一位军人在给一位异国男子喂水。然而第二张照片，却是将镜头拉远，发现一把枪顶在被喂水的那名男子的头上，仿佛只要他不喝水，军人就会扣动扳机，终结一个活生生的生命。

　　这也折射出一个事实：你看到的，只是媒体想让你看到的。

　　虽然人们心心念念着：我和他不一样，我有自己的想法。但在现实生活中，跟风和从众心理却无法避免。先入为主、以偏概全、从众心理，都是阻碍人独立思考的路障。它们中的任意一个，都在削弱人对事情判断的客观程度。纵然我们无法躲开人性的弱点，却可以用不一样的眼光，看这个世界。

　　【教师点评】

　　这篇习作以"眼见并不一定为实"为论述核心，旁征博引，行文流畅，语言精巧。论述过程中，分别从当事人、路人、媒体记者、网友等不同角色来看待事情的各个层面，这也使得其论述思维更加周密、理性。

明确对象：竖起论述的靶子

执教者：任军杰　　观教者：包建新

一、教学实录

（一）初步感知

师：同学们，今天我们来学习论述文写作。有些同学一听到"论述文"心里可能就有点发怵，那是我们把论述文想得太深奥了。论述文与记叙文不过是表达方式有点不一样而已，记叙文主要用"叙述"的方式表达自己的感受或思考，而论述文是用"论述"的方式表达自己的观点。我们论述的目的是为了让别人理解或接受我们的观点，从某种意义上讲就是为了"说服"。如果这样讲，"论述"与我们的关系是否就近了许多？所以我们今天就从"说服"开始去了解论述文。

如果我们想要说服别人接受自己的主张，你觉得我们应该注意什么，有哪些关键点？请大家结合自己的经历思考一下，时间两分钟。

（两分钟后）

生1：不能讲空话，要列举一些事实，让人觉得你是有道理的。

师：要列举事实。要有理由。

（板书：理由）

生1：不能随便把自己的观点强加给别人，要站在对方的立场理解别人的感受。

师：这是要"设身处地""理解"对方，也就是要了解对方。

（板书：设身处地、理解）

生2：态度要诚恳，说之前要拉近与对方的关系，要想清楚自己做事可能达到的效果。

（板书：态度诚恳、拉近关系）

师：这是不是说要明确自己说服的目的？

（板书：目的）

生2：是的。没有目的就不知道自己要说什么了，所以目的必须明确。还有，说服是要讲究方法的，不同的情境、不同的场合要有不同的策略。

（板书：方法、情境、场合）

师：我们作一个简单的归纳，我们想成功地说服别人，应注意以下几点：

（PPT 呈现）

①要了解对方，知己知彼，百战不殆。

②目的要明确，心里必须清楚说服想要达到怎样的目标。

③要理解对方，能设身处地地理解对方的感受，能站在对方的立场思考问题。

④要有依据，理由必须充分。

⑤要讲究方式和方法，注意情境和场合。讲话要有条理，先讲什么、后讲什么要有计划。

(二)学以致用

师：本学期我们学过《烛之武退秦师》，烛之武的口才实在好，他是怎样巧妙说服秦穆公退兵的呢？结合以上几个注意点，我们来分析一下烛之武游说成功的原因。

（PPT 呈现）

夜缒而出，见秦伯，曰："秦、晋围郑，郑既知亡矣。若亡郑而有益于君，敢以烦执事。越国以鄙远，君知其难也。焉用亡郑以陪邻？邻之厚，君之薄也。若舍郑以为东道主，行李之往来，共其乏困，君亦无所害。且君尝为晋君赐矣，许君焦、瑕，朝济而夕设版焉，君之所知也。夫晋，何厌之有？既东封郑，又欲肆其西封，若不阙秦，将焉取之？阙秦以利晋，唯君图之。"秦伯说，与郑人盟。使杞子、逢孙、杨孙戍之，乃还。

生1：烛之武目的很明确，就是退秦师。他不仅达到了目的，还超额完成任务：秦兵不仅退了，还"与郑人盟"并派兵"戍之"，成功瓦解了敌人壮大了自己。

生2：烛之武很了解秦穆公。首先，烛之武先讲亡郑对秦的利弊，说明他深知秦穆公贪，只顾眼前利益；其次，他深知秦晋的历史恩怨，以及秦晋郑三国的微妙关系。所以他才能成功挑拨离间。

生3：（烛之武的）理由很充分也讲方法。首先他说"我们郑国已经知道要亡了"这是出其不意，激发了秦穆公的兴趣，同时也为自己创造了说服的机会；接着他用事实说明亡郑对秦没有好处，存郑对秦还有好处，正中秦穆公的贪心；然后他说晋曾经不信的事实，说明晋贪、有野心，将来必成秦之大患，进一步说明亡郑不仅对秦没好处，而且有大害处。理由充分，条理清晰，很有说服力。

师：大家说得很好，看来大家对《烛之武退秦师》学得很扎实。通过分析，我们对"说服"有了进一步了解。下面我们一起来做个练习。

（三）小试牛刀

（PPT 呈现练习题）

现在很多同学都拥有手机。由于有些同学沉迷网络或迷恋游戏，手机已经严重影响了他们的学习和生活，所以部分家长会严格限制同学使用手机。假如你还没有手机，如何说服爸爸妈妈给你买一部手机？

要努力体现说服的关键点，时间5分钟左右。

（5分钟后）

师：在同学展示作品前我想请几位同学上来扮演爸爸妈妈的角色，站在爸爸妈妈的立场，看看听完陈述后会有怎样的感受或反应。（学生很踊跃，请两位学生上来，一男一女）

展示对话开始

生1：第一点理由是手机比较方便，可以上网查阅资料……（被老师打断）

师：你平时就是这样跟爸爸妈妈说话的吗？要注意什么？

生1（马上纠正）：爸爸，我想买一只手机。因为我需要查一些学习资料，手机有利于学习。有了手机，平时在家，我还可以跟同学、老师交流交流作业什么的。周六放学，跟您联系也方便些。您不用担心我会像有些同学一样沉迷网络，我绝不会用它来玩游戏的。

生爸1：你说查资料，在上学期间，你根本用不着查什么资料呀，如果你在家里要用，可以借我或妈妈的查一下就行了。跟同学、老师交流也可以用我们的，至于路上联系通话，要不给你配个小灵通吧。（学生笑）

生1：我爸爸长年不在我身边，用他的手机行不通的。（有些无奈）

生爸1：我怎么没听出这意思来呀，如果这样，在你的理由里应体现出来啊。

生1（无语）：……

师：这个案例让我们明白了什么？

生2：所谓的了解或理解对方，除了了解最基本的信息外，在对话中你要猜到自己讲的理由，对方会有怎样的反应，会怎样反驳，对此自己要有进一步说服的预案。

师：说得很好。我们在说的过程中，不能只顾着自己的想法，别忘了要"设身处地"地想想对方，想想对方的顾虑，想想问题的根结所在，然后我们才能更好地解决问题，说服别人。

生3：目标不是很明确，是要一个怎样的手机呢？

师：很好，我赞同。

生4：没有体现策略和方法。

师：怎样体现策略和方法呢？

生4：换成是我，我会选择合适的时机，或者借助外力，比如请某个会帮我说话的有影响力的亲戚、长辈去核父母沟通。我也不会马上提出要求，先作点铺垫，比如学校里同学们怎样怎样等。

师：看来你很智慧。

生5：理由不够充分。这样的理由很容易被驳回来，剩下的就只能软磨硬泡了。（微笑）我们应该抓住关键点去寻找理由。比如爸爸妈妈最关心的是什么呀？我们的安全。我们就要准确地描述没有手机有怎样的不方便。比如用公共电话有哪些不便；如果家长来接，门口都是车，由于停车不方便，找起来很费劲；如果自己坐车，没有通信工具，接车更不方便等。家长最在意的是什么？当然是我们的学习了，这里也是大有文章的，我就不多说了。

师：说得非常好。如果我们能做到这样，我们的说服力就强了。

师总结：同学们，不要把写论述文看得那么困难。写文章就是一种表达，写论述文就是要用充分的理由去说服别人。这节课我们对"说服"有了初步的了解，希望大家能从"说服"中品悟出论述文写作的技巧。

（四）课后作业

（PPT呈现作业）

阅读下面的材料，写一篇不少于800字的论述文。

有位哲人说过：向后看才懂得生活，向前看才能生活。

读了这句话，你有何感想？

写好作文后，请对自己的作文作梳理如下：

说服的对象（读者）：＿＿＿＿＿＿＿＿＿＿＿＿＿

目的（观点）：＿＿＿＿＿＿＿＿＿＿＿＿＿＿＿＿＿

理由：＿＿＿＿＿＿＿＿＿＿＿＿＿＿＿＿＿＿＿＿＿

＿＿＿＿＿＿＿＿＿＿＿＿＿＿＿＿＿＿＿＿＿＿＿＿＿＿

＿＿＿＿＿＿＿＿＿＿＿＿＿＿＿＿＿＿＿＿＿＿＿＿＿＿

二、执教者言

本节课的教学思路如图 2-7 所示。

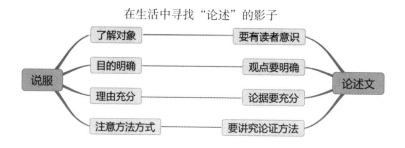

图 2-7　教学思路图

有个小女孩现在读八年级了，她对拉丁舞非常喜欢，也非常自信，然而在她初学时完全不是这样的。当时她十岁左右，刚学完中国舞十级，父母准备给她换一个舞种，然后她被拉丁舞的节奏和表现力吸引了，于是就报了个拉丁舞。可是第一天，她就拉长着脸回来，死活也不想去学了。为什么呢？因为她是后插进去的，动作与节奏都跟不上别人，于是非常沮丧，感觉拉丁舞太难了，学不会，所以不愿学了。我们学生的论述文写作学习状况有时候是不是也很像这个小女孩学拉丁的状况？不是他们不想学，而是让我们教论述文时的条条框框和要求弄怕了，他们感觉很难，所以不愿学了。

基于此，我认为，论述文教学最迫切需要思考和解决的问题不是教什么知识、方法的问题，也不是什么思维逻辑的问题，而是寻找合适的切入点的问题。我们首先要解决的应该是如何点燃学生表达的欲望，如何保持学生对表达的兴趣的问题。"说服"是生活中最常见的一种交际活动，它贴近学生的生活，难度又不大，容易被学生接受；同时，"说服"这一活动本身就具有一定的挑战性，可以激发学生的兴趣，所以论述文教学以此切入的确是一个不错的选择。

所以，我想在生活中寻找"论述"的影子，希望用事实告诉学生，其实"论述文"也就那么回事，它也是生活的一部分，是一种表达的需要，一种更直接、更鲜明地表达自己观点的文体。于是，我把"说服"作为论述文教学的切入点。我希望学生通过对"说服"的领悟进而领悟论述文写作的一些特点，从"说服"中激发学生表达的欲望，从而不那么排斥论述文。

本节课的基本目的是想通过寻找一个合适的切入点来激发学生对论述文写作的兴趣，至少不排斥论述文，同时帮助学生树立几个意识：读者意识、说理意识和提纲意识。这节课总体上是实现了目标的。

三、观教者言

"论述文"写作教学是我们现在高中写作教学无法回避的问题。在现实中大部分人的感受是，老师教得累，学生学得也累。甚至有些学生非常怕写论述文，一提起写论述文心里就发怵。问他们为什么，回答是"不会"或是"不太会"。看似"会"与"不会"的问题，其实是"愿"与"不愿"的问题。

所以，任老师在生活中寻找论述的影子，帮助学生克服写论述文时的畏难情绪等心理障碍。不得不说，任老师在激发学生写作动力上做了一次有益的尝试。这一节课由对"说服"的初步感知，到《烛之武退秦师》的简单分析应用，再到说服父母给自己买手机；从课文阅读到生活写作，整体设计有一定梯度。

针对学生很难明确论述文写作时的"说服"对象问题，任老师增加了一个要求，要求学生列出自己作文的对象、观点、理由，其主要目的就是引导学生对自己作文核心东西的关注，防止偏离方向。经过这样设置，大多数学生能够非常明确地列出"对象、观点、理由"，完成写作任务。但也有部分学生仍确定不好自己的写作对象，反映出部分高一学生的特点：思维的深度普遍较浅；缺乏逻辑性、层次性；理由都较简单；缺少读者意识等。老师须在以后的作文教学中注意上述问题。

四、学生习作

学会生活

周之曦

怎样学会生活？有位哲人说过：向后看才懂得生活，向前看才能生活。这两句话是相辅相成的，不能拆分来看。向后看，从过往的成败、喜忧中获得经验、对生活的认识；向前看，从对未来的展望中获得希望与信心，从而创造新的生活，二者缺一不可。只有经历了才能反思过往的事物，然后才能总结经验，才能有沉淀，然后去成长，然后才能开始新的生活。这就是生活。

昨天一个朋友在微信上找我闲聊，看我秒回便问我："你不读书啊？逃课啊？"（因为高考所以我们放假）我便开了个玩笑："不读书啊，我早不读了。""那么刺激，重点高中读得好端端的，你爸妈没事啊。"接着他又说，"读书要读，不读要后悔。如果可以重来，我宁愿去读书，也不要那么早进入社会。什么样的年纪就应该做什么样的事。以前在学校想着到社会赚钱多好，现在到了外面才觉得学校是多么舒服安逸。这人啊，每个阶段有每个阶段的不同感受。只有真实地经历过了才懂生活。"生活不就这样吗？只有真实地经历过了才懂生活。

人生是一场无期限的考试。你会发现高考只是其中的一次而已。题目再难，那也就是个高中水平，这仅仅只能代表你在某个时间节点做得好还是不好。人的一生需要不断奋斗，只不过高考有成绩单罢了。高考不是终点，我们要面对的还有更长远的未来，对于高考，我们只要认真去学，尽力了就没有遗憾。这就是我们对待现实应该有的态度吧。

初中的自己很不懂事，错过很多，也犯过错。被问得最多的话是"你后悔么？"我不知道该怎么回答，只能嘴硬着讲"向前看"，导致接下来波波折折。心里的话不知道对谁讲，也不知道该不该讲。回头看看，那些自己认为错过的过去，都已经过去。过去的遗憾告诉我，我要更加珍惜现在，不能让过去的遗憾重演。希望以后自己活得潇洒点，坦荡点，别像过去那样犹犹豫豫的，别小心眼，别想太多，向前看，积极地生活，勇敢点，要有追求。向前看才能生活，向后看才懂生活。

微博上有这样一段话："光往上看，发飘；光朝下瞅，腿沉；不往上看，不往下看，又找不准自己的位置。"人生最不好把握的就是视力。苦楚在往，梦想在望。向后看苦楚，能体味生活的辛酸；往前翘首梦想，即是为生活规划蓝图。

生活是个说不透的词。你不一定得到什么，但你一定会失去一些东西。无论你每天过得浑浑噩噩，还是找到让你忙碌的事情，你都得向后向前一起看。向后看，你读懂了生活的美；向前看，你生活得更加有滋有味。

【教师点评】

1. 对象：对生活迷茫的人们；

2. 目的：告诉人们向后看才懂得生活，向前看才能生活；

3. 理由：

①人在每个阶段有每个阶段的不同感受。

②那些自己认为错过的过去，都已经过去。过去的遗憾告诉我，我要更加珍惜现在，不能让过去的遗憾重演。

③向后看苦楚，能体味生活的辛酸；往前翘首梦想，即是为生活规划蓝图。

④人的一生需要不断地奋斗，生活没有终点，只要尽力了就没有遗憾。

⑤向后看，你读懂了生活的美；向前看，你生活得更加有滋有味。

这篇文章虽然"论"的味道很淡，但作者结合自身的生活经历和认识，通过一定的叙述，努力在一点点地陈述自己观点的理由，条理很清楚，理由也很充分，体现了最原始的论证意识。

用正确的态度去面对生活

包欣雨

看到一句话："向后看才懂得生活，向前看才能生活。"那我们究竟是多向后看还是多向前看？

聪明的人向前看，智慧的人向后看。在生活中，我们常常把"聪明"与"智慧"认为是同义词，二者常常混用。但其实究其根本，二者还是有区别的。"智慧"是一种比"聪明"更为高级的对事物的综合认知。聪明的人向前看，因为他们懂得并且明确自己人生的目标，知晓自己应该一步一步地往前走，期望到达梦想的彼岸；而智慧的人却知道走到半途该回首了，回头看看那些自己曾经走过的布满荆棘、泥泞不堪的路途，回想起过往的苦辣酸甜，然后在前行中总结过往，在过往中展望未来。

经历过苦楚磨难，方能看到生活的美丽。为什么这么说呢？如果你的人生一帆风顺，没有见识过任何苦难，那你对于生活的认知可能就仅仅停留在最浅显的阶段，觉得生活也不过如此，平平淡淡。但是如果你被生活打击过，对现实怀疑过，那你可能会开始总结过往的经历，然后慢慢成长，生活将会打磨出一种别样的美丽。任何的苦楚磨难，都是来自岁月的最好的礼物。"我们要有最朴素的生活与最遥远的梦想，即使明天天寒地冻，路远马亡。"因为不管是过往的苦楚还是遥远的梦想都是生活不可分割的一部分。

只要方向正确，不管前方的路有多苦，有多崎岖不平，都比站在原地更接近幸福。史铁生，少年下乡插队，正是年少得意时，却不想命运给了当头一棒，21岁时瘫痪，从此与轮椅做伴。他怀疑过人生，抱怨过命运……母亲的逝世却让他如梦初醒，从此找到了人生的方向，终于成了一位知名作家；海子，我们都读过他的《面朝大海，春暖花开》，那是多么希望洋溢的诗啊，可他患上了精神分裂症，然后生命静止在了他卧轨自杀的那一瞬间……他是否找到了方向，或许曾经是有的。什么可以让我们在迷茫时找到正确的方向？只有朴素的过去或遥远的梦想。

我们到底应以怎样的态度去面对自己的生活？我们必须要用一种积极的态度去面对。当我们向前看时，就算下一站不是天堂，就算失望，也不能绝望，这叫坚强。要相信，有梦想和希望的人总归会走在别人前面的。以梦为马，定能驰骋在希望的草原上。当我们向后看时，过往的一切会慢慢地浮上心头，即使回忆像杯苦涩的咖啡，我们也会欣然接受，因为只有尝一口过往的辛酸苦楚，才能品味出当下的苦辣酸甜别样味道。

面对生活，我们终将明白：过去是将来的过去，将来是过去的将来，这就是生活。

【教师点评】

1. 对象：对生活究竟该向后看还是向前看模糊不清的人们；

2. 目的：告诉人们，生活是既要向前看，也要向后看，因为过去和未来都是生活不可分割的一部分。

3. 理由：

①聪明的人向前看，智慧的人向后看。

②不管是过往的苦楚，还是遥远的梦想，都是生活不可分割的一部分。

③朴素的过去或遥远的梦想，可以帮我们找到正确的方向。

④必须要用一种积极的态度去面对自己的生活。

这篇文章观点明确，思路清晰，结构完整。开篇用问题引出自己的思考，借问题把思考引向深入；论证时会举例，会分析，这些都做得比较不错。

理性发声：时评应有的态度

执教者：柳丽莎　观教者：方青稚

一、教学实录

（上课前PPT呈现本节课的标题"热点冷思考"）

（一）呈现热点，梳理"不冷"的种种表现

师：同学们，今天我们上课的题目是"热点冷思考"。我想问问大家什么是"热点"。

生1：大家都很关注的。

生2：关注度高的焦点。

师：嗯，大家都谈到了关注度高。在自媒体时代，一则新闻成为"热点"常常表现为转发量大、评论多。我们先来看一张照片。

（PPT呈现一张照片）

（当亮出照片之后，课堂上很多同学都在笑）

师：大家为什么都笑了？我找笑了的同学来回答一下。请你来说一说，为什么看到这张图要笑呢？

生3：照片里的老人一看就是"碰瓷"啊，她倚老卖老，大街上经常能看到。

生4：这照片一看感觉就很搞笑，老人故意"碰瓷"，居然还碰到小孩子的玩具车，也太离谱了点。

师：这是今天跟大家探讨的一则新闻，这个新闻到现在已经算不上新了，但也正因为沉淀了一段时间之后我们再回过头来看，或许能更好地去思考。当时照片一出，舆论哗然，迅速引起了大量转发，一时之间成为大家关注的热点。

师：我们来看看网友们对这则热点的评论。

（PPT 呈现）

评论 1：[嘀咕说不停]"果然高手在民间，大妈实力'碰瓷'，奥斯卡欠她一个影后。"

评论 2：[笑傲江湖藏孤独]"'碰瓷'已经不是什么新鲜新闻，然而能把'碰瓷'玩到这种无赖境界的，还真是牛！"

评论 3：[跑跑天龙]"讹钱讹到一个还不懂事的小孩子身上，真的就只能用无耻来形容她！"

评论 4：[浮尘游子]"真心替这个小孩子感到不值，小小年纪遭到污蔑，求小孩当时的心理阴影面积。"

（生笑）

师：同学们，我们暂时先不去评论这则事件本身，我们先来评价一下网友们的言论。

生 5：网友们的评论都是一边倒。

师：倒向哪一边？

生 5：都在说老人是"碰瓷"。

生 6：网友们的用词不太恰当，很严重。

师：哪些词语不合适？

生 6："无赖""无耻"这些词语，还有"奥斯卡欠她一个影后"这些话都是在讽刺老人的，太犀利了。

生 7：网友看到的只是老人"碰瓷"的现象，没有看到背后的东西。

生 8：网友们在评论的时候缺乏一定的背后真相。

师：同学们刚才对网友的言论能够冷静地、理性地去思考，说明我们是具备冷思考的能力的。只不过这能力在生活当中容易被掩盖、被蒙蔽，所以当我们看到一些热点新闻，马上轻率地得出结论，不仅我们同学这样，网友等也都是如此，这是比较普遍的现象。所以啊，在面对新闻热点的时候，我们更需要把自己潜在的冷思考的能力给发挥出来。

（板书：冷静、理性）

（二）分析"不冷"的原因，归纳"冷思考"的路径

（PPT 再次呈现照片）

师：大家想想，为什么网友的评论不够冷静、理性呢？我们再来看这张照片，单单凭这张照片，我们是不是就能了解老人倒地的全部真相呢？

生9：不能，照片不一定就是事情的真相。

生10：我们又没有在场，不了解事情的全部过程，有时候看得就很片面。

师：嗯，很多网友跟我们一样，认为有图就有真相，一看到照片就急着去下定论，往往就会让自己的评论不够理性。

（板书：不冷——未明真相，急于评论）

师追问：那么，我们应该怎么办？

生10：寻找事情真相。

师：对，在充分了解事实之后，再来理性冷静地思考。

（板书：冷思考——了解事实）

师：可是有时候我们受时空条件的限制，不可能了解全部的事实，难道我们就不去发声了吗？比如，单凭这张照片，我们无法掌握老人倒地的全部事实，难道我们就不能对此发表自己的看法了吗？

生11：不是，我们可以站在两方的角度，或是多个方面去看事情，不能只从一个方面就去评判。

师：就是说我们要多方面、多角度地看问题。在发声的时候，我们不能单单从老人"碰瓷"这一个角度去评论，要把老人倒地的多种可能都考虑进去，我们要全面地分析思考。不然就会像网友一样，看法片面、极端。

（板书：看待问题，片面极端）

师：大家想想在这张照片当中，老人倒地除了"碰瓷"之外还有哪些可能？

生12：可能那天下过雨，地比较滑。

师：对，不排除有这个可能。还有别的可能吗？

生13：老人的骨头一般比较疏松，稍微一动就倒了。

师：哦，这个可能性也是有的。

生14：是不是也有可能是老人看到小孩的玩具车开过来，她心里一慌张，扑通一下坐在地上。

师：大家刚才说的，按照生活的逻辑来推断，都有可能发生。

（PPT呈现真相：玩具车和人民网）

师：大家推测老人可能是真摔，后来经过调查，老人是真的摔伤了。同学们加入了自己的"冷思考"之后，使得自己对热点新闻的认识更接近真相。大家再来想想，为什么我们一看到老人倒地这样的画面，就想当然地、第一直觉地认为老人一定是"碰瓷"？

生 15：这样的事情太多见了。

师：看来我们受类似事件的影响太大。一看到这类画面，就不假思索地去认定。同学们，这是什么思维在作祟？

生 15：惯性思维。

师：对，当周围的人都认为老人是"碰瓷"，我们也不假思索地认为老人是"碰瓷"。这是什么心理？

生：从众心理。

（板书：惯性思维、盲从心理）

师：所以，为了避免惯性思维和盲从心理，我们遇到热点新闻时要学会独立思考。

（三）网络跟帖

（PPT 再次呈现网友的评论）

师：我们刚刚分析的这几位网友的言论都不够冷静理性。那么下面请同学们@其中一位网友，根据这位网友的言论，以跟帖的方式与他对话，对话中要体现自己的"冷思考"。字数 50 字左右。

（学生网络跟帖，用时两分钟左右）

师：好，大家写得都差不多了。我们找几个同学来分享一下他与网友的跟帖内容。

生 16：我@的是第三个网友。你的言辞过于偏激，"无耻"是带有辱骂性的词汇，也许老人是事出有因，一张照片展露的也仅仅是事情的一角，有可能是玩具车上的小孩在路上玩闹时撞倒了老人。所以我们应该客观地评价，至少对老人要多一些宽容。

师：在听取了女生的跟帖内容之后，让我们再来听听男同学的。

生 17：我@的是第二位网友。作为一个有素质有理性的公民，你仅凭一张图就作为事情的真相，这太过于片面，虽说社会上这种现象已经屡见不鲜，但也不能一概而论。或许老人有很多难言之隐，我们不妨选择去理解他。

（四）新闻评论员发声

师：刚才两位代表通过跟帖的方式发表了自己的看法。不过同学们的跟帖更多还是停留在就事论事的层面。那么，我们有没有更独到、更

深入的思考呢？再回到我们刚才提到的问题——为什么大家一看到老人倒地就认定老人是"碰瓷"呢？这里有没有更深层的社会原因呢？是不是我们这个社会哪个方面出现了问题？我们带着这样的思考再转换一下身份，下面我们以一个新闻评论员的身份，来写一段150字左右的评论。到时候请各位评论员上台发言。

（学生作为新闻评论员的身份来发表评论，用时5分钟左右）

师：同学们洋洋洒洒写了很多，我们找几位新闻评论员来上台展示一下。

生18：老人摔倒在地，不管是围观群众还是网友评论都出现了一定的质疑与犹豫。扶老人怕被讹，这种扶不起的担忧与焦虑恰恰折射出了我们的道德水平在一定程度上出现了问题。当我们面对老人倒地，开始思考要不要扶的时候，其实我们已经在计算着利害得失了，我们的良知已经在动摇了，这背后是我们这个社会人与人之间互相交往的信任的缺失。

师：很好，我们1号评论员从道德水平和信任缺失的角度进行了"冷思考"。让我们再来听听其他新闻评论员的看法。

生19：谁扶就讹谁的问题，不一定就说明老人道德低下，也有可能是对于高昂的医疗费用的担心。俗话说"仓廪实而知礼节，衣食足而知荣辱"。如果国家为老人提供一定的养老和医疗保障，让老人在晚年能够真正享受到老了有养老保险、病了有医疗保险的社会福利，那么社会上所谓的"碰瓷"现象也不至于那么泛滥。

师：自媒体时代，人人都有麦克风，大家都有发声的权利。自媒体时代，热点新闻层出不穷，有时候我们看到的不一定是事实的全部，听到的也不一定是事情的真相，因此，在热点面前我们需要一个冷静的头脑、一双拨开云雾见青天的慧眼，通过了解事实、全面分析、独立思考这三种路径，来冷静、理性地发声和评论，呈现出我们作为一个理性的公民对待新闻应有的态度。

（PPT再次呈现本节课标题）

师：面对热点，请让我们"冷思考"！

二、执教者言

本节课的教学思路如图 2-8 所示。

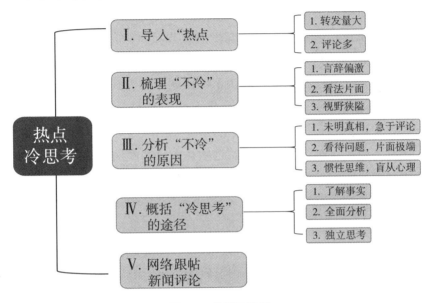

图 2-8　教学思路图

自媒体时代，我们每天面对层出不穷的新闻热点和网络上的各种"喷子"，引导学生在热点面前理性、冷静、全面地思考分析，培养学生作为公民在热点新闻面前应具备的理性态度，是本节时评写作课教学设计的目标，基于此，我设计了若干个环节。当实际执教之后，学生具体的课堂表现，让我对时评写作教学有了更切实的感受。

（一）联系热点，创设情境

"扶不起老人"是近期网络热门话题，作为写作主体的学生对此类生活现象是常见但不常思。而又因这则新闻中，老人的摔倒与孩子的玩具车有关，话题显得有张力、有讨论空间，也更加能吸引学生的眼球与关注。因此我选择了这一现象作为本节课的导入话题。从实际课堂效果来看，从学生品评热点到呈现网友的评论，再到学生评价网友的言论，学生课堂上的参与度很高，讨论的思维被开启，达到了预设的目的，也为后面教学环节的顺利展开奠定了良好的基础。选取学生生活中喜闻乐见的热点话题切入，以常见的生活情境激发学生参与的热情和表达的欲望，应该是一种切实有效的教学方式。

（二）思维碰撞，方法梳理

当学生借助网络平台便捷地获取时事资讯的同时，他们对事件的看法也深受网络评论的影响，往往在未明真相之下（有些新闻经常出现反转现象）受道德立场和义愤情绪等支配，做出一些简单的表态，甚至是随意地站队，让自己看待事件的认识停留在片面、肤浅的层面。而时评作为一种严肃的文字表达，需要写作主体明辨是非、尊崇原则、理性发声。

课堂上，我在呈现"老人摔倒"这一热点新闻和网友的评论之后，引导学生对网友们的言论进行点评，初步感知网友们种种欠缺冷静思考的表现。紧接着，我组织学生在对网友"不冷"现象的溯因过程中，在思维碰撞中归纳出"冷思考"的三种路径。从具体熟悉的生活新闻到提炼出行之有效的途径方法，"老人碰瓷玩具车"这一则新颖热门的素材在本节课中被运用好几次，它不只是为了创设教学氛围、吸引学生表达，同时也是对学生写作思维的深化，对学生写作活动的推进，给学生的写作提供了可借鉴的方法，学生在课堂上的表现也超出了预设的效果。

（三）抓住契机，练笔提升

当我在课件上呈现几则网友们对该事件的评论时，学生们对网友们的言辞，甚至是个别字词特别有感触、有想法。我想我应该要抓住这种转瞬即逝的强烈情感，提供平台让学生好好地表达、展示自己的想法。除了口头点评之外，我借助着梳理"冷思考"的路径这一环节，顺势让学生以跟帖的方式@其中一位网友，根据这位网友的言论，与之展开对话。从学生呈现出的跟帖内容来看，大部分还是停留在就事论事的层面。如何推进思维的深入和提升呢？紧接着我引导学生转换思考角度，从社会层面去探究"为什么大家一看到老人倒地就认定老人是'碰瓷'"这一话题，并变化练笔形式，以新闻评论员的身份在新闻专栏上发声。这一次学生们把思想深入到了社会的各个层面，看到"老人摔倒"事件背后折射出来的社会信任缺失、道德水平低下、老人医疗养老制度不够完善等问题。

回顾整节课，当探究过程中学生不得要领的时候，在课堂推进中出现了滞涩时，我还去追求学生的领悟透彻，追求预设时教学环节的完整性，难免出现"曲高和寡"的情况，留下一些遗憾。要想使教学动态生成，自然流畅，我们应果断地把握课堂节奏，冷静地处理课堂生成。

这是一次大胆的尝试，尝试着让时评写作课做到有趣，让学生想发声的同时，也努力做到有效，让学生理性发声。

三、观教者言

论述文写作让诸多学生感到头痛的一大原因是日常写作教学往往注重技巧方法等训练，如对论点、论据、论证过程的训练，加之学生平时生活在相对封闭的学习环境中，鲜少关注社会、思考人生，所以无法调动自身的情感体验或生活感受来主动地表达他们真实的诉求，只能生搬硬套他人的思想见解。

时事评论恰好为学生解决了这一难题，它聚焦当前社会中发生的热点新闻，引导学生关注社会生活的同时发表个人的立场看法，为学生的写作提供了丰富的素材之余，还提供了真实熟悉的写作情境，将写作对象具体化、真实化，避开空谈阔论。尽管如此，学生在发表见解时也存在着受惯性思维和盲从心理影响，看待问题较为片面极端，未明真相就急于评论等诸多欠缺理性、不够冷静的问题。这让我们不得不去思考论述文写作教学（包括时评在内）的最终目标是什么？仅仅是为了培养出擅长运用写作技巧来获取考场高分的考生，抑或是为了积累更多的论辩素材以便在日常交际中使用？

我们论述文写作的教学视线在关注如何让考生考场获利的同时更要着眼于培养学生的现代公民写作素养，培养学生在发表观点见解时能够独立自主地思考、理性负责地发声，这是论述文写作教学的终极追求。基于这种认识，柳老师在时评写作教学中从实际问题出发，通过梳理学生在新闻热点面前存在的种种不够理性的思考与评论，分析背后的原因以及提出相应的解决策略，着重培养学生作为现代公民在评论时事热点之时应有的素养与态度。

四、学生习作

消失在犹豫中的仁爱

陈慧伟

新闻中倒地的老人与骑玩具车的孩童，不断给我们造成视觉上冲击的同时，更让我们内心为之震颤：出手相扶与担忧被讹交织在一起的道德焦虑正成为这个社会的心理常态，我们民族引以为傲的"尊老""爱人"美德正在一点点地消逝，这是多么可怕而悲哀的现象！

诚然，有诸多的因素导致老人摔倒，但为什么大家一看到老人在孩子的玩具车前摔倒这一幕，就都不约而同地想到"碰瓷"？因为太多类似的画面、太多负面的新闻充斥着我们的眼球，例如沸沸扬扬的南京彭宇案，还有轰动一时的天津许云鹤案，都在告诫我们做好事有风险，"扶老人"的代价太大、成本太高，以至于我们对"老人"这一群体产生了恐慌，一遇到"老人摔倒"事件，不管是围观群众还是网友评论都出现了一定的质疑与犹豫。扶与不扶竟然成了一个令人们纠结的难题，见义勇为竟然成了见义不敢为，举手之劳竟然成了"烫手山芋"。"各人自扫门前雪，休管他人瓦上霜"，恰恰折射出了我们的道德水平在一定程度上出现了问题。当我们面对老人倒地，开始犹豫要不要扶的时候，其实我们已经在计算利害得失了，我们的良知已经在动摇了。在经济飞速发展的今天，人与人之间的信任却严重缺失，我们内心的仁德却在渐渐遗失。

面对被遗弃的美好，我们何不去找寻？面对跌倒的良知，我们何不扶一把？让我们重新找回仁爱，重新构建人与人之间的信任。

或许，在社会无力、道德苍白之时，法律法制可以帮一把。对于好人好事可以给予法律保护，卸掉大家伸出援助之手时的思想负担，填补大家因做好事而缺乏的道德安全感，从法律上呼唤道德回归。或许，老人"碰瓷"也有其难言之隐。国家医疗保障、养老保险可以帮一把。"仓廪实而知礼节，衣食足而知荣辱"，社会解决百姓温饱，让老人晚年老有所养、老有所医，百姓才能知晓礼义廉耻。

"老吾老以及人之老"，面对老人摔倒，让我们抛开各种繁杂的焦虑与担忧，勇敢地上前，伸出援助之手，扶起摔倒的信任，扶起跌倒的良知，找回遗失的仁爱。

【教师点评】

作为一篇时评文章，本文开头援引材料，作出事理概括后得出"道德焦虑和缺失"的观点，为下文的进一步论述蓄势。言语简洁有力，入题很快。文章主体部分紧扣原材料层层深入，展开析理，契合了时评强烈关照现实的文风。第一层先列举社会中类似的事件，由点到面，着重分析人们面对老人摔倒陷入"扶与不扶"纠结背后的种种原因，逐层剖析、深挖根源。紧接着两个反问句的连用强化作者情感表达的同时，自然过渡到对解决方案的探讨中来，衔接融洽。第二层运用对仗的句式，从维护做好事者的角度和保障老人生活的角度展开探讨，文字充满理性思辨之外还饱含情感温度。结尾诚恳呼吁，再次点题，与前文巧妙呼应，收束有力。

拒绝再做"键盘侠"
周静柔

郝建的小品《扶不扶》，将一直被大众热议的"当老人摔倒了到底扶不扶"的焦点话题搬上春晚舞台。随后我们耳闻或目睹了太多相近的事件，特别是我们一看到老人跌坐在儿童玩具车旁，有图貌似有真相，我们就不假思索地认定老人玩"碰瓷"玩出了新的高度。于是乎，我们愤愤不平地对老人进行道德谴责，网络上的各种言语似炸弹般抨击老人。

谁曾想，事情出现了一百八十度大转变，真相与我们所认定的截然相反。我们这群"吃瓜群众"惊呆了、沉默了。是什么让我们成为易怒的"键盘侠"？

如今的自媒体时代，人人手里都有麦克风，人人都能成为发声者。我们对生活中随处可见可感的事情"咔嚓"一拍、轻轻一点就能发布在社交网络上；我们对网上的新闻事件和网友们的评论都选择了盲目地轻信、轻率地跟风、草率地妄加评论和转帖。正是我们严重的盲从心理致使我们发出一波波言语炮弹，让老人们伤得体无完肤。也正是这种心理致使我们在不明实情之下，误解了老人的善良，寒凉了老人的内心，也破坏了社会的信任。

后来披露出来的真相，着实给予那些为老人摔倒贴上"碰瓷"讹人标签的人们一记重击。我们总认为自己看过了太多这样的事情，就带着惯性的思维解读这些事件，甚至上纲上线要为社会伸张正义。殊不知，拥有一颗正义之心是好事，但伸张正义是否需要有个前提？我们是否已经了解了整件事情的来龙去脉？正义感应该建立在了解事实真相的基础上，真实地去反映事件本身。

当各种信息充斥在周围，置身其中的我们犹如雾里看花，水中望月。此时，我们需要运用自己的头脑，自己去分辨、去求证事情的真伪，让自己谨言慎行，拒绝再做"键盘侠"。

【教师点评】

本文结合所给材料，运用排比（误解了老人的善良、寒凉了老人的内心，破坏了社会的信任）、反问（伸张正义是否需要有个前提？）等句式，使得文字在理性分析事实的同时也充满着强烈的情感冲击力，既彰显作者观点态度，也加强了表达效果。在主体论述部分，作者从材料出发，紧密联系我们在实际生活中的种种表现，逐层展开分析，揭露原因。论述纵向延伸，兼具深度与严密性。文章结尾再次强化论述中心——拒绝再做"键盘侠"，呼应题目，使得文章结构完整严谨，说理透彻，论述语言简洁有力。

证明：利用"选言推理"帮助论述

执教者：李圣宇　　观教者：毕本弓

一、教学实录

(一)从阅读中抽象归纳

师：说到论述文大师，你们首先想到的是谁？

生1：鲁迅。

师：没错。鲁迅的文章犀利有力，和他精通逻辑推理不无关系。我们可以从一篇学过的文章《拿来主义》中略窥一二。

(PPT出示《拿来主义》1-7段)

师：1-7段鲁迅要论证的论题是什么？

生2：论题是"为什么要拿来"。

师：注意，论题是一个陈述句，而不是"问题"。再想想，换一种表述。

生2：论题是"面对外来文化，我们要拿来"。

师：很好。那么鲁迅是如何在1-7段中论证他的论题的呢？老师给大家一点点提示。如果一个题有若干个选项，而要证明其中某项正确，那么只要找出依据，否定其他所有的选项就行了。这就是大家非常熟悉的排除法。快速阅读《拿来主义》1-7段，把作者提供的所有"选项"一一找出来。

生3：①闭关主义；②送去主义；③听凭送来；④自己来拿。

师：那我要说明第四点这个论题，如何论证最简单？

生4：说明第一、二、三点都是错的。

师：鲁迅在文章中有没有否定前面三种"选项"？

生5：有。

师：如何否定？

生5：作者说"自己不去，别人也不许来"，就是"闭关主义"。作者用"给枪炮打破了大门""又碰了一串钉子"对这一点予以否定。通过与尼采的类比，作者指出"送去主义"的危害——"当佳节大典之际"，我们的子孙"拿不出东西来，只好磕头贺喜，讨一点残羹冷炙做奖赏"，也就是必沦为乞丐。最后，作者说明"听凭送来"的本质是倾销商品和文化侵略，并对这种做法给予了否定。

师：非常棒。我们结合PPT来总结一下鲁迅这篇文章的论证思路。

（PPT展示）

或闭关主义，或送去主义，或听凭送来，或自己来拿

闭关主义，实行不通

送去主义，沦为乞丐

听凭送来，大受其害

所以，要自己来拿

师：我们将这个思路再抽象化一点，其实就形成了逻辑推理当中的"排除法"，也叫做"相容的选言推理"。我们通过PPT了解一下这个推理的公式。

（PPT展示）

或者p，或者q

非p

所以，q

（二）在完形中巩固练习

师：老师有天读书的时候看到了一个故事，今天与大家分享。故事中有几处空缺，是希望大家读的时候留意和思考的。

（PPT展示）

齐国有个国相叫孟尝君。他治国有方，齐王把薛地封给他作为食邑。一天，孟尝君问手下门客说："谁愿意替我到薛地去收债？"门客知道这件事很难办，你看看我，我看看你，谁也不吭声。冯谖上前说："我去。"临行前，冯谖问孟尝君："债收完后，买些什么东西回来？""您看着办吧！我家里缺什么就买什么。"孟尝君说。冯谖到了薛地之后，就把欠债的人召集起来，让他们核对所欠的债钱。核对完后，冯谖对大家说："孟尝君派我，是让我告诉大家，你们欠的债他不要了。"说完就下

令把所有的债据都烧掉了。债户们激动得高呼"万岁"。冯谖办完这些事后，就乘车回来向孟尝君交差。孟尝君见他这么快就回来了，十分惊奇，问道："钱都收上来了吗？""收上来了。""都买了些什么回来？"

"您不是让我买家里缺的东西吗？依我来看，收完债后，这些钱可以买_____，买_____，买_____，买_____，但是我看您家里，_____，所以我买了_____。"

孟尝君听了听也不好说什么，扬了扬手说："算了吧。"多年后，等孟尝君落难时，薛地的老百姓自发伸以援手。孟尝君看到这情景十分感动，终于明白了冯谖的用心良苦。

师：如果你是孟尝君，你会如何申辩？请你利用选言推理，填上空缺部分。

生1：依我来看，收完债后，这些钱可以买丝绸，买粮食，买地产，买珠宝，但是我看您家里佣人都穿丝绸，口粮有富余，地产无数，珠宝倚叠如山，可见这些您都不缺，唯独缺少民心，所以我买了民心。

生2：依我来看，收完债后，这些钱可以买美女，买豪宅，买古玩，买字画，但是我看您家里美女如云，豪宅空荡无人，古玩落满灰尘，字画无人欣赏，可见这些您都不缺，唯独缺少道义，所以我买了道义。

生3：依我看来，收完债后，这些钱可以买良马，买宝剑，买鱼肉，买好酒，但是我看您家里马厩都是千里马，宝剑从未出鞘，每顿大鱼大肉，好酒天天能喝，可见这些您都不缺，唯独缺少仁慈之心，所以我买了仁慈之心。

师：很不错，刚刚三位同学的表述都正确使用了选言推理。我们可以将这个逻辑公式再次推演一遍，在冯谖的这段申辩中，他的逻辑是：

（PPT 展示）

收完债后，或者买珍宝，或者买车马，或者买美女，或者买"义"；

孟尝君家里不缺珍宝，不缺车马，不缺美女；

所以，买"义"。

师："选言推理"有利于我们处理一些"最优解"的问题。我们经常会面临艰难选择，此时可以将各种可能性罗列出来，分析其可行性，最后选取一个最优解。在这个故事中，冯谖就面临着一个艰难的选择。他掌握了"选言推理"这个逻辑，做出了一个影响深远的决定。同时，他也能将这个逻辑公式化为清晰的申辩思路，说服了孟尝君。我要提醒大家的是，在转化"选言推理"公式进行申辩的时候，需要注意三点。第一，明确自己的论题。第二，要尽可能地罗列各种可能性，也就是丰富选言肢。第三，在排除各个选言肢的时候，每排除一个都需要足够充分的理由，这是决定论题能否立得住脚的关键。

（PPT展示）

第一，明确论题。

第二，丰富选言肢。

第三，排除理由充分。

（三）在情境中转化语言

师：接下来，我们的目标是将逻辑公式为我们所用，也就是要将公式语言转化成论述语言。我们做一个小训练。

（PPT展示）

你乘坐着私人飞机去游玩，突然飞机坠落在一个荒岛上，6名游客都在等待救援。这时逃生工具只有一个只能容纳一人的橡皮气球吊篮，没有水和食物。你如何说服其他人，让自己成为第一个登上橡皮气球吊篮的人？先列出"选言推理"公式，再动笔将你的陈述辞写下来。如果能说服半数以上的同学，你便可以顺利地成为第一个逃生者。（自由选取其中一个角色）

1. 孕妇：怀胎八月

2. 发明家：正在研究新能源（可再生、无污染）汽车

3. 医学家：经年研究艾滋病的治疗方案，已取得突破性进展

4. 宇航员：即将远征火星，寻找适合人类居住的新星球

5. 生态学家：负责热带雨林抢救工作组

6. 流浪汉

师：有没有人觉得自己应该第一个逃生？说说你的理由。

生1：我选取的角色是孕妇。逃生工具只有一个，你们所有人都可以先逃生。可是我是一个手无缚鸡之力的女人，我还有一个未出生的宝宝，如果我死了，那就是一尸两命，所以我应该第一个逃生。

师：大家同意吗？

（只有4个同学举手同意）

师：看来你的陈辞不是很能打动人。大家能不能说说不同意的原因？

生2：问题可能出在孕妇的营救准则并不合理，在营救上道德并不是最重要的，如何救出最多的人才是当务之急。并且他也没有顺着逻辑陈述，这样他的陈述中就有漏洞。为什么发明家不能先走呢？他只是在说自己为什么要先被营救。

师：没错，我们要先建立起营救准则，其实也就是做好第一步——明确完善我们的论题，然后再按照"选言推理"陈述，确保自己的陈述清晰，有理有据。谁再来试试？

生3：我选取的角色是医学家。逃生工具只有一个，孕妇、发明家、宇航员、生态学家、流浪汉和我都有权利第一个上热气球。但是，孕妇怀胎八月，不一定能站立，也无法独自操控热气球。发明家是研究新能源的，他的成果还未出现。宇航员远征火星寻找新星球也不一定能成功，生态学家的热带雨林抢救工作不是最要紧的，流浪汉更是对社会没有太大贡献，而我已经在艾滋病的领域有突破性进展。如果我被营救，就能够拯救更多的人。所以，我认为我应该第一个逃生。

师：大家同意吗？

（生超半数举手同意）

师：嗯，医学家的陈述是有力的，他是以"对社会的贡献度"作为准则的，他的陈述中隐藏的论题就是"出于对社会的贡献度考虑，我认为我应该先逃生"。在此过程中，他一一比较，分别陈述理由排出了其他人，为自己争取了逃生的机会。还有其他人愿意尝试吗？

生4：我选取的角色是宇航员。逃生工具只有一个，孕妇、发明家、医学家、生态学家、流浪汉和我都有权利第一个上热气球。但是，出于营救成功率的考虑，孕妇一个人站立有困难，而且需要人照顾；发明家是研究新能源的，他可以就地取材找一些发电的能源以逃生；医学家有医学知识，可以保障大家的安全，也可以为孕妇接生；生态学家对地貌比较熟悉，可以带大家尽快适应新地形；流浪汉可以出力。而我受过空中专业的生存训练，在陆地上发挥不出我的作用，如果我登上热气球，我存活下来的概率最大，能找到营救人员的概率也最大，所以，我认为我应该第一个逃生。

师：大家同意吗？

（生几乎全部举手同意）

师：非常棒！经过几个同学的陈述，我们可能已经得到了一个最优解。的确，荒岛求生最重要的是所有人都能活下来。宇航员的陈述以

"出于营救成功率的考虑，我认为我应该先逃生"为论题，将"选言推理"很好地利用了起来，打动了所有人。最后总结一下，这节课我们一起了解了"选言推理"的基本公式，并且尝试着将它化为一段思路清晰、滴水不漏的说辞。在课后我们还需要继续练习。

（四）布置作业

某大城市外来务工人员较多，为了解决外来务工人员的子女的就学问题，一些外来务工人员子弟学校应运而生，"鹏程小学"就是其中之一。但是由于外来务工人员收入不高，所以学校的教育设施比较简陋，师资力量薄弱，卫生状况很差。而且鹏程小学未在该城市教育部门登记备案，属于擅自开办。根据教育部门的文件，凡是未登记备案的教学机构一律要予以取缔。但是一旦取缔鹏程小学这样的外来务工人员子弟学校，大量外来务工人员的子女将面临失学或辍学的危险。如果你们是该城市教育部门的负责人，你将如何处理？请利用"选言推理"，陈述你的理由。

二、执教者言

本节课的教学思路如图 2-9 所示。

图 2-9　教学思路图

通过这节课，我有以下几点思考。

（一）在趣味中教以逻辑思维

"思维发展与提升"是语文核心素养中非常重要的一部分，但是这个素养在以前的教学中经常被忽略，不够重视。我们总有一种教学生鉴赏文学经典的情怀，总觉得语文课上应该多讲一些文章鉴赏，偏废了思维的提升。逻辑训练有利于思维提升，对于论述文的写作也很有帮助。但是逻辑学毕竟还是有些枯燥的，如果整节课纯粹灌输逻辑原理，学生肯定学不好。所以，我们需要在逻辑教学中融入一些趣味性，比如穿插一些小故事，或一些训练思维的小谜题。在准备这节课前，美国作家雷蒙德·M·斯穆里安的《这本书叫什么：奇谲的逻辑谜题》中一些小谜题给了我一些启发，它们非常适合作为课堂中增加趣味的调味剂。

（二）在训练中熟练原理运用

我在教学中发现，理解逻辑原理并不难，大部分学生都能够理解并且记住，但是在实际运用上就会遇到困难。如何将生硬的逻辑公式变成严谨流畅的文段？这是我们作为语文老师应该思考的。我认为要通过循序渐进的训练，比如这节课中所运用到的"引导归纳—完形填空—独立成文"这样的训练路径，难度渐渐增加，慢慢放手让学生去锻炼思维。当然，这种训练不止于一节课，需要在课堂后甚至是今后的一系列课堂中持续进行，最好能够形成一个有序的序列课堂。

三、观教者言

在论述文的教学过程中，我们通常的思路是给学生一个惯用的模板，学生的任务就是熟悉各种模板，根据不同的题目去套用。在这样的训练方式下，最大的好处是学生作文的结构比较清晰，但是涉及具体的论证过程，往往是十分无力的，甚至是啰唆繁复的，几句同样意思的话（例如"菜好价贵"和"价低菜贱"）拼凑成一段文字，让人读来读去却不知所云。

如何去改变这样的现象？李圣宇老师课例告诉我们，通过学习一些简单的逻辑对改善论述条理性是很好的路径。逻辑理论总体上来说还是非常艰深的，它是一门独立的学科。但是我们在平常的教学中，可以挑选一些比较容易理解也容易开展练习的简单逻辑，介绍给学生，以便提升他们的思维。学生只有渐渐提升了思维之后，才可以以不变应万变，摆脱框架模式的束缚，自由驰骋在论述的天地中。

李老师先将目光投向了"选言推理"的否定肯定式，也就是"排除法"。这种证明的步骤是先将论证的论题作为有关问题全部可能成立的几种假定之一，即作为选言推理前提的一个选言肢，然后找出依据，否定除论题以外的其他选言肢，从而确定论题的真实性。其实，这种推理方法离学生的生活很近(考试中经常使用)，比较容易理解和上手。另一方面，在论述文的题目中，也经常出现不同的声音，需要学生从中确立自己的论题，并且进行证明。针对这一类型的题目，这种论证理论无疑可以给予帮助。

四、学生习作

作业 1：面对鹏程小学这种情况，城市教育部门的负责人可以撤销鹏程小学的教学资格，或者破例保留鹏程小学的教学资格。我认为，如果撤销鹏程小学便意味着要把学生转到其他学校，由于教材、课时存在差异，教学衔接会出现问题，同时会增加接受学校的教学压力。所以，我会保留鹏程小学，还会将一些准备拆除的旧厂房改造后提供给"鹏程小学"作为校舍，并鼓励师范院校的学生前往鹏程小学进行教学实习或参加志愿教学。

作业 2：在这种状况下，如果我是该城市教育部的负责人，我可以取缔"鹏程小学"的办校资格，也可以保留其教学资格。但我认为，由于"鹏程小学"软硬件设施很差，影响外来务工人员子弟的教学质量，危棚简屋和不卫生的伙食条件还会对学生人身安全构成威胁。所以，我主张取消其办校资格，停学后的学生可以被安排到周边其他的教育部门的下属公办学校就读，对低收入家庭的学生实行减免书杂费，对接受外来务工人员子弟就读的中小学提供额外财政补贴。

【教师点评】

这两份作业以不同的观点作为论题，同利用了"选言推理"公式梳理论述思路，但又不拘泥于公式，而是将其补充完善，还提出了更加可行的建议，使论述更有说服力。

周密：让对手无懈可击

执教者：王伟　观教者：包建新

一、教学实录

(一)触发思考，生成共同体

(学生按小组入座。根据学生上交的作文分为支持组和反对组两大组，每一大组按论述角度的不同又分为三个小组，两大组面对面依次坐在左右两边。中立态度及因故未交的十一人坐在后方)

师：上节课我们讨论了清华大学的一项校规——没有通过游泳考试的毕业生将无法获得毕业证。讨论后，同学们群情激奋，这让我非常开心，我们虽然不是清华大学的学生，但可以关心我们身边的热点，关心我们所生活的社会，这也是关心我们自己的未来，我非常欣赏同学们的担当、热血和见解！

师：那么结果如何呢？从观点来看，可以说是对半分。根据大家观点和论述的不同，今天我把同学们分成六个小组。请注意，同一个小组的同学是在作文中与你"英雄所见略同"的同学，他们是你最亲密的战友，现在你可以开心地跟他们握握手。坐在你前面或者后面的小组都是与你在观点上属同一个阵营的同学，你可以友好地朝他们挥挥手。而坐在你同排的小组，就是与你观点最针锋相对的小组，他们就是你今天的对手，你可以优雅地朝他们点点头，并感受一下来自那一边的"杀气"。(生大笑)因为今天这堂课，我们就要用我们上节课所写的文字，来传达我们的观点，战胜我们的对手，来一场没有硝烟的战争！(生鼓掌)

师：今天的对决将分成两部分，首先是半决赛即三场小组间的对决，接着是总决赛即两方阵营中胜出的小组合力对决。当然，如果某一阵营在半决赛中就全军覆没，那么另一阵营就直接获得胜利了！(生十分激动)大家听明白了吗？

生(齐声)：明白啦！

(二)营造情境，发现不足

师：看来大家都想赢，可是我们又不知道对方头脑中在想些什么，如何才能战胜他们呢？为了让大家对敌情更为了解，我这个双面间谍呀，已经将对方的机密资料"窃取"了来，(生大笑)现在我就把你们对手的机密发到你手里，请你们组用7分钟时间细看，看看他们到底有哪些招数，同时又有哪些漏洞，然后想想我们用什么方法能够将其一一破解，杀他们个片甲不留！

(小组细致地传阅，点评对方作文)

师：有没有信心驳倒他们？

生(七嘴八舌地)：太有了，他们根本没有战斗力！

师：既然大家都这么有信心，不如我们先来放一放狠话，打击一下对手们嚣张的气焰。你们说该怎样放狠话才能让他们发自内心地胆怯呢？

生1(抢着回答)：首先要够狠，语气不能太温柔；然后要说出他们的缺点，让他们知道我们抓住了他们的把柄。

生2(带着坏笑)：我认为要让他们知道我们发现了他们的漏洞，但是又不能说得太具体，免得他们有防备。

师：有道理，那么下面我们就来看看哪一组最狠！我们今天还有十一位坐在后排的同学，他们是持中立态度的，待会儿六组放完狠话之后，如果有的同学被小组的气势所震撼，那就请大踏步走到你认为最霸气最有战斗力的一组当中去，成为他们的队员吧！当然如果听完之后你内心依然保持中立，那也可以坐在原位不做选择。十一位同学，你们听明白了吗？(后方同学频频点头，前方小组纷纷看向后方，跃跃欲试)六个小组的同学们，你们准备好了吗？开始！

小组代表1：你们小组的作文简直漏洞百出，不但观点片面，而且有几篇甚至整篇文章连观点都没有表达清楚，经过我们小组的讨论，我们觉得把你们全部打倒在地简直太轻松，请你们多多保重！

(板书：观点不清)

小组代表2：你们小组的作文讲来讲去就是一个观点，目前都没有看到让我们耳目一新、心服口服的证据和论述！

小组代表3：我们且不说对方小组作文中的论述和论据如何，首先就以这一篇作文为例，虽然看上去字写得还不错，但是卢梭的"梭"字竟然写成了错别字，单就这语言表述的能力来看，我们两组的战斗力高下就已经见分晓啦！

（板书：语言不通）

小组代表4：首先，我认为对方小组因为发现一个错别字就一叶障目，实在是目光短浅、格局有限。然后再回到对方组的作文，在我认为还有一点道理的三篇文章里，说来说去论点就三点：第一条是游泳能保障生命，第二条是游泳能提高身体素质，第三条是游泳代表学习能力。我认为这三点都不足以震慑我们，并且他们的论据也不足以支撑他们的三个观点，所以我觉得我们必胜！

（板书：论据不足）

小组代表5：对方小组的作文中前前后后只在强调"这是强制""我们不想学"，只有关于心态的感性宣泄，没有理性的论证，根本没有说服力！

小组代表6：看了对方小组的作文，觉得你们的思维非常局限，论点局限、证据局限，连语言都差不多，这种没有新鲜感的言论，早已在我们的预料之中，战胜你们，我们势在必得！

（板书：论述俗套）

师：此刻我觉得教室里不但杀气冲天，而且每一组都信心满满。那么，让人觉得最有可能胜利的是哪一组呢？来看看十一位同学的选择吧！掌声欢迎十一位同学做出自己的选择！

（五位同学分别加入了四个小组，剩余六位同学被邀请到讲台上依次坐定担当评委）

(三)体验分析，突出亮点

师：看来有几个小组已经在气势上赢得了优势，但语言的较量，光靠气势可不行，既然对方已经发现了自己的不足，那么我们要利用最后的准备时间赶紧完善。接下来我将再给各个小组8分钟的时间，请你们集思广益抓紧讨论，使你们的论点更鲜明、论据更充分、论述更有说服力。8分钟后，我们各组将派出两个代表作为一辩和二辩，每个辩手有两分钟的陈述时间，请六位保持中立态度的同学进行投票，希望你们在开战以前，做到胸有成竹！

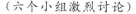

（六个小组激烈讨论）

小组对决1

正方：首先在我方看来，规则之所以是规则就是用来遵守的，学生不愿意遵守校规那是自身心态问题。规则之所以制定，是为了防患于未然，并不是说学校希望学生都跳到水里去，而是希望学生在意外来临之时有保障自己生命安全的技能。其次，反方说游泳占据学习时间，众所周知，初中生尚可以在一年之内通过游泳考试，清华大学也只要求学生毕业时能完成游泳五十米（泳姿不限）的测试，以清华大学学生的学习能力一定不成问题。所以我觉得他们的反驳并不成立。

反方：我们对这一规定是持反对态度的，刚刚正方说规则就必须遵守，却忘了许多情况下都有特例的存在，比如游泳这项运动，对于部分女生而言可能就有不便之处，难道也要强制她们遵守吗？另外正方说这种做法是为了让学生在溺水时能够自保，可是许多事实证明，危险总在熟悉处，每年溺水的人中大多数都是会游泳的，不会游泳的人反而较少，我们觉得恰恰是不会游泳的人才会万分小心。更何况，夏天去游泳的人都是去游泳馆居多，游泳馆溺水的可能性极小。

正方：我不认同你的观点。首先你说特殊身体情况，特殊身体情况完全可以提交申请，与其因为一点点小的不适与规则对抗，不如灵活变通，比如在不同的时间参与测试。其次你说"溺水多是会游泳的"，这种情况在以前野外游泳较多，现代极少，现在水深的地方基本都有告示牌提示，"明知山有虎，偏向虎山行"，这是态度问题，不能怪游泳这项技能。

反方：现在溺水的确是会游泳的多过于不会游泳的，因为不会游泳的人根本就不会去靠近深水域。另外清华的这项校规对于畏水、有特殊疾病的人确实是"赶鸭子上架"，因为不会游泳而不允许许多成绩优异的学生毕业难道不存在问题吗？

（中立小组投票结果：4比2，正方胜出）

师：你为什么更倾向于支持正方？

生1：因为正方在论述自己观点的时候提供了明确的数据，比如"一年""五十米"等，而反方在论述时用的很多都是"可能""我们觉得"，正方的论述很客观，而反方就给人感觉很主观了。

师：你听得非常细致，我赞同你的观点，有的时候，具体的新闻、具体的规定、具体的数据，才能使论述具有真实的力量，才能让对手心服口服，成为典型的论据。

（教师板书：数据、典型）

小组对决 2

反方：我认为他们的主要观点有三个：第一点是认为清华继续执行这项制度是对传统的一种继承；第二点是认为游泳有助于体现学习能力；第三点是认为游泳有助于提高身体素质，在有些时候甚至能保全性命。首先说继承。从历史来看，其实清华大学的一部分传统来源于美国高校、英国高校和德国高校，这样的传统与我国当前的国情不相适合。第二点说学习能力体现在学习游泳上，我觉得这个论点的逻辑本身就不成立，如果要说学习能力的话，大学的专业学习能力岂不是更能体现出学习能力强弱？如果要将游泳作为学习能力强弱的判断依据的话，为什么大家不去读体育系呢？第三点对方一直在强调溺水的可能，我觉得把可能的风险当做既定的事实，这本身就是绝对的错误。所以我认为对方小组的论述在逻辑上都不成立。

正方：我觉得连游泳都学不会，即便进了一流的大学也难以成才，迎难而上、坚持不懈就是我们中华民族的优良传统。清华固然有西方的传统，难道这么多年没有沉淀出属于我们中华一流高校的优良传统？而游泳确实有利于身体素质的提高，在当今环境下，国民身体素质明显下降，此校规体现出重视身体素质的观念，是一种极好的价值观示范，毕竟没有良好的身体作为支撑，再好的学业又怎么发挥出它的价值呢？

反方：首先对方小组一直在强调的是游泳可以保命，游泳可以强身健体，但是强身健体为什么非得选择游泳呢？跑步、羽毛球、篮球、舞蹈都可以强身健体，为什么仅限于游泳呢？其次，对方一开始就强调以清华学生的能力一定能够学会游泳，这本身就否定了人的独特个性，每个人的天赋、资质千差万别，毛泽东擅长游泳，而姚明擅长篮球，村上春树擅长长跑，他们都很优秀，他们向我们证明，每个人的学习能力可以体现在不同的方面。所以我们不能仅凭游泳来判断一个人的素质。

正方：恐惧的心理能否成为不学习的理由，我希望大家好好重视这个问题。清华大学既然开展了这项制度，必定有其综合的考虑。

（中立小组投票结果：0 比 6，反方胜出）

师：谁来说说看，反方为什么能获得所有票数？

生 2：因为反方论述更为深刻，能够透过现象去看本质，透过一项校规，看到了政策与国情的联系、风险与事实的差别，并且能够用典型的人物实例来佐证自己的观点，同时语言流畅、严密，让人觉得很难找到漏洞啊。

师：是啊，及时发现对方的漏洞，用详细的论据佐证它，用严密的语言组织它，用深刻的论述强调它，才能让听者口服，让读者心服啊。

（板书：深刻、实例）

小组对决3

正方：首先我们认为，没有规矩不成方圆，对方一味地强调他们与别人是不一样的，要追求个性化和自由，却不知道真正的自由是建立在一定的规矩之上的，规矩是自由的保障。其次，排除少数疾病的特殊情况外，游泳可以说有百利而无一害。最后，我们组想将"未雨绸缪"这句忠告送给你们，等到遇到困难和危险再想着去弥补，不是为时已晚吗？

反方：对方辩手说"无规矩不成方圆"，没错，可是我们要反问你们——规矩就一定是正确的吗？我们也知道，连"真理"都不一定是正确的，真理也是在发展变化的。另外，对方小组包括其他两组都反复强调游泳能够保障自身安全，事实上，许多学生在游泳考试中是需要依赖外在设备如鼻夹之类完成的，但是在溺水这种突发情况下是不可能有这些辅助设备的，所以，通过游泳考试也并不意味着就可以保障自身安全。以上是我方观点。

正方（十分激动）：说到溺水这种突发情况，可以说我会游泳的不一定会死，你不会游泳的你肯定会死，（生集体大笑）不好意思，请原谅我的直白，但道理确实如此。关于规则的制定，制定方一定有自身的考虑，对方小组的作文中一直在说"强制""尊重"，可是人家凭什么一定要尊重你，人家为什么一定要对每个人尊重，他只能对大部分人表示尊重。现在学会游泳，就是给自己多一份机会，多一份选择的权利，既然你可以去做，为什么不去尝试一下呢？从社会现实来看，不论在学习中还是工作中，生而为人就是身不由己，让学生早点接受和适应社会的规则，长远来看难道不是清华校方的良苦用心吗？

反方：正方二辩说规则是合理的，但规则是人制定的，我们都知道人是不完美的，因此规则也不会是完美的。由此我们可以想见，由人制定的游泳和毕业证书绑定这项规则虽是强制性的，但是如果它是不完美不合理甚至是错误的，那我们为什么一定要去执行呢？

（中立小组投票结果：4比2，反方胜出）

师：这次我要采访一下看上去最高深莫测的这一位评委，请问你是基于怎样的理由做出的投票呢？

生 3：一、二辩辩论时候不相上下，但是在论述的语气中正方感性情绪明显，表情动作都十分夸张，这些情绪使得他们的语言表述也很感性。而反方的用词精确，他们的语气更庄重大气，他们的陈述也非常有条理，所以给我的感觉更有说服力。

师：没错，当大家都有理有据时，条理和语气就显得尤为重要了，逻辑严密、用语庄重，会形成凛然不可侵犯的强大气场，说话是这样，作文也同样如此。

（板书：条理、语气）

师：其实我想说的是，三组辩论下来，我们发现的问题很多，但改善的问题更多。我们发现要让对方找不到自己的漏洞，强有力地说服和影响对方，一篇文章就不应该存在这些问题：语言不通、论据不足、论述俗套，并且需要在论据的具体和典型、论述的深刻、语言的条理和庄重上多下工夫。那么现在正方有一组胜出，反方有两组胜出，我们接下来有请两大阵营胜出的小组重新组队，各自推选出两位辩手来进行终极对决，看看他们能不能给我们做出最好的示范，能不能碰撞出新的火花。我们请两方胜出的小组再做最后的 5 分钟准备。

（两大组激烈讨论）

终极对决

反方：我想经过刚才的辩论，正方应该不会再在溺亡的可能性上做无谓的强调了，而我们想强调的一点就是，如果在人才选拔时太过于局限，必定会损失更多的人才，这就是我方观点。

正方：我方觉得生命诚可贵，避开生命谈一切，都是虚无的。因为自身技能不足，危及自己和对方生命的行为都是不可取的，姑且不去看那些因不会游泳而溺亡的例子，单调查就显示，每年溺亡的人中有很大一部分是因为救亡溺水之人而死，由此看来，不会游泳，不能保全自己的生命，还连累别人丧命，这本身就是对生命极大的不尊重。另外，因为各种原因害怕游泳与毕业挂钩，这其实是根源于内心的恐惧，因为恐惧而逃避，这样的行为和思想就是弱者的思想，在残酷的社会竞争中他们必定一败涂地。毕竟，环境不会适应你，只有你去适应这个环境，只有能适应环境的人才能在社会立足。

反方：首先，说到"不会游泳的人会拖累会游泳的人"这个观点，我所知的对中小学生救援他人的建议都是"你能救援并且你能保证自身安全的情况下施行救援"，所以我认为对方的论点在条理上是说不清的。第二，对方的观点认为"你优秀你才能存活"，而且他们对"优秀"两字的界定是很偏颇的，一个健康的社会应该保护所有没有伤害到这个社会的人，并且允许他们发展出自己的特色来，允许他们用自己的方式为社会做贡献，而不是说每个人都会游泳，既然我们不是一个需要人人生活在海里的社会，那么这显然不是一个健康的社会的概念。所以我们强烈反对你们的观点！

正方：首先，去救人的人不一定就是中小学生，大部分都是成年人，所以你用对中小学生的建议来作为依据实在是太狭隘了。而且，你说到规则对于社会的意义，在这点上你的理解并不正确，学校用这规则来选拔的不是会游泳的人，而是面对规则时拥有正确态度的人。在开学时，学校就宣布了这项规则，那在入学后你有能力却不去学，这种行为就是不遵守规则、不尊重规则，这就是对学校的轻视，毕业证书是一个学校对一个学生素质的认可，而非仅仅看重他的文化学习，所以尊重这项规则是学生的任务，也是学生的义务。基于以上几点，我们认为你们的想法有本质的错误！（全场掌声）

（中立小组投票结果：3比2，1人弃权，反方胜出）

师：这次有一位同学选择了弃权，我们来听听他的矛盾是什么。

生4：刚才的辩论实在是非常精彩，我非常佩服四位同学的口才。在论述自己观点的时候，他们都有理有据，感觉他们看问题都非常深刻，同时底气都很足，我认为两边说得都有道理，这一次，我实在是不知道投给谁，所以我选择了弃权。

师：首先，让我们把热烈的掌声献给反方！（全场鼓掌）我想在刚才的辩论中，正反两方在这节课所说到的条理、论据、语言等多个方面都为大家做出了精彩的示范。虽然反方获得了最后的胜利，但我觉得两方表现都非常精彩。其实，重要的不是这场辩论谁赢谁输，而是你在这一场辩论中所感受到的论述的精妙所在——怎样的表述会削弱我们的说服力？怎样的表述会帮助我们更好地说服对手？无论在写作中还是生活中，你都将反复运用和练习这一项技能。每当你写论述文的时候，别忘了，文章的背后其实也站着一群对手，你得运用你所有的智慧，努力将他说服。也许我们一开始尝试时并不老练，战斗力并不强，但经过反复练习和改进，我们一定会越来越所向无敌。回去以后，同学们不妨站在对手的角度上再次阅读自己的作文，如果你发现还存在漏洞，那么请你运用今天所发现的知识，将文章进行修改，当它再次呈现出来的时候，我相信，它也能成为你的利剑，帮助你征服你的对手！

师：这节课就上到这里，下课！

二、执教者言

本节课的教学思路如图 2-10 所示。

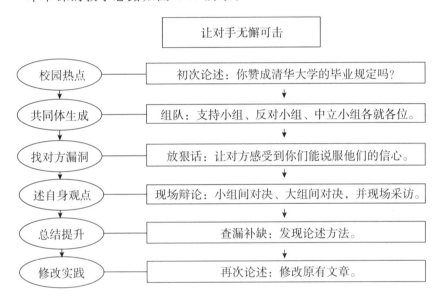

图 2-10　教学思路图

作文讲评是作文教学中必不可少的一个环节，在日常教学中，许多老师却将其略去或者简化，究其原因，一是觉得烦琐，二是觉得枯燥。现今的作文讲评课，常常是少数几位同学的作文嘉奖课，先是朗读优秀作文，继而由老师一一进行点评，这种缺乏参与感的作文讲评课，大部分学生往往意兴寥寥。其实，作文的学习，在认知上必须经过模仿、练习、反馈、修改四个环节，写作能力才能切实得到提高。只有练习，毫无反馈，便不知道问题所在，认知链条一旦断裂，作文的提升便失去了抓手。因此，怎样让所有同学在讲评课上得到关照，能够全身心地参与其中；怎样让所有同学在讲评课上都得到充分的反馈，清晰地发现优点与不足，这都是我们务必突破传统教学寻求到的创意途径。

（一）从自己出发：共同体的组成

在一堂作文课中，要让学生全部参与进来，找到属于自己的"位置"，共同体的组建十分必要。毕竟"同伴"之间有着天然的磁场，对于大部分活动而言，有了"同伴"的同行，过程就会变得有意思的多。与此同时，人还有着天然的特性，那就是对于自身的特点因为熟悉往往难以发觉，而对于"异类"的细节却极其敏锐。因此，让学生们在课堂上并肩作战的同时，互相发现对方的优点和不足，便有了实践的基础。同样一群人，可以根据许多共同点组成许多不同的共同体，相同的情感、相同的思想、相同的地域背景、相同的学习基础、相同的兴趣爱好……我们大可以按照课堂的需要组建相应的共同体，在论述文的讲评课中，我们的目标是发现同学们论述中呈现的优点和不足，进而改善自己的不足，发扬长处，最终能够更好地驾驭论述文，发挥出它说服和影响他人的魅力。基于这一点，我们需要组建的是思想上的共同体，在思想的检索中，发现优点和不足。于是，我在课堂伊始，就将学生分成了观点一一对应的三组对手，让他们在反复的观察和较量中发现对方和自身的优劣，让思想共同体的磁场牵引每一位同学的思维，推动全员参与其中。

（二）由自己体验：情境中的发现

当教学蒙上情境的面纱，一切便会生动起来。情境的营造方法很多，我在这里用了三个方法。首先，教室座位动起来。我让每组对手小组横向左右并排坐，中间留出两个位置的距离，为的是营造"杀气"；同时又让同一观点的大组纵向坐同一列，为的是营造"士气"。其次，学生情绪动起来。有了共同体的存在，学生不再"孤军奋战"，加上"对手"近在咫尺，学生们"想赢"的情绪很容易调动起来，让学生们互看对方的作文，能给学生增加信心；让学生们互相"放狠话"，则能给对方施加压力和刺激。当学生内心的情感被撩拨触动，他们在活动中才会全神参与，高效的学习便有了可能。最后，活动机制动起来。一场活动，目的是牵引学生发现知识，活动设计愈灵活，愈能寓教学于无形。"放狠话"环节之前互看对方作文，是诱导学生仔细阅读对手的文章，进行细致深入的讨论和赏析，将"对手"的概念装入脑海，并发现论述的错误示范；对决的环节，则是在与"对手"的真实辩驳中，诱导学生快速改善自己论述上的缺陷，并发现论述的正确示范。

（三）回归于自己：实践中的提升

在这一场教学活动中，学生们参与本组合作、检索他组漏洞、观摩辩手的表达，在"自己""对手"与"观众"三重角色中反复转换体验，过程中有模仿、有练习、有反馈，但还需要有修改。基于写作共同体的创意写作教学，共同体裹挟着个体向前，汲取知识的养分，但成长还需自己进行，"修改"便是这关键的一步。讲评课的最终环节，还是要回到"自己"这个角色，将"对手"这一概念存入脑海，将使论述文"周密"的方法付诸实践，让学生在自我反思和修改中实现提升。

上这堂作文课的班级，大概是第一次上这种形式的作文讲评课，全程的激动和热烈超乎我的预期，也正因为这份激动和热烈，他们在课堂中的表现也超乎我的预期。从第一组的对决到最后的终极对决，学生们敏锐地发现论述的诀窍，又像海绵一样快速吸收，我们可以清晰地感觉到他们在语言、逻辑、条理等各个方面的进步，不得不让人感叹全情投入时学生们的学习能力之强大。当然，也正是因为这"第一次"，学生们明显对辩论的程序和规则缺乏了解，这使得课堂的进程频频受阻，浪费了一定的时间，但我相信，正如调查问卷中学生所说，"下一次就会更好了"。

让我们永远怀着激情和期待，与学生一起，奋力前行。

三、观教者言

什么是论述文？论述文就是说服劝导读者同意作者观点的一种说理性文章。它与记叙文、说明文等的不同在于论述文希望影响读者的思想和行动。这个基本属性决定了论述文写作需要有读者意识，也意味着只有能把对手说服的论述文才是成功的论述文。

传统作文教学更关注论述文教学当中的"技法"，试图通过大量的示范和练习教学生熟练使用各种技法，使所写的论述文"美""稳""新"，却忽略了所有技法都应站在读者即"人"的基础上运用。传统作文教学也十分关注论述文教学当中的"思维"，试图通过各种各样思维导图的牵引，使所写的论述文"有条理""有层次""有创意"，却忽略了论述的思维应该是基于"对手"生发而非自己。论述文写作，"技法"和"思维"固然不可或缺，但如果忽略了"对手"这个前提，缺乏驳倒对方的初衷，单纯追求表达自己观点的痛快，就会变成一种无用的情绪宣泄，又谈何能影响读者的思想和行动呢。

那么，怎样做才能回到论述文的初衷上来，并落实到教学引导中来呢？王伟老师的课例传达了这样的主张：教学和练习中应该树立"对手"这个概念，论述文观点的陈述应该是与对手针锋相对的，论证的思路应该是基于对手的论证而调整确定的，论证的语言组织应该是让对手无法找到漏洞的。因此在写作教学中，教师不妨大胆地提供与"对手"狭路相逢的情景，引导学生切身体验，强化"对手"的意识，触发战胜对手的激情，让"对手"引导自己发现论述的精妙之处，进而在写作中说服对方。

王老师注重写作共同体的组成。所谓写作共同体，就是指在写作中存在的基于主观上和客观上的共同特征(这些共同特征包括种族、观念、地位、遭遇、任务、身份等)而组成的各种层次的团体、组织。在论述文教学中，基于相似观点而组成的小组便是写作中的思想共同体，同学们互为对手或同盟，激发出同学们的激情，让同学们在体验中互相促进学习。

四、学生习作

(讲评前)

面对好意，如何选择

卢梭有言，人并非生来完全自由。这话不假，可是否人就要被所有的好意完全困住呢？

据悉，清华大学将游泳与毕业直接挂钩，也就是强制要求学生学会游泳。凡事都有两面性，这样做必然是出于好意。近年来，游泳溺亡事件不断发生，在一定程度上，这样的做法能减少此类的事件发生，同时这也不失为一种很好的锻炼方式。当然这份好意在某些方面也存在着不合理，当强制性的推行违逆了学生的自尊，使得他们心中的不满无限放大，并引发抵触和反抗时，好意便会形成一种恶性循环，最终反而影响学生的身心发展。

每个人都应该有自己的选择，更何况是已经能独立思考的大学生，他们虽然没有丰富的阅历，但已经有了冷静理性的一面。如果学校能够多给他们一点私密的空间，少给一些压迫，于身于心都会给学生带来好的成长。人生而不同，学校也应该尊重差异。必修游泳可能会导致部分学生放弃其他课程的选修，从而失去了一个学习其他本领的好机会，更何况，大家都学游泳，课程便平淡无奇，千篇一律，无形中丧失了体育竞技的多样性。

学校如此，社会也是如此。游泳不仅仅是一项技能，还是一种兴趣。学校纵然是好意，但请不要忘了：健康的人，不会把所有的好意都看成自己需要的；健康的社会，不能肆意将所谓好意强行加诸每个鲜活的人。

清华作为名校，就更应该有一份以天下为己任的决心，为国家培养出更多的人才，而不是以游泳判定成败。我们作为现代青少年，更应该传播多元化的思想，时刻保持对多元世界的理性思考，绝不失去对自己兴趣的坚持，坚信自己的选择才是适合的，因为我们生活的世界总是千变万化的。

追求单一，必遭淘汰。面对"好意"，该何去何从，请慎重选择。

（讲评后）

并非所有好意，都为人所需

卢梭有言，人并非生来完全自由。这话不假，可是否人就要被所有的好意完全困住呢？

我想人的尊严在于，当它完成了社会任务之后，就有权利积极地活出自己，也就是有权选择接受或拒绝外界的好意。人必须要学会拒绝，如同有些跤只有自己摔过，才知道路该怎么走。

谁还会记得十年前那个考入中科院少年班的"魏神童"，他的母亲为他甚至安排好了上厕所的时间，只可惜结果是当神童来到北京求学，他连上完厕所后怎么系腰带都不知道。很多时候，我们不需要一直在他人的指导要求下在康庄大道上驰骋，我们需要走错路，滚打摸爬着回来，向正确的方向再次出发。

拄着拐杖，循着路牌的鲜有一日千里的探险家。徐霞客访遍名山大川时，哪有地图导航，他走着自己的路，多舛但无比精彩。由是观之，人要惧怕的是因泛滥地接受外界的好意而消磨了自己的独立性。归入庸人之流，也就失去了自己的精彩，哪还轮得上轰轰烈烈策马平川，抑或一蔬一饭，皆存人间真味。

健康的人，不会把所有的好意都看成自己需要的；健康的社会，不能肆意将所谓好意强行加诸每个鲜活的人。孔子极度推崇西周的礼乐制度，表面上，为每一个人提供了行为条例，天下大同、男有分女有归，多么美好，可他妄图建立的乐土是不合乎人性的。人事复杂，岂为这等简单粗暴的好意所能抹杀？西周礼乐崩坏是必然的，国家安定何尝不是好意，可强行推施，味道变了，又还会好吗？孔子看到了人文，却终归与人文渐行渐远。

这个世界需要一些共同的好意去保护至少一部分人，却不应该编排过多的好意，去强制每一个人活得都如他所愿。

【教师点评】

当"对手"的概念植入脑海，我们能发现这位同学修改后的论述文较第一次所写的论述文说服力大大增强。从标题的修改便可以看出，观点的表述更清晰明确；从论述的过程可以看到，典型、具体论据的支撑使原本空洞的论述更充实有力；语言的删改使得条理更为清晰，表述更精准、庄重。站在"对手"的角度上看两篇文章，修改前随处可找出漏洞，修改后的文章逻辑严密、有理有据，大气稳重，难以辩驳。

【附】调查问卷

教学反馈表

填表日期：2018 年 6 月 13 日

学生姓名		年级	高二	班级	16	性别	

1. 你喜欢提笔写作吗？

　　非常喜欢□（14.6%）　　喜欢□（25.5%）　　一般□（23.6%）　　不喜欢□（36.4%）

2. 平时喜欢上作文课吗？

　　非常喜欢□（12.7%）　　喜欢□（30.9%）　　一般□（32.7%）　　不喜欢□（27.3%）

3. 你觉得今天这堂作文课与平时的作文课相比如何？

　　很不一样□（65.5%）　　基本一样□（21.2%）　　完全一样□（12.7%）

4. 你对这种作文教学形式喜欢吗？

　　非常喜欢□（38.2%）　　喜欢□（47.3%）　　一般□（10.9%）　　不喜欢□（3.6%）

5. 你觉得这堂课有没有激发你的表达欲望？

　　很有效果□（61.8%）　　　　有一点效果□（20%）

　　效果不明显□（12.7%）　　　完全没感觉□（5.5%）

6. 你在写作学习方面主要存在哪些困难？（多选）

　　对写作没兴趣□（36.4%）　　没有素材可写□（70.9%）

　　没有时间写□（78.2%）　　　毫无灵感写□（32.7%）

7. 你觉得以下哪些选项特别能激发你的表达欲望？（多选）

　　时事热点□（67.3%）　　　矛盾冲突□（52.7%）　　　特殊氛围□（85.5%）

　　私人情绪□（80%）　　　　生活细节□（36.4%）　　　往事回忆□（78.2%）

　　个人独处时□（70.9%）　　群众聆听时□（20%）　　　身处网络时□（38.2%）

　　置身课堂时□（32.7%）

8. 你对这堂课或作文教学有何建议和意见？

（摘录 4 条）

1."这堂课非常生动，但是许多同学的准备都不太充分，若能再多给一些准备时间，相信会更精彩。"

2."我认为这堂课棒极了，大部分同学都在积极思考，应该争取更多的课堂时间，继续推行下去。"

3."课前同学们可以先提前搜集资料，进行整理，由于大家第一次进行辩论，缺乏经验，规则和程序遵守得不够规范，但相信下次会更好的。"

4."我觉得可以在上课前仔细讲一下辩论的规则与纪律要求，这样可以大大节省课堂时间，让辩论更加有序地进行。"

　　注：题1、题2、题3的数据在按照保留小数点后1位的原则呈现的，故可能存在细微的偏差。

拆词组词：让概念诠释清晰准确

执教者：王则璎　观教者：包建新

一、教学实录

（一）导入

这节课我们来讨论一个大家应该比较熟悉的话题"网红"。说到"网红"，你会想到谁，或者会想到什么？（同学们自由发言）

（PPT展示一则"网红"信息）

这张照片里的老师是我的同事蒋老师。担任高三班主任的他，在高考前夜，身穿汉服手摇折扇，用灿烂的笑容为即将奔赴考场的孩子们减压，用"马到成功"为他们祝福。照片一出，瞬间刷屏朋友圈，也红了一把。

（二）诠释"网红"概念

1. 听了这么多网红的现象，同学们，你对网红有怎样的看法，持怎样的态度呢？（同学自由评说）

2. 我们听到了几种不同的回答，有赞同，有反对，有既赞同又反对，还有不知道。且不说谁优谁劣，孰是孰非，我们就想想，为什么我们的看法会出现差异，为什么不确定、不知道？这其实是由于我们的出发点不同，或者说是对"网红"这个概念没有搞清楚。接下来我们就一起试着对"网红"这个概念进行诠释，看看我们能收获些什么。

3. 寻找共同点：通过我们举的网红例子，你能看出什么共同点？

4. 明确：在现实或网络生活中，因某个事件或行为被网民关注的一个人、一类人或一群人。

5. 寻找不同点：不难发现，有些网红是积极向上地传递正能量的，有些是低俗低级趣味的，也有些是具有娱乐性但无伤大雅。

6. 总结网红概念：网红是指在现实或网络生活中因某个事件或行为被网民关注的一个人、一类人或一群人，有正面、负面和中性三类。

（三）辨析"网红"概念

既然网红的表现形式有三种，那么究竟哪一款才是网红的正确打开方式呢？要解决这个问题，还需要在"网红"这个概念上做文章，可以借助"拆词组词"法对"网红"这个词进行咬文嚼字。

1. 拆词：将"网红"拆成"网"和"红"。

2. 组词：

（1）网：网络、网民……网络与现实相对，给人以虚拟的感觉，信息庞杂所以需要加以分辨，网民鱼龙混杂，所以不能人云亦云，轻信盲从。

（2）红：红火、红榜、红头文件、红色旅游……这些词语大都给人积极向上、喜庆祥和的感受，也有比较重要的感觉。

由此看来，正面的网红才是正确的打开方式。也就是说，真正的网红应该是充满社会正能量的、积极向上的、符合社会主义核心价值观的，能够引领良好的社会风潮的。对这样的网红，我们的态度是赞同、支持、欢迎；而那些仅靠高颜值搏出位，以出格言行吸眼球的人，他们不是真正的网红，而是伪网红，要在网红上加上双引号，是我们应该拒绝和远离的。

（四）收获观点

1. 在对网红的概念进行诠释和辨析之后，我们对网红的观点也就浮出水面，而且变得鲜明准确了。比如可以有以下几个观点：让网红健康发展；让网红为正义发声，为道义代言；拒绝伪网红，从我做起；让网红真正地"红"起来。

2. 一个准确鲜明的观点对一篇议论文来说是意义非凡的。当我们收获了观点之后，不妨一起回头看看，这条路是怎么走过来的。

3. 小结：首先我们锁定了一个需要去深入理解的概念，在对概念进行诠释感知基本义后，再借助"拆词组词"法对概念进行更深一层地辨析，再加上情感价值判断，从而形成了观点。

由此可见，在一些议论文的写作中，对概念的诠释辨析是一个重要环节，甚至是写好这类议论文的关键前提。

也正如以下两位学者所言：

概念是逻辑思维的起点，概念的清晰是理性思维的前提。[1]

清晰的概念对于任何一种理性、逻辑的说理都是必不可少的。[2]

然而就是这个必不可少的环节，在我们的议论文写作过程中往往是缺失的，从而也就导致了要么观点极端化、片面化，要么议论说理不清晰，缺乏说服力。

所以，我们这堂课的教学目标就是让大家学会在对概念进行诠释、辨析的前提下确定观点，进而展开论证。现在我们已经完成了前面的内容，接下来就围绕观点展开论证。

(五)展开论证

1. 分组活动：请同学在这几个观点中任选一种，分组讨论，形成论证思路。3 分钟后推选代表呈现成果。

2. 展示、评价。由于时间仓促，只能让同学们呈现下思路，虽然文字不多但是已经可以感受到大家飞扬的文采了。为了帮助同学们进一步明确论证思路，老师写了两篇文章与大家分享。

3. 分享片段

【片段 1】网红，顾名思义，即通过网络而走红的人。网络是一个庞大的信息体，网民众多，影响力巨大。而网红本身，当它以网民喜闻乐见的形式出现时，同时也应肩负起利用网络发挥其"红"这一特点的重任——传播正能量，引领社会风气。

英国作家托马斯·哈代曾预见性地指出："凡是有甜美的鸟歌唱的地方，也都有毒蛇在嘶嘶地叫。"网红中破坏社会风气的"毒蛇"也不少。而今，越来越多的人通过在互联网上贩卖低俗劣质内容而走红，使"网红"一词严重抹黑。面对这一现象，我们应该高声呼唤：让网红为正义发声，为道义代言！

我们需要像"良心油条哥"刘洪安这样的网红，用安全油坚守自己的职业操守；我们需要像知乎老人尹吉先这样的网红，通过帮助青年解惑

---

[1] 欧阳林：《批判性思维与中学语文教学》，50 页，北京，中国人民大学出版社，2017。

[2] 徐贲：《明亮的对话——公共说理十八讲》，91 页，北京，中信出版社，2014。

升华人生价值；我们需要像杨陆野这样的网红，用掷地有声的宣言传递浓浓的爱国情。

没错，我们就是需要这样的网红，他们才是真正的网红，代表着这个时代的核心价值，让我们骄傲地为他们点赞。相信在主流媒体的正面引导下，在相关部门的监管控制下，我们的生活中会出现更多这样的网红——为正义发声，为道义代言！

【片段2】当下生活中有这样一类人，他们因一些有意或无意的言行在网络的传播下从普通人变为世人皆知的名人，他们被称为"网红"。既然带个"红"字，一方面说明了影响力之大，影响面之广；而另一方面也彰显出这应该是一个具有正面影响的人或事。

一些人为了个人利益传播低俗思想，污染网络空间，在成为网红的诱惑面前执着地前赴后继，甚至突破底线，进而推动社会"颜值至上""奇异为本"的错误价值观，吹动浮夸之风，吹走了内涵与修养，留下了诸多畸形思维。他们不是真正的网红，他们根本配不上网红这个称号，他们是伪网红，甚至是"网黑"。

然而伪网红之所以能红，自然免不了支持者的推波助澜。所以，作为青少年的我们，对于这类哗众取宠、传播低俗内容的"网红"要果断说"不"，果断远离。

崔卫平曾说："你所站立的地方，正是你的中国，你怎样，中国便怎样，你有光明，中国便不再黑暗。"那么，拒绝伪网红，从我做起，让我们共同努力，让网红真正地红起来！

(六)牛刀小试

相信大家也都会感受到，有了对概念的诠释分析，我们的论证就更加有针对性，说理就更清晰，就更具说服力，这就是我们这堂课要学习的方法。方法学了就要用，下面来看材料。

越伟大、越有独创精神的人越喜欢孤独。

——赫胥黎

只有神仙和野兽才喜欢孤独，人是要朋友的。

——梁实秋

1. 独立思考，理解材料内容。
2. 小组讨论，辨析"孤独"的概念。

3. 代表发言，形成论证思路。

【明确】材料中需要加以诠释辨析的概念是"孤独"，第二句中的"孤独"意思容易理解，就是一个人没朋友，是我们所不喜欢的。第一句的"孤独"是好的，让人喜欢的，这个不容易理解，就需要借助拆词组词法来进行辨析。

"孤"可以组词：孤单、孤寂、孤零零、孤军奋战，侧重于人际交往层面，含义接近第二句的理解。"独"可以组词：独立、独创、独到、独门、独具匠心、独辟蹊径、独树一帜、独一无二，侧重于精神创造层面，应该是对第一句中"孤独"的正确理解。

由此可知，"只有神仙野兽才喜欢孤独，人是要朋友的"中的"孤独"指的是一个人的孤立、孤单。人生活在社会这张无形的网中，无时无刻不与外在发生着千丝万缕的联系，朋友多了路好走，孤独的人可能就寸步难行。从这个层面上来说，我们要拒绝孤独。而"喜欢孤独"，这里的"孤独"一定不是指普通人平日生活中独处的寂寞感觉，不是令人神伤的"孤独感"。它应该是一种绝缘于世俗名利喧嚣的人生状态，是一种沉醉于自己独立思考或者科学研究的精神境界，是一种宁静、一种坚持、一份执着、一份忘我……或许是孤独求败，也或许是在一次次失败中的孤独前行。那么，"孤独"之于"伟大、有独创精神的人"的意义也就不言而喻了。它是一种必需，也是一种必然。

对于我们个体的人，我们的肉体应该生活在群体中，然而精神上要保留一块圣地，不随波逐流。或许"独"而不"孤"就是最难也是最好的选择。

(七)课后练习

今天学习的这个方法不但好用，也是比较常用的一种，遥远的不说，2017年浙江省高考作文题就可以运用这个方法帮助我们审题立意并展开写作。时间关系，就留给同学们做课后作业去思考分析。

有位作家说，人要读三本大书，一本是"有字之书"，一本是"无字之书"，一本"心灵之书"，对此你有怎样的思考？请对作家的观点加以评说。（自拟题目，写一篇800字的作文）

这堂课就上到这里，希望大家能够有所收获。

二、执教者言

本节课的教学思路如图 2-11 所示。

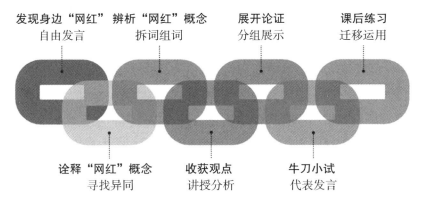

发现身边"网红" **辨析"网红"概念** **展开论证** **课后练习**
自由发言 拆词组词 分组展示 迁移运用

诠释"网红"概念 **收获观点** **牛刀小试**
寻找异同 讲授分析 代表发言

图 2-11 教学思路图

学生作文中存在着一个普遍的问题，就是对材料中的概念没有搞清楚就展开评论写作，导致文章观点不明确，论述浮于表面难以深入。这堂课就是基于这个学情展开教学的。

导入部分，选择学生感兴趣的"网红"现象，引出对这一概念的辨析，消除了传统写作教学课堂的距离感。接着在讨论分析中让学生逐渐意识到概念诠释辨析的重要性，在教授方法中抛出"拆词组词"法，让学生借助这个简单易学的方法对概念的诠释进行辨析，进而形成观点。在学生分组讨论论证思路的时候，非常可喜地看到，每组同学都能有意识地将概念诠释引入论证环节，这堂课的教学初现成效。"牛刀小试"环节展示的作文材料应该是具有一定难度的，然而学生依然能够借助本堂课所学习的内容方法进行基本正确的解读，这是让人欣慰的。

俗语有云：光说不练，一切零蛋。练习是巩固、内化的过程。因此，写作课的课堂实践环节必不可少。相比于"网红"话题，"孤独"的话题显得有点难度，但也凸显了思维发展的层级性。最后，以高考题作为课外练笔作业，体现了选题的"经典性"，也更合乎作业的本质。

遗憾的是，由于时间关系，最后留给学生展示非常有限，更多的是教师代学生操刀了。可能在授课容量上还需要再做适当的精简和调整，以保证留给学生更多的思考时间。

三、观教者言

写作一篇论述文，老师们经常告诫学生可以从三个问题去切入思考，即"是什么""为什么""怎么做"。似乎回答清楚这三个问题，一切的思维困境都可迎刃而解。但关键是即便学生对这三个层级了然于心，但若要进一步深究下去，却又常常陷入不知所措的境地。

以"是什么"为例，当我们要去回答"是什么"的问题时，就是要对文题中的关键概念做出诠释，但学生往往只能以一句话下定义作结，不懂得如何进一步生发、诠释。此时，我们就需要提供更多有效可靠的"支架"来解决"是什么"的问题。这其中，"拆词组词法"即是最有效可靠的"支架"之一。

"拆词"，即把一个核心"词"拆解成若干个"字"。"组词"，是在拆词的基础之上对各个"字"的内涵进行扩展、重组。"拆词"是"组词"的前提，"组词"拓宽了原词概念的外延，最终的指向是尽可能地发散写作主体的思维，从而形成个人的论述观点。

从技法难度来看，"拆词组词法"操作简单、通俗易懂，学生往往在短时间内就能明晰此法。从写作效果来看，"拆词组词法"带来的是更清晰准确的概念和更强烈的语言感染力。

本节课，王则璎老师围绕关键词"网红"展开教学。在导入环节，先从当前校园热点中选出两个典型事例，两个事例的主人公，一个是从本校毕业四五年的留学生学长，一个是在校的高三老师。时空的近距离，让学生对"网红"的概念不再遥远，反倒变得可亲、可近、可感，这也成功唤醒了学生的写作激情。

在课堂实施过程中，王老师充分尊重学生的主体地位，课堂活动紧紧围绕学生展开。谈看法，作诠释，明概念，区分异同，总结性质，步骤清晰，课堂干脆利落，环节安排紧凑。从概念的外延到内涵的辨析，利用"拆词组词法"来授人以渔，并适时点拨，对学生认识的提升起到了关键作用。

综观整节课，以"网红"作为写作教学的切入点，条分缕析、深入浅出、层次清晰、讲解生动风趣，学生一定会受益匪浅。确定概念、诠释辨析、拆词组词、由浅及深、简单易学、实用有效、可操作性强。接着学以致用，对作文材料中"孤独"的解析，这是方法的迁移，使本课要说的诠释方法得以强化和巩固。王老师自信、从容、独具匠心，体现了执教者对论述文写作教学的认识，表现了很好教学素养。

四、学生习作

"网红"顾名思义就是网络红人，专指那些在现实或网络中因某事或行为而被关注继而走红的人。然而社会大众对"网红"定位往往是贬义词，认为他们走红靠的是低俗的内容，这种"网红"的命运往往是昙花一现。真正的"网红"应该要肩负起相应的社会责任，用优秀的内容创作为社会创造价值。因为网红是网络上的名人，影响力大，所以要肩负起使命与责任，在行为上坚守底线，在内容上考虑影响，在道德和法律上不背离，只有这样才能红得长久，红得健康。

【教师点评】

该学生能够从"网红"的定义入手，分析现象，分析原因，并将正面网红与负面网红形成对比，赋予网红正确的使命，进而再提出建设性的意见，可见是在全面理解了这个概念之后的全面深刻的思考。条理清晰，分析得当，建议合理。

由表及里：明晰概念，理性说理

执教者：王则璎　观教者：包建新

一、教学实录

（一）导入

今天非常高兴和同学们一起探讨论述类文章写作。

最近有一个词语在网络上掀起狂欢，热度甚至碾压"双 11"，那就是"中年油腻"。围绕这个话题，大家展开了许多讨论，如"中年油腻的十大标准""如何避免中年油腻""快速逃离'中年油腻'十大法宝"等。看到这些内容，同学们是否会有些疑惑，究竟什么是"中年油腻"？

（二）明晰概念

1. 学生谈对"中年油腻"的理解

"中年油腻"这个组合有些陌生化，但既然形成了这种说法，说明"油腻"和"中年"还是有一定关系的。那么就请同学们结合"中年"和"油腻"来思考一下，你觉得什么是"中年油腻"？

（大叔；很胖；肚子很大；饮食不健康；喜欢吃油腻的东西；头发很油；衣服很脏……）

同学们都结合"油腻"这个词语的含义展开了自己的联想，大都侧重于外在形象和生活习惯等方面。

2. 看网友文章

让我们再看几则网上材料。

【材料 1】"中年油腻"的几条标准

（1）鼻毛外露、大肚直挺，在家穿秋裤当家居服，手托保温杯。

（2）爱听草原歌曲喜欢怀旧，追忆从前，动不动教育晚辈。

124

（3）家里老是珍藏普洱茶茶饼并吹嘘，喝茶就喝茶，硬要讲茶文化。

（4）手腕戴串、脖子上戴大金链子，车身上喷"国家地理""越野 e 族"等标志。

（5）腰带上挂一串钥匙，手机上装着左右翻开的皮套。

【材料2】

某网友说："中年油腻可能代表了一种放弃的态度，不管是在身体上还是精神上。"

这些材料让我们对"中年油腻"又有了哪些更深的认识呢？

其实网络上谈"中年油腻"的标准有很多版本，大家这里看到的是精简版，或者说是靠谱版。即便如此，大家也应该能够发现这里有些内容的荒唐可笑了，比如皮带上挂一串钥匙，手机上装着保护套，网上就有人调侃，看到这一条后，马上就把手机壳摘了，结果下一秒手机就摔碎了，还有的人马上就把钥匙从皮带扣上摘下来，结果放哪里也就找不见了。本来"中年油腻"现象只是属于一部分人，可是似乎这种硬性的贴标签便使得一大波无辜的中年人躺枪，人人自危。所以网络上有些东西可以帮助我们理解，但有些东西也可能是误解，这就需要我们具有明辨的智慧，或者这个时候需要另一些东西帮我们进行匡正了。

比如，"油腻"的对立面是什么？不油腻又是怎样的？或者我们能不能想到一些人，不分年龄段，不论男女，不管职业，压根儿就不会跟油腻挂上钩，比如游泳健将傅园慧，使出"洪荒之力"为国争光，又如演员吴京，对待每一条拍摄镜头都精益求精，哪怕再危险也从不含糊，再如这位这位白发苍苍的老者——中国工程院院士刘先林老人，78岁高龄的他一身朴素，将近4小时的车程一直在修改演讲稿，被称赞为"高铁二等座最贵的客人"，大家都知道这个贵与身价无关，而是品质的高贵，再来看看他的书桌，不得不说更让人震撼。可能有些人就是不在乎物质，因为他拥有着物质所无法匹敌的精神财富。

当我们去形象地感知"油腻"的对立面时，我们会对这个概念有更深层次的理解。接下来，请同学们综合前面的思考，可能需要合并相同的内容，再选用更具有代表性的词语来表达，可能需要结合理解的层次进行一个排序，不管怎样，请大家形成一句话以表达你所理解的"中年油腻"，动笔写在纸上。

我认为，"中年油腻"是一部分中年人在事业、经济、人际有一定基础后滋生的圆滑世故、自我膨胀、不思进取的状态。

至此，我们应该已经对"中年油腻"这个最初让我们疑惑的概念有了自己的理解。那么我们得出的这个理解究竟怎么样呢？还满意吗？日常同学们想要知道一个概念会选择什么方法呢？可能会去查百度百科。那我们就来看看百度百科对"中年油腻"怎么说。

油腻中年，网络流行语，其中所谓"油腻"无非就是一些让人看着讨厌不招人喜欢的特质，该词多形容那些油腔滑调，世故圆滑，不修边幅邋遢不堪，没有真正的才学和能力又喜欢吹嘘的中年人。

这个对"中年油腻"的理解怎么样？相比之下，很多同学的表达都胜于百度百科。那么请大家思考并梳理一下自己形成这个理解的过程，我们是如何让这个陌生的概念逐渐清晰的。

3. 小结

也就是说，我们要明晰一个概念，要尽可能多地占有材料，疏理现象，寻找共性，找出最本质的属性，再从相反方向去寻找它所缺失的属性，从表象到本质逐层明晰"中年油腻"的概念。这既是明晰概念的方法，也是认识社会，提高思维能力的根本途径。

（三）理性说理

那么我们得到这个明晰概念之后可以做什么呢？

孔子说："名不正则言不顺"，这里的名就是概念。徐贲说："具有说服力的说理必须遵守清楚定义和概念准确的原则，否则就会给人造成支吾搪塞、故弄玄虚、耍滑头的不良印象，不可能起到说服别人的作用。"

也就是说我们得出"中年油腻"的概念，意义就在于基于这个理解展开清晰的理性的说理。那么我们要说什么理呢？请同学们再来说说看。

我们抛出了这么多问题，抛出问题的过程就是同学们思考的过程，就是我们的思维逐渐走向理性，逐渐走向深刻的过程。有了问便可以思考，答案在同学们的讨论中寻找。接下来，请同学们分组活动，围绕"中年油腻"展开说理，每组形成一段文字成果，稍后我们进行展示。

学生成果展示。（见"学生习作"）

（四）总结

"中年油腻"这个话题近期的确是引起了舆论狂欢，大多数人的看法和我们刚才的分析差不多，但是也存在着一些不同的声音。比如他们认为，很多人嘲笑中年人油腻，却没有看到这些油是怎么一层一层糊上去的。人到了中年，变得油腻，是因为有想要守护的人。肩上有担子的时候，脸上是不是清爽不再重要，因为他有更在乎的东西。很多人嘲笑中年人忙到麻木不修边幅，觉得他们无趣不浪漫，却没有看到他们的疲惫和付出。有句话说，哪有什么岁月静好，不过是有人替你负重前行。每一个认真生活的人，即使油腻秃顶，肚腩凸起，都不应该沦为舆论嘲讽的对象，都依然值得被认真对待。所以，别嘲讽油腻的中年人了，他们才是真正的强大。

不管是哪一种说法，都要建立在对"中年油腻"这个概念相对准确深刻的理解上进行。而相比于网络上众多要减肥要运动要养生的警惕"中年油腻"的说法，我很欣慰同学们会透过"中年油腻"的概念去探知现象的本质，并表达了自己的深入的理性的思考，形成了理性的说理。也就是说，当我们洞察到概念的更深层理解时，我们的立意、分析、说理自然而然就上升到了一定的高度。

概念是逻辑思维的起点，概念的清晰是理性思维的前提。没有清晰的概念，思维注定是模糊混乱的。

——欧阳林《批判性思维与语文教学》

清晰的概念对于任何一种理性、逻辑的说理都是必不可少的。

——亚里士多德《修辞学》

希望清晰的概念能成为同学们论述文中不可缺少的一部分，并且以此为起点，理性说理，写出充满理性智慧的文章。

二、执教者言

本节课的教学思路如图 2-12 所示。

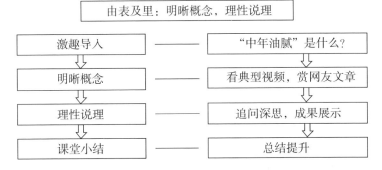

图 2-12　教学思路图

"中年油腻"是一个距离学生较远、令学生摸不到头脑的一个词，理解上的难度必然会增加写作上的负担。由此将写作的重心转向对这个核心概念的明晰上就显得尤为重要了。

对一个概念的理解，要经过由表及里的过程，才能更加全面更加深刻，这堂课便是基于这一点展开教学的。在教学过程中，我明显觉得有些吃力，因为学生对这一块内容的经验十分浅显，所以探讨起来有些困难。但是随着我所提供的材料的逐渐丰富，我也能够感觉到学生的理解范围在逐层扩大，最终达到了一个相对准确深刻明晰的概念，这也是成功的。学生如果面对一个相对来说较难的概念，能够运用这种方法来理解明晰，那么日后遇到难度降低的概念便不在话下了。

三、观教者言

现在社会上特别是网络上，热词频出，譬如"燃""灰""霹雳""油腻"等，这些词语的用法有别于常规的语法和语义，人们在理解上有　定的困难。对于这一类词语概念的明晰，学生需要尽可能多地占有材料，梳理现象，寻找共性，找出最本质的属性，再从相反方向去寻找它所缺失的属性，从表象到本质逐层明晰了这类词的概念。这既是明晰概念的方法，也是认识社会、提高思维能力的根本途径。

四、学生习作

曾经青涩忧郁的少年如今被炮轰为中年油腻大叔，这绝不仅仅是因为他们挺着发福的身躯、手腕戴串、脖戴金链、腰带钥匙串的外在形象，还因为很多人粗俗无礼、缺乏修养，更因为这类人身上常常体现出圆滑世故、自以为是、不思进取、缺了灵气的懈怠状态。

如何避免陷入或逃离"中年油腻"的窘境，"奋斗"应该是最好的方法。人生没有停站，现实永远是一个出发点，无论何时何地都不能懈怠，因为只有保持奋斗的姿态，才能证明生命的存在。也有人说，其实从来没有什么中年油腻，只不过是油腻的人变老了。所以正值青春的我们，更应该内修德行君子志，外端行止正义身。为了不要让未来的自己活成我们现在所讨厌的人，就让我们将奋斗进行到底。

【教师点评】

该学生围绕提出问题、分析问题、解决问题的过程来推进论述，条理清晰。在论述分析中，他能够以"中年油腻"的概念为核心，运用"不仅仅是……还因为……更因为"的句式，逐层递进，从表象深入到本质，引出自己深刻的见解，继而从个体上升到整体，论述该如何对待人生，最终又回归到自身，彰显出准确鲜明的人生观、世界观、价值观，非常值得肯定与赞赏。

看透对手：论述中应有的读者意识

执教者：杨瑶瑶　观教者：包建新

一、教学实录

（一）导入

师：上星期，我们结束《知其不可而为之》这个单元的学习后，我给大家布置了一份课后作业：

（PPT 展示）

发挥想象，扩展课文内容，构思一篇微型小说。可以挑一个章节进行创作，也可整合多个章节。

师：我看了同学们的作品，发现很多同学都选择了"楚狂接舆"这一章节，比如这一篇：

（PPT 展示）

今日有些烦闷，于是我决定出门寻酒吃。酒是个好东西，能解千愁。一顿好酒菜下肚，我一身痛快，便踏上回家的路。你说巧不巧？我居然与仲尼碰上了！我老远就瞧见他弟子驾着马车迎面而来。说实在的，仲尼当真是个死脑筋。如今乱世，世风日下，礼崩乐坏，人人避世。独独他，四处奔波游说，你说何苦呢？倒不如今朝有酒今朝醉，图个自个儿痛快。许是酒劲上头了，经过仲尼车旁时，我唱着："凤兮！凤兮！何德之衰！往者不可谏，来者犹可追。已而！已而！今之从政者殆而！"

话音刚落，便见仲尼的车子停了下来，他从车上下来要同我交谈。那可得了！仲尼一定会搬用他那大道理来堵我的嘴，万一他还要劝我入世怎么办？罢了罢了，快点脱身才好！于是乎，我便急行避开。身后寂静的小道上，响起渐行渐远的马蹄声，似乎还飘着一声叹息。

师：这位同学用第一人称，以接舆的视角描述了这场"有始无终"的对话，真实亲切。人称的选择不知是否代表了作者的立场？还有一部分同学让孔子有机会向接舆当面表达自己的观点，但最终接舆还是坚持己见，扬长而去。我想问下这些同学，这是否代表着你们赞同接舆这类隐士的处世哲学？

（教师点名）

生1：我就是觉得接舆肯定不会被说服的。（生笑）

师：原来你是基于对人物形象的把握和理解进行构思的。那如果你处在当时的社会环境中，你会选择和"孔子"一起"一匡天下"，还是和接舆一起"处江湖之远"？

生1：和接舆一起"处江湖之远"。

师：看来我猜得没错，你打心底还是赞同隐士的处世哲学的嘛。（生笑）

生1：不是的，不是的。我虽然选择站在接舆这一边，但是心底还是赞同孔子"知其不可而为之"的做法的，只是我觉得我没有勇气。

师：具体说一说。

生1：大部分人都是"知难而退"的吧，毕竟普通人都比较现实，容易在追求理想的路上选择放弃。

师：我敬佩你的坦诚。你的坦诚也让我再次感受到了孔子这一选择的悲壮。有没有同学是打心底赞同接舆这类隐士的处世哲学的？

（有几位同学坐在座位上脱口而出："有！"）

师：似乎不多，大部分同学还是赞同孔子的。接下来请第一大组中赞同孔子的同学站起来，记得带上纸和笔；赞同接舆的观点的同学留在原位不动。其他各组赞同接舆的同学带上纸和笔和第一大组中赞同孔子的同学交换位置。

（让相同观点的同学坐在一起，以便交流和讨论）

师：我们今天的课堂任务是写一封信。孔子安顿好以后，接舆的话一直在耳边回荡，他想通过信件的方式说服对方，表达自己的心迹。假设孔子和接舆可以通信，他这封信会写些什么呢？

师：这一组的同学以接舆的身份给孔子写一封信：白天匆匆一别，唱的歌也比较含蓄隐晦，回到家想了想，还是说明白些好，希望他悬崖勒马。那这封信又该怎么写呢？

(二)确定观点，初步论证

师：今天这节课，我们暂时抛开信件的格式，主要思考这封信的内容。这个主体部分相当于要我们写一篇什么文体的文章？

生2：论述文。

师：为什么？

生2：因为是讲道理的。

师：嗯，你呢？

生3：我也觉得是论述文，因为要说服对方。

师：我赞同你们的看法，主体部分相当于写一篇论述文，那我们再来给它们分别定个主题或者说是论点。"孔子"要写的这部分可以围绕哪个论点展开？

生4：知其不可而为之。

师：可以的，那"接舆"要写的这部分你觉得可以围绕哪个论点展开呢？

生5：知其不可而不为。

师：嗯，可以。我给大家一个参考。接舆作为隐士，是属于道家的，道家的代表人物庄子曾有言："知其不可奈何而安之若命，德之至也。"你们也可以用"知其不可而安之若命"作为接舆方的论点。现在请你们将各自的论点居中写在本子上。

（学生将观点写在课堂练习本上）

师：好的！接下来要论证自己的观点了。你会从哪几个方面来论证自己的观点呢？请同学们边思考边列提纲，以便表达的时候可以思路清晰，有条不紊。

师：好的，准备时间已经到了。我们先来听听，面对楚狂人"接舆"，孔子会怎样进行说服。哪位同学来说一说？

生6：我会从三个方面说服接舆。第一，当今社会礼崩乐坏，人民处于水深火热之中，你的这种安之若命，表面上看是识时务、知进退，其实就是没有担当的逃避行为；你如果不承认，那就是自欺欺人的掩耳盗铃者。我无法唤醒一个装睡的人。（生鼓掌）第二，如果没有第一个吃螃蟹的人敢于尝试，我们可能到现在都不知道这个长着硬壳的"怪物"原来肉质这么鲜美。如果每个人都要等确定可以做了再去做事，那谁来开创这个让我们确定可以的局面呢？（学生起哄：那时候已经知道螃蟹可以吃了吗？）第三，人活着的意义是什么？我认为是过程而不是结果，如果你这辈子都等不到"可"的局面，就让自己的才华在这荒野间埋葬吗？所以，不应该是"知其可与不可"再决定去做还是不做，而是只要你认为自己要做的事是该做的、正确的，哪怕暂时的客观条件不允许、做不了，我们也要寻找条件去做。不论结果如何，奋斗过，努力过，我们就没有遗憾。这才是活着的意义。（生鼓掌）

师：好的，谢谢！讲得非常好，如果情绪再收一下就更好了。（生笑）咱们说"晓之以理，动之以情"，那两句"你如果不承认，那就是自欺欺人的掩耳盗铃者。我无法唤醒一个装睡的人。"言辞太过激烈了些，可以怎么处理呢？

生7：这一句删掉。（生笑）

师：好的，我们暂且删掉，但是这个问题保留，我们看看有没有更好的解决方案。我们来分析一下刚刚这位同学的说理过程。他一上来就先指出对方观点的不合理之处，这在论述文里有专门的称呼："破"

（板书：破——没有担当的逃避行为。）

师：第二点和第三点都是在说明"知其不可而为之"代表着敢于为先的勇气，是一种积极的、有意义的人生态度。这在论述文里有专门的称呼："立"

（板书：立——敢于为先、重在过程、积极向上）

师：关于这个吃螃蟹的问题，我们现在再追加一点：我们不过分追究这些细节，而是直接假设孔子和接舆是穿越到今天继续对话，所以，大家说话无需顾及"历史问题"了。下面我们来听听接舆方的说法。你来说一说？

生8：我还在思考和整理。听了刚刚那位同学的发言，我又有了一些新的想法，所以还得整理一下。

师：非常好，这说明你不仅听得认真，还主动思考。那你继续，我不打断你的思考。我们请另一位同学先来说一下。

生9：明知道不可以了，为什么还要去做呢？这不是浪费时间吗？我觉得这道理很简单。（生笑）

师：是啊，但有时候我们觉得简单的道理，对方不一定能理解，所以关键在于怎么把我们认为简单的道理给对方讲透。我们现在摸索的就是这条路的门径。你可以再想想。我们请另一位同学来说说看。

生10：首先，我希望夫子你一定要看清楚现实：这不是普通的乱世。礼崩乐坏，天下弱肉强食，我们每个人都朝不保夕，都随时有生命之忧。夫子你福大命大，经历的几次生死最后都化险为夷，但是谁能保证你一直会有这样的好运气？你以为"知其不可而为之"是坚守理想，但是如果最后连命都没了，你的理想又何处安身？其次，我们隐居起来，不是再也不会出来了，是想等着这个世道可为的时候再出来发光发热，这有什么不好呢？为什么一定要冒着生命危险做无用功呢？这可能到最后连东山再起的机会都没有。

师：好的，这位同学从两方面论证自己的观点，和刚刚夫子方的代表一样，也是先破后立。

（板书：破——以卵击石，得不偿失　立——养精蓄锐）

（三）弄清对手想法，补充论证

师：听了刚刚两位同学的表述，有没有同学要改变立场的？如果有，可以交换位置。

生（异口同声）：没有！（生笑）

师：竟然都没有。那等一会儿我要检测下大家。如果即使对方的来信内容写得条理清晰，掷地有声，你也丝毫不为之所动，那就代表你不赞同对方的说法；如果你继续回信，我想听听你怎样一一进行反驳。给大家两分钟准备的时间，你们可以把关键句子记下来，确保等下发言没有遗漏且条理清晰。

（两分钟时间到）

师：现在请奇数桌的同学向后转，前后桌交流、讨论一下，两分钟后呈现你们集体智慧的结晶。

（两分钟时间到）

师：好的，时间到，接舆方先说还是孔子方先说？

（接舆方有同学起哄推举一位同学）

师：好的，请接舆方的代表发言。

生11：夫子，首先今天我们说的是在"知其不可"的客观事实下的选择。"滔滔者，天下皆是也谁得以易之……"既然知道没法改变，"安之若命"又怎么是逃避行为呢？这是识时务、知进退，不作无谓牺牲。其次，我当然赞同你说的活着的意义，但是如果明知朝着这个方向奋斗是没有结果的，却还把宝贵的时间耗在上面，最后竹篮打水一场空，这就是你理解的活着的意义吗？我倒是觉得，人这一辈子，有意义的事情不只一件，如果在此事上行不通，就改变方向，去做行得通的事，这才是不枉此生啊。坚持理想是对的，但是当理想不可能实现的时候转变一下，在另外的地方收获，这是不是也是一种积极乐观的态度呢？最后，第一个吃螃蟹的人，他做的这件事不是"不可"，而是不知"可为还是不可为"，因此，这件事和我们的选择是没有可比性的。

师：你能针对刚刚"孔夫子"说的三点一一进行反驳，有条不紊，很好！围绕对"不可"的解读来回应"孔夫子"的质疑，非常具有说服力。

（板书：驳——圈出板书中的"不可"）

师：下面我们来听听孔子方会怎么说。

生12：接舆，你说你要等到社会"可为"的那一天，你要等待东山再起的机会，但这些是靠等来的吗？是周文王、周武王成就了"文武之治"，还是"文武之治"成就了周文王、周武王，我想这个不用我说你也明白吧？你说我随时可能会死。"人固有一死，或重于泰山，或轻于鸿毛，用之趋异也。"人生意义和价值本来就不是用活着的时间长短来决定的，这一点，你不否认吧？今天我们要做的是让天下从"无道"进入"有道"，解救天下苍生于水深火热之中。即便为此付出生命，我也是无怨无悔的。

师："有的人活着，他已经死了；有的人死了，他还活着"的境界。

（板书：践行高尚的理想，虽死犹荣）

师：同学们能用这么短的时间组织语言，说出这么有力的论述，真是让我惊喜。我想知道刚刚这两位同学的陈述是怎么得出来的？是第一次发言的时候没机会说的同学那汇总过来的，还是后来想到的？

生13：就是根据刚刚两位同学说的然后想怎么去反驳，大家都说说自己的看法，然后把有说服力的内容汇总后整理出来。

师：好，那你呢？

生14：也差不多。

师：这对我们平时的论述文写作有什么启发？

生15：同学们平时可以多讨论，这有助于我们思考。

师：嗯！那考场作文呢？

生16：平时讨论多了，考场作文思路就有了。

师：这个怎么解释？

生16：就是养成习惯了嘛。

师：什么习惯？

生16：就是说服人的习惯。

师：我们一起来回忆说服人的过程。两个人在争论，甲表明自己的观点，乙不同意，会怎么样？

生17：反驳他。

师：反驳甲，再将自己的观点立起来。乙说完了，甲如果还是不同意，那就会继续反驳，这样一来一回，我们的思考就走向了……

生18：全面。

师：可以，或者说深刻。好的论述文要具备两个条件，第一个是"耐驳"，第二个是"动听"。这节课我们要学习的正是"耐驳"。如何做到这一点呢？除了在日常生活中可以经常就一个问题与同学进行争论，同学们也可以假想出一个和你执相反观点的"对手"，想象一下他是怎么想的，他可能会如何反驳你。我们常说，写文章要有读者意识，那么你写论述文的时候，你就应该把读者想象成你的……（停顿，观察学生反映）（学生虽然表述不同，但方向正确）很棒！就是和你执不同观点的人。

（板书：看透对手，论述中应有的读者意识）

师：论述文写作，同学们一定要弄清楚对手在想什么，他们会如何论证自己的观点，他们又会如何反驳你的论证，这样才能一步步将自己的论证推向深刻。

（板书：耐驳、对手、看透）

（四）自由争论，深入探讨

师：那现在请正反方同学分别立足于刚刚两位同学的陈述，对对方进行反驳。给大家两分钟时间组织语言并写在课堂练习本上，然后开始自由争论，我不参与。

（两分钟后）

师：好的，谁先发言？

（1位学生被推荐）

生19：接與，你我一起穿越到今天，你看到在天上飞行的飞机了吗？（生笑）你看到在马路上飞驰的汽车了吗？你看到跨越长江的大桥了吗？这些东西，当年的我们敢想象吗？如果当年有人和我们描述这些东西，我们会认为它"可"吗？恐怕一定会认为这个人是疯子！"知其不可而为之"这句话中的"可"与"不可"，应该是做了以后才有资格说，而不是没做之前就判断。在我看来，你们是把觉得做起来难的事情就判定为不可，而在等待有百分百把握的事情，这是懦弱的表现。

生20：只要方向是对的，应该做的，即便困难重重，我们也都应该去坚持，去尝试。如果大家都等着有百分百把握的时候去做，这个时机也不会空降啊，总要有人去做的。就像现在的环保问题，现在我们的环保意识还不是很强，你一个人坚持的时候，可能还会有人笑话你："傻啊，就你一个人这样做又能怎么样？"正是因为大家都这么想，我们的局面才这么尴尬。如果大家都不去想别人到底有没有做到，也不去想我这么做到底能不能改变局势，只问自己这样做对不对，对的就去做，那局面就不是现在这样了。

生21："天下有道，丘不与易也。"正是因为礼崩乐坏，所以才更需要我们出来挽救这个局势。如果天下清明，那我们反而可以放心地过逍遥自在的隐居生活啊。

师：不好意思，我打断一下，接舆还在不在，怎么不发声了？（生笑）

生22：夫子说的很有道理，但太过绝对了。人的有些预判还是准的。你周游列国这么多年，最后不还是落魄而回吗？这个过程还使你失去了好几个得意弟子，不心痛吗？如果你一早看清形式，带领弟子著书立说，专心授课，可能你留给后人的文化财富远不止这些。你这是非撞南墙才回头。

生23：这就是你我今日地位悬殊的原因。我撞了南墙，名垂千古，万世之师，而你只是被大家贴了一个"楚狂人"的标签。（学生鼓掌）

生24：虽然我周游列国失败，我至死都没等到天下恢复礼制的那一天，但是我的努力还是使我在死后继续影响了几千年，（下课铃响）这就是我"知其不可而为之"最有力的证明。

师：一节课的时间有限，同学们可以课后继续交流。今天这节课，让我们找到了一条写论述文的门径：预想出和自己持相反观点的对手，试想一下他会如何论证他的观点，又会如何反驳你的观点，看透对手，从而让我们的论证走向严密和深刻。这也就是我们所说的论述文写作中的读者意识。在这节课讨论的基础上，假如在期中考试中遇见这样的考场作文，大家是不是就心中有底了呢？

（PPT 展示一份练习）

作文（60 分）

阅读下面的文字，根据要求写一篇不少于800字的文章。

庄子为人处事的原则是"知其不可而安之若命"，而孔子与之相反，"知其不可而为之"。你更赞同谁的处事原则呢？

请根据你的认识和理解，联系自身及社会生活实际，写一篇论述文，题目自拟，不要套作，不得抄袭。

师：课后请同学们就你的观点，结合课堂我们讨论的，按要求写一篇不少于800字的论述文。写的时候，要心中有读者，你的读者是……

生：和你执不同意见的人

师：对。下课！

生：老师再见！

师：同学们再见！

二、执教者言

本节课的教学思路如图 2-13 所示。

图 2-13　教学思路图

(一)创设写作情境，克服畏惧心理

叶圣陶说："写作原是说话的延续。"那为何我们的很多学生"谈作文色变"？我想这和我们长久以来随便抛个作文题或一段材料就让学生写是大有关系的。我们只注重结果，却忽略了过程。如何让写作变成说话的延续，让一切自然而然发生，水到渠成？情境的创设是一个可行的办法。朋友圈留言，这是学生日常常做的一件事，这样一个情境，让学生愿说、可说，畏惧心理消解于无形，话匣子就很自然地打开了。

（二）设计教学环节，推进思维发展

从一句话留言表明立场到初步论证再到补充论证、自由辩论，学生的思维随着教学环节的展开一步步推进。说理，是论述文的核心和灵魂。但是，由于处于高中阶段的学生认知能力和思维能力层次较低，看问题存在很多局限，说理能力也就薄弱了，他们写出的论述文主要存在以下几个问题。第一，思想肤浅。由于对生活缺少观察、体验和思考，学生看问题表层化、浅显化，不会思考和分析，更没有辩证分析问题的能力。第二，缺乏自我。这可能也和过往的教育多注重识记，多强调集体的声音而缺少个性的培养有关，有的同学习惯人云亦云，习惯盲从，很容易受别人和环境的影响，缺少独立思考的能力。第三，盲目偏激。这个年龄的学生对很多事情一知半解，缺少辩证分析的能力，容易一叶障目，出语绝对，表达观点不留余地，以为非此即彼，结果导致偏激。而这些问题的解决有赖于老师的教学设计以及课堂的有效引导和及时点拨。

（三）以说促写，变换教学方式

"知之者不如好之者，好之者不如乐之者"，在教学中，我们要根据实际情况确定教学方式，激发学生的主动性，比如辩论激趣。"阅读使人充实，会谈使人敏捷"，辩论不仅能使问题明晰化，同时还可以锻炼学生的思维。但是，我们也要防止单纯的标新立异，为辩论而辩论。课堂的辩论应该是基于学生产生了不同观点，双方又有强烈的表达欲望的基础，自然而然地发生。在辩论的过程中，教师不是完全退居幕后了，因为学生受思维能力的限制，辩论过程中可能会偏离核心，这时教师要及时点拨，保证辩论的质量，让学生的思维能力得到培养，思维的独立性得到展现，说理能力得到提高。

三、观教者言

近几年来，高中生思辨能力的培养越来越受重视，"如何写论述文"一时间又成为语文教学界热点。"引论—本论—结论""叙—析—评""引—议—联—结"等各种类型的思维路径为学生的论述文写作指点迷津。但是这些思路只是行文的"法"，是达成写作目标的手段，却不是写作目标本身。如何让自己的思考走向深入，如何让自己的论证更有说服力，这才是写好一篇论述文至关重要的问题。

1935—1937 年，夏丏尊和叶圣陶两位先生精心编纂了一部极具创意的语文课本——《国文百八课》。他们在《议论文的主旨》这一讲中说道："凡是文章都以读者为对象，都有读者的预想。议论文的读者和别种读者性质颇有不同，议论文的读者一种是敌论者，一种是审判者。我们写作议论文，情形正和上法庭去诉讼，向对方和法官讲话一样。"

杨瑶瑶老师的这个课例，正是在实践夏、叶两位先生的理论。学生写作论述文时，如果能预想一个敌论者，肯定能使自己的论证更加透彻有说服力，也就能够避免思考简单化、浅显化，从而使自己的论证走向深刻。

四、学生习作

怀赤子之心以向远

冯骏潇

"我在妙不可言的等待中，等待随便哪种未来。"读纪德的《人间食粮》时，这句话给我的震撼无以言明。青春正好，来者如何，不必瞻前顾后，生怕行差踏错。趁"一事能狂便少年"时，我愿做生命的勇士，奋不顾身地去追逐心之所向，哪怕深谙前方是无底深渊，走下去，也是前程万里。

孔子的"知其不可而为之"是我所见的最浪漫的悲壮；屈原的"举世皆浊我独清，众人皆醉我独醒"是我所闻的最狂傲的血性。面对世之涛涛，面对"何不漏其泥而扬其波"的诘问，有人选择做"避世之士"，远离心之痛处而自醉于桃花源；有人却选择醒着，挺住，以理想为己任，纵使已知"道不行也"，依旧素履以往。前者数不胜数，留下的惬意南山种豆令无数身陷囹圄的人神往，而隐士，终究流于泛泛。后者，也就是那常常被谓之以"不得善终"的那几个狂人，他们或许只在历史里昙花一现，但也正因他们在黑暗中依然选择绽放，他们留下来的，那不问前程，只问己志的无畏精神才一点点聚集，照亮了更多满心志向的后人的眼睛。

朱光潜曾言，"以出世之精神做入世之事业"。窃以为所言极是。拥有一颗赤子心，对生活永葆热情，现实可能会泼给你很多冷水，但哪怕最终你并没有达到远方，你回过头，依旧会笑着说，不曾荒废时光，亦不是碌碌无为之辈。我于理想，问心无愧。这或许就是我所谓的做人处世的原则，坚定地坚持自己的立场与梦想，哪怕飞蛾扑火，我亦感到充实。

而安之若命，这是选择接受现状。认清现实需要勇气，安之若命也需要一定潇洒的资本。这或许是一种可以让自己活得自在一点的态度，毕竟人生一世，草木一春，接受现实，做好自己也算如意顺遂。但是，比起接受，我更愿意去拼一次。罗曼？罗兰说："真正的勇士，是在认清世界的真相后，依然热爱生活。"我接受现实，但是我愿意鼓起勇气为惨淡的现实做出一点哪怕无所帮助的努力。因为心之所向是赤诚一块，既已有梦，便无关风雨，只管砥砺前行。陶渊明知不可，依旧在五斗米前挺直脊梁；海瑞知不可，依旧杖责达官之子除民害；秋瑾知不可，依旧放下女红举枪而行；闻一多知不可，依旧在反动派枪口前振臂呐喊……到了今天，我也愿怀赤子之心以向远，与理想为伴，不问来者，只求心满意足。

此生如逆旅，我亦是行人。愿以热忱，在现实种种中不忘心之所向，纵步以往精神快乐的彼端。

【教师点评】

学生说："有了读者意识以后，我觉得自己写论述文时的'好胜心'和'焦虑感'都没那么强烈了，反而能静下心来，像和知己好友谈论问题一样缓缓道出自己的想法，写作时更从容，也更有话说。"这篇文章就很好地体现出了学生的这种写作状态。"破""立"转换，从容不迫，能在从容剖析"对手"想法的基础上道出自己的选择，本文非常充分地彰显了这位作者的胸怀和意志。

知其可而为之

梅 霖

听天由命，顺其自然，这大概是很多求而不得，或者不求而不得的人用来宽慰自己的话，仿佛不得是常态，是命中注定，仿佛将一切归于上天，自己便可卸去所有责任，但是对我而言，我始终相信，知其可，则必为之。

这话粗看上去与孔子的"知其不可而为之"大相径庭。因为既然知其可，为何不为。其实不然。在孔子心中，他的理想信念，他的治国主张是正确的，是能够被认可的。换言之，孔子的主张有"可"的希望，有被接纳的可能性。只是世事纷乱，多数人押在了"不可"的一边，所以在我看来，要为之，不是从客观条件上看要做的事可不可，而是要主观判断这件事可不可；从社会发展趋势上看这件事需不需，从人民利益上看，该不该。只要是可、需、该的，那即便客观条件还"不可"，困难重重，那也要坚定不移地去做。

如果人已经做到了知其可，那么"不为"就成了一件无理的事情。做事，尤其是做一些有远见、有前景的事，遭到质疑，受到阻碍，那是太正常不过的事了。如果仅仅是因为这些就止步不前，那么放弃就成了很廉价的举动，追求也化为奢望。成功本来就是一个冲破外界种种"不可"的桎梏的过程，改变所谓的"不可"比"知其可"这个前提更艰难，但也拥有更大的意义。

我始终认为信念排在命运的前面，这个顺序不是重要程度，而是时间先后。首先人要有一个催生欲望和行为的信念，其次人才可以谈命运。要去做，做到没有再留任何可以向前的余地，才配说明不由己。《礼记》里写道，尽力耕种无获才能说天要我断粮，药石已至无望才能说天要我丧命。

安之若命，顺其自然，这是竭尽全力后的不纠缠，而绝不是两手一摊的不作为。

人生路上总有荆棘坎坷，长路漫漫，或许前半生就用来寻找一个

"知其可"的目标，后半生就本着这个目标而为之。充实而不庸碌，不枉此生。

【教师点评】

思维在碰撞中产生火花。这位小作者在课堂讨论的基础上，细心地发现这"不可"是有主客观之分的，从而独辟蹊径，找了一个鲜有人想到的切入口进行论证，使得文章脱颖而出！

入情：让说理温和而周密

执教者：朱雪梅　观教者：邹兆文

一、教学实录

（一）结合情境，导出话题

师：前两天批阅大家的周记和随笔，读到王佳莹同学的文章，老师发现她正深陷苦恼，我觉得这可能是个普遍苦恼。昨天征得她的同意，今天我们把这个问题拿出来讨论讨论。她的苦恼是这样的：

（PPT展示）

今年暑假，妈妈终于学会了使用微信，她加的第一个好友就是我。我们常在微信上互动聊天，真的很开心，但随着时间的推移，我有些后悔了。妈妈喜欢与我分享一些励志养生类文章，我不喜欢，但只能佯装着回应；周末聚餐，我在朋友圈发美食，调侃了一句"发吃报复社会"，妈妈马上电话打过来让我别乱发反动言论，赶紧删掉；男同学送我一个小礼物，妈妈就叨唠学业第一，其他可以先放放……我是个热爱生活的年轻人，渴望在自己的空间里无拘无束地分享生活，但现在做什么事都不自在，感觉背后时时刻刻都有一双眼睛盯着我。无奈之下，我将妈妈设为了分组可见。但不久妈妈从小姨的手机里知道了真相，于是伤心沉默了好几天，小姨也责备我不该分组屏蔽妈妈。我有些愧疚，也很纠结，难道我做错了吗……

师：读完王佳莹的苦恼，老师现在来做个小调查。请问：你们的微信会加爸妈为好友吗？会的请举手。（大约九成学生举手）

师：那我继续问大家，你们会在朋友圈设置"分组可见"屏蔽爸妈吗？会的请举手。（大约六七成学生举手）

师：看来大家普遍对爸妈有防范啊！（生笑）同学们基本都加了爸妈

为好友，却只有小部分同学愿意向爸妈敞开朋友圈，看来王佳莹的做法并非个别，这个话题值得咱们来聊一聊。

（PPT 展示）

朋友圈该不该对爸妈设置"分组可见"？

(二)围绕话题，多维归因

师：朋友圈到底该不该对爸妈设置"分组可见"？大家的答案是什么？谈谈你们的想法。

生 1：我觉得应该。我也没想那么多，就是不希望爸妈看我的朋友圈，反正他们挺啰唆的，总是怕我不好好学习，所以我就分组了。

生 2：我也觉得应该分组。我爸妈是那种很严格的人，比较不喜欢现在年轻人说话做事的方式，我怕我发的一些内容让他们误会，所以分组了。

生 3：我跟王佳莹的情况比较像，爸妈老管着我，不自在，分组比较好，有些东西不适合让爸妈看到，感觉还是跟同龄人更聊得来。

生 4：我觉得不应该分组。我平时跟爸妈什么都会说，他们都很理解我。而且我基本不发朋友圈，微信一般都是用来聊天或者视频，所以用不着分组。

（板书：啰唆、怕误会、不自在；理解我、不发朋友圈）

师：我小结一下这四位同学的发言吧。对于"该与不该"，这四位同学的态度都很明确，也陈述了各自的理由，但我还是稍微听出了一点"简单随性"的味道。你们看，有三位同学表明了"应该分组"，他们的理由分别是"怕啰唆""怕误会""不自在"；有一位同学表示"不应该分组"，他的理由是爸妈"很理解我""我基本不发朋友圈"，所以"用不着"。这些理由当然都很真实，但似乎都显得有一点太简单。理由太简单说明什么问题呢？说明大家的表态也比较简单，大家对"为什么"这样做其实是没有考虑清楚的。比如你为什么选择就读回浦中学？答案肯定不是简单的一个原因，即使你的理由很简单，你的父母长辈也一定是经过多方权衡、反复比较、反复讨论后，方做出最后选择。在这个过程中，他们可能会考虑分数的问题、费用的问题、学校实力的问题、住宿的问题、食堂的问题、交通的问题等，而最后的选择往往是综合考虑的结果。你不能只靠一个理由就弄明白问题，你也不能只靠一个理由就说服别人，对吧？

师：现在请大家对照投影上的表格，重新权衡"该"与"不该"，可以小组交流，看能否给我一个深思熟虑后的答案。

（PPT 展示）

"分组可见"	原因 1	原因 2	原因 3	原因 4	原因 5	………
该						
不该						

（小组讨论交流 5 分钟左右）

师：现在我们看看同学们的讨论结果，注意先陈述观点态度，再陈述原因。

生5：我们的观点是应该分组，有三条理由：第一，微信本来只是个交流软件，朋友圈就是用来自由自在展示生活的地方，但很多时候爸妈都把它当成一个教育监管的地方，味道就变了。

师：这其实可以理解为是一种认知差异，父母和子女对微信的功能和性质理解不同，对吧？你接着说。

（板书：认知差异、监管说教）

生5：第二，我觉得父母就是父母，他们是我们的监护人，跟真正的朋友当然是不一样的，父母的身份导致他们很难像真正的同龄人那样和我们交朋友。

师：你补充了一点，那就是我们和父母的身份差异。

（板书：身份差异）

生5：还有就是代沟问题。他们听不懂网络语言，对年轻人之间的流行语也总是听不懂，觉得像"二货"这样的话很粗俗，常常会引起矛盾冲突，所以我觉得应该分组。

师：很好。代沟问题导致两代人之间总是理解错位，于是引起矛盾和冲突。请问还有小组愿意补充吗？

（板书：代沟、理解错位）

生6：我们组补充两点。一是父母过度关爱我们，总把我们当小孩子，这反而成为了我们的一种负担；第二就是我们的成长需要独立空间，我们不希望自己的个人世界被干涉太多。

师：你补充的这两点我非常认同。一个永远把你当小孩，一个拼命想长大，矛盾就来了。

（板书：过度关爱、维护个人空间）

146

师：正方还有补充的吗？（无人举手）那现在我们来听听反对方的理由。哪个小组愿意说说看？

生7：我们认为不该分组，有两个原因。第一个原因是我们觉得子女应该多为爸妈考虑，爸妈加我们为好友，并且想方设法地通过朋友圈了解我们的生活，这是关爱和责任的体现。而我们却用一个分组的动作把爸妈"推到门外"，这真的很不应该，爸妈会很受伤。

师：你描述的这个"推到门外"的情景很形象啊，大家觉得熟悉吗？一个总想进门来表达关怀，一个总想把对方推到门外。你能够反思这种行为，你的情商很高。请你接着说原因。

（板书：关爱和责任、不愿让父母受伤）

生7：第二个原因是我觉得网络时代的人们都是隔着屏幕寻求了解，放下手机就不知所措了，人们在网络时代逐渐丧失了面对面沟通的能力。正因为在现实中沟通不畅，长辈们才希望通过微信来了解子女，而网络上的沟通也依然受阻，我觉得很可悲。

师：我把你表达的意思整理一下，你看对不对？你谈到了网络时代的弊病，即年轻人失去了现实沟通能力，所以父母希望通过微信去了解孩子，所以我们不该把这条沟通渠道也切断，是吗？（生点头赞同）

（板书：想了解子女的世界）

生8：我们组可以再补充一下，就是对父母设置分组只会造成更多的疏远，甚至对抗。

师：其实你说的这一点是承着刚才的意思来说的，切断沟通，带来的结果往往就是疏远，甚至对抗。还有哪个小组愿意补充？

（板书：造成疏远和对抗）

生9：我们组想补充两点。一是因为父母逐渐走向衰老，我们要学会珍惜和感恩；二是不管时代怎么发展，孝顺父母的传统美德不能丢，虽然我们不需要像过去那样愚忠愚孝，但不能打着"独立自由"的旗号忘本。

师：看来少数派的思考力量完全不输多数派啊！你补充的这两点很有正能量。

（板书：珍惜和感恩、孝顺美德）

（附：板书）

• 应该"分组"，原因：

1. 认知差异。

2. 身份差异。

3. 代沟、理解错位。

4. 过度关爱、监管说教。

5. 维护个人空间。

- 不该"分组"，原因：

1. 关爱和责任。

2. 不愿让父母受伤。

3. 想了解子女的世界。

4. 造成疏远和对抗。

5. 珍惜和感恩。

6. 孝顺美德。

（三）情理分析，权衡比较

师：请大家看黑板，我们来小结一下。认为"应该分组"的，一共给出了 5 点原因；认为"不该分组"的，一共给出了 6 点原因。我从你们的脸上看到了愉悦的神情，你们对自己列出的理由感到很满意，对吗？（生微笑点头）大家发现没有，当我们尝试从更多的角度去思考问题，去归纳原因，我们的思考就不会停留在单一的层次，而是会变得更全面深入。理由充分了，我们说话就更自信了。

师：但我们现在把目光收回来，不要只看自己这一方的理由，大家也看看对方的理由，他们的理由有道理吗？我想请王佳莹同学来说说看，你看完黑板上所罗列的 11 条理由，你有些什么想法？

王：我觉得无论是哪一方，都有各自的理由，都说得有一定的道理……而且我觉得我以前看问题有些狭隘，没怎么从爸妈的角度考虑。

师：那你现在认为该不该把妈妈分组屏蔽呢？

王：有些不好决定了……我觉得还是应该分组吧，但我也会考虑妈妈的感受……我自己也有些做得不太好的地方。

师：你看，你刚才说的几句话就很缜密，像是在理性地思考问题，而不是发牢骚。我帮你分析一下。"还是应该分组"，这是表明你的观点态度，但这是在权衡了两种做法的利弊之后再做出的决定。"但也会考虑妈妈的感受"，这是承认对方的合理之处，承认对方不希望爸妈受伤的做法是可取的。"我自己也有做得不太好的地方"，这是自我反省，看看自己的做法有哪些不对的地方。用这样的思维方式思考问题，更像是在与对方"对话"，而不是"独语"。

（PPT展示）

让说理入理入情：

1. 我的态度＋这样做的理由是：①②③④……

⇩

2. 然而，对方的做法是否也有可取之处？

然而，我的做法是否也有瑕疵？

师：在日常生活中，我们看待一个问题，总是习惯于停留在思考的第一步，即表明我的态度，然后陈述理由，认为只要我把我的理由讲充分了就可以了。但这样做的结果往往不是形成"对话"，而是形成"对抗"。比如，有人说回浦中学很好，有人说不好，如果双方的目的只是为了证明自己的观点而完全无视对方，那多半说着说着就会吵起来，而且最终谁也说服不了谁。真理是相对存在的，许多时候问题是利弊兼有的，所以我们下结论既要"入理"，即充分说明自己的看法和理由，也要"入情"，即站在对方的立场上考虑对方的可取之处，同时还要反思自己，看看自己的说法有没有缺漏之处。这样想想你的好，想想我的不好，在你来我往之间，情感便产生了，我也把自己的道理给说明白了，这就是"入情入理"的表达。这是一种更理性、更周密、更温和的思考与表达。

师：我们来做一个练习，熟悉一下这种表达。请大家为甲、乙两段文字各加上一段话，使说理更"入情"。

（PPT展示）

【甲】朋友圈对爸妈设分组可见，原不是我的初衷，但我实在太渴望有一个可以放松做自己的空间，而爸妈总是让我感到窒息。说实话，爸妈很疼爱我，但不知道为什么，年龄越大，我越不希望他们对我倾注过多的关注。我发动态并不多，但每一条爸妈都会追问"这什么意思""那什么意思"……我感觉好尴尬，他们完全不懂年轻人的"梗"，我们之间只剩一条深深的代沟了。我只想说，我真的很累！为了减少不必要的矛盾，我只能选择对爸妈"分组可见"。

【乙】我反对朋友圈对爸妈设限，因为无论是屏蔽还是分组，对深深爱我的爸妈都是一种伤害。试想如果有一天，你突然发现自己最在意的那个人屏蔽了你，你心情如何？将心比心，不要生硬地推开那个渴望关爱你、走近你的人。在这个世界上，只有父母给子女的爱从不弄虚作假，而我们与父母最好的沟通方式，便是真实。学会把父母看成一个想多了解关心自己的朋友，别让他们成为你的"圈外人"。

（写作时间 4 分钟左右，师巡视指导）

师：我找两位同学读一读自己补写的段落。

生 10：【甲】……当然，朋友圈不分组，更能照顾到爸妈的内心感受，毕竟他们是那么爱我，渴望走进我的世界。所以，分组不能是生硬冲动之举，它并不意味着对抗，分组之前先尝试与爸妈进行正面沟通，就会大大降低伤害。

生 11：【乙】……当然，分组也可能是善意，既是出于对个人空间的一种保护，也不希望爸妈为自己太过担心，"善意的谎言"有时候也是出于体谅和关爱。所以，"真实"的前提是彼此理解和尊重，爸妈也要学会充分尊重孩子，给予他们的更多的信任和理解，不随意"冒犯"，才能避免"触礁"，使交流畅通无阻。

（四）回顾总结，师生共写

师：感谢两位同学的分享。其实通过刚才的语段写作，我们可以看到思维是有层次的。所以，在论述文写作中，我们要注意两点：一是要避免思维的浅层化、简单化，学会多角度思考归因，使说话更"入理"；二是学会站在对方立场，关切他人也反省自身，尝试去补充思维的缺漏之处，使说理更"入情"。"入情入理"，是一种温和而周密的说理姿态。

（PPT 展示）

"人与人之间的对话交流比一方说服另一方来得重要，未能说服不等于对话交流没有成效。说理的双方，不仅要尽量客观、公正地了解对方的看法，而且还要用充分理性、逻辑的方式让对方了解和接受自己的看法。"

————卡尔·罗杰斯

师：写作也是一场对话，如何变"独语"为"对话"，如何让对话和平理性地进行下去，这些都考验着同学们的智慧，希望今天的课堂能给大家带来一定的启发。下课后请同学们以"朋友圈该不该对爸妈'分组可见'"为主题写一篇文章，注意"入理入情"方法的运用。

师：最后，老师也想把自己写的一段随笔送给王佳莹，也送给全班同学，希望你们能重新认识困惑，学会"对话"，学会理性思考。

（PPT 展示）

来浙从教已近二十年，家乡的父母不觉已奔古稀之年了。三年前父亲去世，母亲的生活便越发寂寞。之后不知她老人家跟谁学会了微信，从此每日发文、聊天、视频、点赞，生活便热闹起来。她开心，我自然也开心。母亲几乎每天都会发给我数篇养生鸡汤，其中当然不乏惑众之语，不值一看，但我始终不忍拆穿，随她老人家喜欢又何妨。母亲也会特别关注我的朋友圈，给我的每一条动态点赞留言，而我自然也越发不敢大意，牢骚话幼稚话尽量憋住不讲，自己拘束一点又何妨。很多人说向父母公开微信圈是徒添烦恼，我不太赞同。行至不惑，终于明白很多烦恼都是自己跟自己较劲，无关他人。我很感谢这个信息便捷的网络时代，让千里之遥形同咫尺，而我对我的母亲，只剩感恩和珍惜。

二、执教者言

本节课的教学思路如图 2-14 所示。

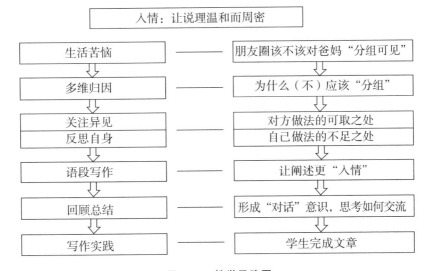

图 2-14　教学思路图

高中生的敏感细腻让他们在生活中经常遭遇困惑和苦恼，而偏狭、单一的思维模式又让他们久久找不到出口和方向。这些问题投射到论述文的写作中，就表现为思维的"偏见"，即狭隘的一元论和二元对立思维。思维能力跟不上，再好的文笔，再完美的章法结构，也只能是空中楼阁。所以，高中论述文写作教学的重点，就在于提升学生的思维能力。而如何将抽象的思维与具体的生活情境结合起来，通过对周遭生活的认知来启发和促进学生的思维发展，是我构思这节作文课的初衷。总体说来，这节课有三点感受。

(一)情境激发，让写作更生活

写作的真正逻辑起点是从写作动机的产生开始的，"情动于衷而行于言"，所以，写作教学应该贴近学生的真实生活。本节课的起点，是围绕学生的一篇随笔展开话题，而"父母""朋友圈""分组可见"这些内容都是学生最为熟悉、最为真实的烦恼，所以整堂课学生的参与意愿强烈，思维很活跃，写作积极性高。

(二)情理分析，让说理更周密

在这个教学环节中，我把重心放在了思维的点拨上，从真实的生活矛盾出发，引导学生认识什么才是理性、周密的思考和表达。"情理分析"的关键，就是要让学生形成"对话"意识，让学生感觉到"我不是为了完成写作，而是在自由地主动地与他人交流"。

(三)师生共写，让交流更动情

这堂课的开头和结尾，我分别朗读了学生和自己的一段随笔，以学生的文字导出"朋友圈分组"这一话题，以自己的文字回应学生的困惑，结束课堂。这本来只是一个随性之举，但事实证明，文字的力量是神奇的，它更有利于创造亲密的师生关系，比苦口婆心的说教更能启发学生的思考。课后，这名学生主动找我倾诉，并对这节课以及我的那段文字带给她的帮助表达感谢。我想，这种信任和心灵交集，就是为人师的快乐吧。

三、观教者言

正如交际语境写作所提倡的，写作不是一个人的冥思苦想，更不是双方剑拔弩张的战场亮剑，而是温婉平和的对话过程。论述文的写作也是一场对话，是作者在特定语境中进行的表达和交流活动。因此论述文的说理，一方面考验着说理的信度，即说理过程的逻辑推导是否合理，论证理据是否充分等；另一方面则关乎说理的入情，即如何说理别人才会信服，气氛才会融洽。而后者往往是我们平时写作过程中极易忽视的部分。

传统的写作教学，比如"文章写作""过程写作"，重表达，轻交流，很少顾及说话的对象，缺少与人交流的"场"。学生把文章写出来，目的十分明确——得到夸奖，赢得高分，甚至为了击败对方，写出来的文章往往是一种"偏见"，这显然不符合当前批判思维的写作精神。本节课，朱雪梅老师向我们呈现了写作教学"场"的构建，让写作更加贴近生活，气氛也更加融洽。这节课的教学目标为"掌握说理中的入情艺术"，而入情艺术的关键，就是让学生学会在你来我往的对话交流之间，和平理性地把道理说清楚，这是一种说理的风度。

"对话""风度"其实极易与真实的生活连接。试想在日常交际中，如何说话才能既清楚地表达自己的取向与思考，又能让气氛融洽，让对方愿意倾听、乐意接受？学会尊重交流对象，学会理解作为个体的局限，才能保证我们的自主与自信不至于陷入盲目。当然，如果能把日常经验融入到写作经验中，写作也就成功了一半。

四、学生习作

"分组"是为了亲密有间

洪 鑫

朋友圈该不该对父母设置"分组可见"？我想答案应该是肯定的。叔本华说："他人的思想就像别人餐桌上的残羹，就像陌生客人抛下的衣衫。"我渴望在自己的圈里独自思考不被"进犯"，哪怕成长真的意味着和父母残酷地渐行渐远。

中华民族是最富血缘亲情的民族，但这种浓烈的亲缘关系又让很多国人的基因带上了"界限不清"的缺陷。当父母的关爱肆意蔓延，没有疆界，子女在一声声"不要""当心""为你好"的念叨声中设置"分组可见"就成为情有可原。每个人都需要自己的空间，孩子的成长需要秘密，大人的成长需要自我，每个人都是独立的个体，我们在彼此的圈里亲密交集也各自精彩。越界不是爱，它带来的恐怕是互相吞噬和伤害。南开大学教授熊培云先生有句话说得很好："在公域，我们应相互包容而成全社会；在私域，我们应互不干涉而成全自我。"

有人说，父母与子女也可以如朋友般相处，这种想法固然美好，但现实又有几人能做到？龙应台说，所谓父母子女一场，只不过意味着，你和他的缘分就是今生今世不断地在目送他的背影渐行渐远。年轻一代和年长一代之间，不仅横亘着年龄的鸿沟，从文化层面上说，他们也已经不在同一个对话平台。代沟问题，以及由此衍生的行为方式、生活态度、价值观等方面的差异和冲突，是你我都回避不了的客观现实。既然如此，"分组可见"便可以理解为一种软性的彼此保护。权衡哪些该分享，哪些该独享，哪些该分组设限，是减少冲突、缓解矛盾的有效途径。

当然，"分组"不等于拒绝沟通，不等于置父母的感受于不顾。我们无法要求父母能像我们一样思考，但我们可以尝试静下心来，更耐心地与父母交流自己的所思所想。朋友圈可以"分组"，但爱不能够上锁，恰如舒婷《致橡树》里所言，"我必须是你近旁的一株木棉，作为树的形象和你站在一起""我们分担寒潮、风雷、霹雳；我们共享雾霭、流岚、虹霓。仿佛永远分离，却又终身相依"，这种亲密有间，才是一种更理性的彼此体谅与尊重。

最后我想说，朋友圈只是一个能发表图片与文字的网络社交平台，它不是生活的全部，亲子沟通也绝不应该仅仅局限在这一个小小的圈中。放下手机，去散步吧，去旅行吧，去面对面地交谈和拥抱吧，这恐怕比隔着屏幕的彼此揣度更温暖、更深情。

【教师点评】

作者入情入理地阐述了自己对"分组可见"的认识和看法。首先从"越界"和"代沟"两个角度对为什么应该分组进行归因，但思维并没有停留在"自我的精神领地"，而是继续从亲子的角度提出正视"沟通"的重要性，同时也对"朋友圈"的局限性进行了自我校准，比较透彻地理解了交际写作的要求。

‖记叙类写作教学案例‖

真实的"他们"：体验世界的美丽

执教者：郑超　观教者：包建新

一、教学实录

课前的端午假期，我让学生寻找并尽可能确定自己观察的靶向人群。提示如下："北漂""蚁族""农民工""留守儿童""空巢老人""网瘾少年""键盘侠""佛系青年"……你的身边有没有这些可以用一个词或者一句话定义的人群？你曾经关注过他们吗？请搜寻、思考并确定你观察的目标人群。

(一)导入：现实生活与故事，哪个更有趣？

师：如果让你做一个选择题，现实生活与故事，哪个更有趣？你的回答是——

生1：当然是故事了，我们的生活每天单调重复，两点一线，会有趣吗？

生2：那得看什么生活、什么故事了。

师：生活就是你的现实生活，你的当下；故事可以是你看到的书里的故事，电视剧、电影里的故事，听到的别人的故事。

生2：哦，不是说故事来源于生活，高于生活吗？

师：所以，你的意思还是故事更有趣？（生2点头）综合两位同学意见，似乎都倾向于故事更有趣，其实让我选，我也选故事。大部分人的意见是否都是这样？（大部分学生回答"同意"）

师：你们有没有想过为什么呢？故事不是来自于生活吗？

生（笑）：但它高于生活。

师：怎么个高于生活？

生3：感觉故事会更刺激，冲突更强烈。生活相对比较平淡。

师：他提到一个词——"冲突"，生活中也有啊。

生4：可是故事里更概括、更明确。而且故事更紧凑，生活比较冗长。

师：表述得比较准确了，我们可以打个比方，如果说生活是一片汪洋大海，那么故事就是一个容器，讲故事的人用这个容器从生活之海中舀取一个样本，盛放在特制的容器中，这个样本于是具备了某种典型意义。一个作家曾说，"没有故事，生活就是碎片，故事是一种你看待这些碎片的方式。故事让生活拥有了意义"，我深以为然。

师：我们的生活中还有这样一些人，他们在现实生活中是冷漠甚至冷血的，可是他们在看故事、听故事的时候，却往往会是很容易动容，因为故事给了他们意义，他们接收到了。

(二)定靶："他们"人群定位、定义

师：平日里，我们是看故事、听故事的人，今天我们就要来讲故事了，拿一个容器从生活中舀出一碗活水来。放假前，我布置了一个任务，定位观察你感兴趣的一个人群。不知道大家准备得怎么样了？

生5：我想写"佛系青年"，我们上一篇论述文写过的。

师：哦，在已有基础上创作是个捷径，但要写出新意可能有点难哦。

生6：我想写临终前的老人。

师：这个人群比较特殊，你有在现实中接触过？

生6：没有，只是在纪录片里看到。

师：在纪录片里看到，那是隔了一层了，而且纪录片本身带有讲述的成分了。

生7：我想写"死肥宅"！（生齐笑）

师：宅男，还要加上"死肥"这个修饰词，似乎有点意思。

生8：我想写的是艺考生。

师：以上几位同学选择的人群本身没有问题，但我的意见是，你必须要有目标人群的现实生活的第一手资料。

(三)筛选："他们"人群资料关键词回想、提取

师：也许还有一部分同学还未最终确定目标人群，没关系，我们先往前推进，慢慢梳理，慢慢寻找。请大家拿出刚才发的作文纸，翻到反面。大家先在纸张的正中间写上：他们。在"他们"的下面一行画上一条横线，请将你对于你的目标人群的一个词或者一句话的定义写在横线上。

(大部分学生开始动笔写，部分学生对着作文纸发呆。两分钟过去了，他们未动笔。我并未加以干涉)

师：现在有5分钟的时间，大家可以用自己的方式回想、搜寻，你可以闭眼，可以抱头，可以起立，以头脑风暴的方式将你脑海里冒出来的有关目标人群的关键性词汇记录下来。这些关键词可以随意地写在"他们"和"他们"定义的周边，将"他们"围起来。(生齐笑，然后就有几个闭上了眼，几个抱了头，但没有人站起来)

(我转了转，看到有写"网瘾少年"的，有写"伪球迷"的，有写农民工的，还有写高三学子的……后来转到几个一字未写的同学身边，于是有了以下对话)

师：是拿不定主意写哪个，还是根本空白一片？

生9(苦笑)：脑子里空白一片，不知道写什么。

师：你可以从自己身上找找，你的身上有什么标签吗？

生9：我吗？嗯，好像没什么特点，就是做事老爱往后拖，效率低。

师：给你个眼神自己体会，这不就是很好的一个点吗？

生9：啊，这个也行啊？哦，你是说"拖延症"？(我微笑着点头)

师：脑子里有没有点大概方向了？

生10：不知道算不算有，我想写我的吉他老师。可我不知道怎么定义他。

师：你说说看。

生10：我们吉他老师很厉害的，现场伴奏能力特别强，还会写歌。听说他以前曾经去北京闯过，算是在一起的一群人里比较优秀的。后来因为现实问题回家乡开店，办班当起了老师。听说有几个以前和他一起闯荡的朋友已经在北京小有名气了，但他还待在家乡，我有点替他可惜。

师：很好的生活素材啊！而且其实你刚才的表述已经对他有了概括，有了定义。

生 10：有吗？我刚才说什么了？我想想。

（四）定核：给"他们"的故事安装"发动机"

师：时间到了哦，我看大部分同学都记录了不少，看来准备工作做得还不错。现在，我们面对的这张纸上，围绕着"他们"，有很多的相关词，可是它们很凌乱，就像我们随意的布局。接下来，我们要做的是，给你的故事定一个核心动力，根据我们之前所学的，故事的核心动力，它的"发动机"应当是——

生 11：我记得，是矛盾冲突。

师：没错，就是矛盾冲突，不平衡，就有冲突。那么，有哪个同学还记得矛盾冲突来自于那些方面？

生 12：好像有人与人之间的，人与时代、与社会之间的，还有人物内心的矛盾冲突。

师：表述得很清晰了。不过，还可以有更多的方面，比如家庭、阶层、党派，这些集合概念人群之间的冲突，不过，我们的视角可以小一点。

师：现在，请大家花 3 分钟的时间在一堆关键词中拎取出一个主角们面临的核心矛盾！

（学生一开始没能明白，解释两遍之后，大部分同学开始思考，圈画）

（我转了转，看到生 10 写了"理想与现实的冲突"。生 8 写的是"学业与技艺的冲突"。还有同学写的是"父母与孩子的冲突"。我转到一个写"宅男"的学生面前，发现他愣在那里，于是有了以下对话）

师：宅男，面临很多矛盾啊。

生 13：对啊，就是因为太多了，不知道拎哪个。

师：你先说说，有哪些？

生 13：比如二次元与三次元生活的矛盾，宅男与家庭的矛盾，宅男经济的困难和二次元的高消费的矛盾……

师：这些矛盾其实可以归结二次元宅男群体与现实之间的矛盾，你细分的这些矛盾都可以纳入写作的范围里，当然，你可以有主次地处理。

生 13：对啊，是可以归结为一个。可这么多都写的话，好难。

师：有素材，可以慢慢梳理、剪裁。"无米之炊"才是最可怕的。

（3 分钟之后）

师：同学们多多少少对你要写的"他们"面临的核心矛盾有了思考。这个思考，意义非凡。我们在故事的讲述中，核心矛盾冲突在故事一开始就应该抓住读者的心。而在结束的时候，这个矛盾也许解决了，也许更深化、更严重了，也许，它还延续着，没有加深，也没有淡化……一切，由你来掌控。

(五)成篇：沉下去提取生活样本，跳出来纵观全局

师：到达这个步骤，我们的准备工作已经做得比较充分了，接下来，是"临门的一脚"——成篇。成篇的时候，我的意见归结为一句话。前半句是，你要"沉下去"。沉到现实生活的深处，提取出生活的样本来，这个生活样本就是一些真实生活情境中的真实细节；后半句是，你要"跳出来"。跳出这个群体来纵观全局，你要站在群体的远处去审视这个群体，进而作出概括。

师：请用心领会这一句话的内涵，并开始你的写作。当然，你可以先为你的主角取一个名字。然后，开始他们的故事。

二、执教者言

本节课的教学思路如图 2-15 所示。

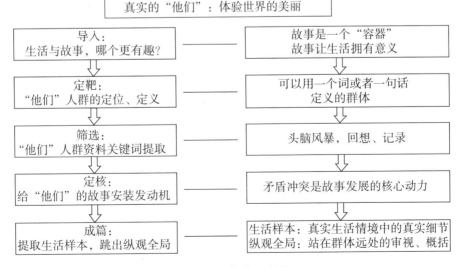

图 2-15　教学思路图

（一）故事源于生活，却是有选择的生活片段

正如课堂上我所说的，"如果说生活是一片汪洋大海，那么故事就是一个容器，讲故事的人用这个容器从生活之海中舀取一个样本，盛放在特制的容器中，这个样本于是具备了某种典型意义"。生活是一片汪洋大海，对于每一个生活在其中的个体来讲，它是无限的：我们无法触及它的尽头，我们各自所接触的、看到的，都只是生活的局部、生活的碎片。而故事是有限的，它所能舀起的生活之水也是有限的，所以我们要有所选择。

这个选择，对于写作的学生来讲，是指点他们自己去寻找一个方向，或者给定一个方向，有了方向才能定向筛选。本案例中的关键词"他们"，既是一个有指向的范围划定，又是一个相对开放的概念，学生可以选择自己熟悉的或者有兴趣的群体去观察积累。这是第一层的选择。

（二）锚定核心矛盾，给故事安装动力装置

在学生以"他们"这个关键词从生活中圈定一个范围，或者选定一个方向之后，会有一些初步的素材积累。对于这些素材，我们要做第二层的选择。课堂上，我让学生以"头脑风暴"的方式将之前积累的生活素材做了一个汇总盘点。这些生活素材未经处理，仍然是一些生活的碎片，我们要将它们按一定的意义串联起来，组织起来，在这个组织的过程中，我们必然还要舍弃一些素材，进行二次选择。

这第二层选择如何进行，我的做法是先锚定故事的核心矛盾，给故事安装动力装置，然后围绕这一个核心矛盾选取你需要的素材。当然，这个核心矛盾应当围绕着主角确定。

（三）从生活到故事，意义在记录中渐次呈现

一位作家曾说，"没有故事，生活就是碎片，故事是一种你看待这些碎片的方式。故事让生活拥有了意义"，我深以为然。

其实，在选择观察方向、锚定核心矛盾、选择自己所要的生活素材的时候，就是从生活的汪洋大海中舀取一勺样本的时候。这时，写作的学生也许并不十分清晰他们所记录的故事的意义，这个意义是在多次的选择、取舍，重新建构的过程中渐次清晰并呈现的。对生活意义的认识

是在跳出生活之后的审视与思考中获得的，本案例中几篇学生例文的作者，对此有着深刻的体会。比如那个记录高中生拖延症的女生，她坦言，主角"程诺"的身上，有她自己的影子。写作此文之后，她说："这种感觉很奇特，我看自己笔下人物的时候，好像是另一个我在看着曾经的我，有些事也变得特别起来。"这种"特别"，正是她在记录中渐次清晰的生活"意义"。

三、观教者言

根据现代写作学理论，写作系统由四个元素构成，即主体、客体、载体和受体，并且这四个元素在写作系统中是缺一不可的，任何一个元素的自我膨胀或自我萎缩，都会破坏写作行为的和谐与完美。写作训练应当是以一种过程动态交互型的方式进行的。然而反观现在的中学作文教学，写作训练往往过于关注写作载体（怎么写），各种各样的写作技法、写作指导一股脑儿冲向这一块领域，而忽视了写作者（主体）、写作对象或题材（客体）、读者（受体）。绝大多数教学方案违背了写作的整体创作规律，以一种割裂式的静态文本型训练模式出现，片面而低效。

从创作的过程来说，主体观察客体，从客体中提炼写作的素材是写作的准备阶段，也是写作者创作激发的原始动力所在。从生活到故事，这个阶段解决的正是真正写作过程中最难的"写什么"的问题。如果说生活是一片汪洋大海，那么写作的作品就是一个容器，去哪里舀取、如何舀取，是学生写作过程中遇到的第一个问题，也是实际写作中的一个关键性问题。

郑超老师的这个案例试着通过定靶、筛选、定核、成篇等步骤导引写作主体（学生）关注写作客体（写作对象或题材），进而指导学生从生活之海中有目的地舀取一勺活水，并简单地加以处理，从而完成对真实世界的某群体真实生活故事的记录。案例中特意选择的第三人称"他"的视角和对"他们"群体的观照，有着特别的用意。这个用意正是"成篇"这一步骤中所表述的那样：一是希望学生能有靶向地"沉下去"，沉到现实生活的深处，提取出生活的样本来，这个生活样本就是一些真实生活情境中的真实细节；二更希望学生能"跳出来"，跳出这个群体来纵观全局，站在群体的远处去审视这个群体，进而做出概括。

四、学生习作

他 们

黄 澜

这是一个叫程诺的高中生跟拖延症的故事。拖延症似乎像她身体里的某个器官，每时每刻都发生作用却无法割舍。

国庆长假的第一天，程诺慵懒地睁开眼睛，伸了个长长的懒腰。"终于把这几天的觉给补回来了。"她舒服地想着。现在是九点三十五，她麻溜地爬下床，吃完早餐后，坐在桌前，看着眼前的一堆作业，心想：这次的假期绝对不能荒废了，一定要认真写作业！制订好作业计划后，她开始动笔。她把手机、MP3都放在了抽屉里，生怕自己一个不坚定就会放不下它们。第一天就这样很充实地过去了。

第二天，她端坐在书桌前，准备动笔的时候，看了一眼题目，是一道令人头疼的代数题，瞬间对作业失去了一半的兴趣。她打开手机，发现只有九点多一点，时间还很充裕，果断放下笔，支起手机架，准备好零食，开始观看电视剧。

当她猛然从电视剧中惊醒的时候，点了手机屏幕，手机上的时间已经跳转到了九点五十。"算了，算了，再看十分钟，最后十分钟，到了十点一定开始写作业。"似乎怕自己会忘记，她还特意设了闹钟，然后继续看她的肥皂剧。当闹钟的提示闪现在屏幕上时，她想了想，因为只剩十五分钟这一集就结束了。她关闭闹钟后，又继续看完了电视剧。结束这一集后，她终于放下了手机，呆坐着。要知道，一旦内心想要玩手机的引子被点燃了，想要写作业的念头就会被踢出脑海，然而内心的几分理智又在告诫她，不能堕落，脑子里似乎浮现出一幅理智与手机掐架的画面：黑暗中，那位拖延症先生暗暗一笑，伸出手，在理智面前一点，程诺的手缓缓向手机伸去。"算了，反正现在都静不下心来，还不如看手机呢！而且，还有6天，肯定来得及的！"

就这样，每天告诉自己"还来得及的""一定来得及的""时间还很充裕呢"，作业上的空，一天只填几个，而且每天都是同样的一本作业。终于到了倒数第二天，内心的最后一丝理智已经被打得头破血流了。内心乱成一团麻，放下手机的最后一丝希望还是被打破了。点开QQ，不出程诺所料，班级群里已经炸开了锅。

"你作业写好了吗？"

"没有！我还有好多！"

"哈哈！我也是！莫慌莫慌，我的绝对比你还多！"

"你怎么还这么多？你之前一个字都没写吗？"

"我本来都计划好了的，可是跟同学出去玩了两天之后，就没有什么心思写作业了，唉，不谈了不谈了，我继续奋斗了！"

"你加油吧！"

……

程诺无奈地摇了摇头，心想：大家都这样，我也就不急咯！她依旧风轻云淡地拿起手机，计划又破灭了，拖延症又战胜了她。程诺无奈地摇了摇头，依旧不肯放下手机。回学校的第一天，她一如既往地顶着两个大黑眼圈。

往后的假期还有很多，程诺们是否能战胜拖延症，谁又知道呢？

【教师点评】

一个名叫程诺（承诺）的高中拖延症女生的假期实录，视点选择精、准，加之有作者的亲身体验与思考，本文的记录真实而有触动人心的效果。

他 们

娄鸿儒

他们，是亲人！

他们，在一个屋檐下生活，度过了亲密无间的童年。后来，他们长大了，离开父母，各自组成新家庭……

他们，由两代人变成了三世同堂。各个家庭愈发忙碌，他们的父母也为了第三代操碎了心。只是，人心终归是偏的，父母的关爱亦是如此，总是几家多几家少，还有几家不照料。最受关照的家庭受之泰然，不被关照的则腹诽不断，吵架成了家常便饭，吵架的原因无外乎那么几个：为什么自己家关照最少，为什么父母总是帮别家带孩子，为什么帮别家带孩子免费而到自家帮忙要收钱……最不受关照的老大家，这样的争吵每天上演，木讷内向的他固执地说着父母的好话，不理会妻子的抱怨。孩子还小，什么都不懂。

他们，等到孩子走向学堂的年纪，又多了一样可攀比的东西：饭桌上，碰面时，逮到机会便会"关心"一下对方孩子的学习。没自家孩子好时，巴不得对方反问；比自家孩子优秀时，便恨不得立马终止话题。偏偏老大家的孩子不甚争气，总被人压了一头，偶尔的爆发超越，却招来了"你居然也能取得这样成绩"的感叹。而孩子，似乎什么也不懂，一如在负伤乃至做手术时，面对自己爷爷奶奶的缺席以及后来十分抱歉地做出"不知情"这一解释时一样，不说话，只是笑了笑。

他们，迎来了他们父母年老的时候。父母应在谁家生活的难题摆在了他们面前。机智的他们达成了共识，要待在老大的家里，老两口对于入住这个家表现得理所当然又无可奈何。但随着父母的各种大物件送进老大家，狂风暴雨般的争执也跟进了这个家。只是这次，明显已经懂事的老大的孩子参与了这场争执。随后，在老实固执却又有点懦弱的老大还没说什么之前，孩子站出来表态了，面对着自己多年来从未叫过的所谓"爷爷奶奶"，以及在七大姑八大姨面前说着要把父母接去自家住的漂亮话却又从未实施的聪明人们，将几户人家若干年来的恩怨作了一次梳理。孩子的话，代表的是自己，是老大，还是老大全家呢？他们似乎无言以对，于是他们沉寂了一阵子……

他们，在父母过世后，又开始争起了家产……

他们，是亲人啊……

他们，是亲人？

【教师点评】

名为"亲人"的"他们"，偏心，自私，贪婪，完全没有"亲人"这个词该有的温暖与亲密，篇末的一陈述一反问恰到好处地收束了全文，留下无尽的责问和反思。

他们

王林旭

这是一个叫阿宅的家伙的一天。

大约中午一点，他醒来了。十几平米的房间仅够放一张床和一台电脑桌，桌上摆着泡面，空气里是电脑运行时吹出的独特的显卡气息——这让他很安心。

打开手机，屏幕亮起来，不是他平日的初音殿下，而是系统大标题

"母亲节，为母亲献上一杯茶"，他啐了一口，关掉了界面。

肚子不饿，就能省下一桶泡面。他开始继续看番，是恋爱番，剧情狗血，但阿宅很爽，他发了一条"现充爆炸吧"的弹幕，马上就有更多弹幕响应，"现充都去死吧""FFF团万岁"。他很满意，这样他就知道这个世界上连女孩手都没碰过的不止他一个了，他乐在其中——作为一个宅男。

也不知道过了多久，弹幕都渐渐沉寂了下去，阿宅才想起今天还没吃过东西，于是泡面的味道在房间里弥漫开来。升腾的热气让他想起昨夜看上的价值上千的手办，他给母亲发了微信，催讨这个月的生活费。大学毕业一年多了，他还是指着母亲的生活费过活，为什么不找工作？用他自己的话说："将身体与爱献给二次元的人已经不可能同你们这些普通人一样工作了。"母亲打来了钱，附加了一条长语音，多半是叮嘱的话，他没点开，直接删掉了。

钱包充盈起来让他很是愉快，火速买下初音的手办之后，他觉得世界都变得安逸起来，人生又有了动力。这时，他觉得要像动漫里的男主一样去锻炼，于是，他趴在床上，做起了俯卧撑，身体以一种奇怪的姿势上下起伏了一阵，他就倒下了。算了，他想，就这样吧，也算比上次有进步了。

于是，直到太阳下山，夜幕降临，他都保持这样怪异的姿势。仔细凑近看，你会看到他胸腔均匀地起伏，原来是睡着了。叫醒他的是某论坛的消息推送："某某声优从日本空降到S市，举办粉丝见面会，门票有限，抽奖即送。"他睡意全无，该声优配过音的角色都是他心中的女神，他也是她的粉丝，S市正是他所在的城市。他狂喜不已，一种一定能中奖的念头让他觉得自己离偶像已经不远了。

他立即声援抽奖，尽管是上百万人去争取一百张票，他依然认为他必定是宠儿之一，毕竟他那么独特，他将自己的一切都献给了二次元。

他在论坛上大肆发表自己激动的心声，引来了网友一阵嘘声，此时是凌晨一点，母亲节过去了。

凌晨三点，小区的狗也入睡了，他仍旧沉浸在狂热的情绪里，刷着资讯，难以入睡。

五点，天破晓，他想着自己该穿着什么去见偶像，毕竟钱不多，出门的衣服也没几件。

六点，在疲惫与喜悦中，他合上眼入睡。梦里，他来到了现场，是最后一排，偶像在璀璨而遥不可及的舞台上，台下一排排竟然都是和他长得一模一样的阿宅们，他们在欢呼着，咆哮着……黑暗里，喧闹里，却隐约听到有人哭泣的声音，是谁？阿宅看不清。

【教师点评】

"阿宅们"所代表的"他们"群体，在这个网络时代的年轻人中不在少数。作者在故事时间点的选择上花了点小心思，他选择了"母亲节"，选择了阿宅心心念念的粉丝见面会前夕，二次元宅男群体与现实之间的矛盾在文中一直纠缠斗争，文末的梦境与隐约的哭声，都是对主题的暗示与呼应，作者处理得自然而不失新意。

熟悉的"我们"：相遇校园的精彩

执教者：鲁金会　观教者：包建新

一、教学实录

(一)校园作文活动策划

"相遇'大中'"校园作文活动策划书

活动目的：学校是培养人才的摇篮。同学们每天与学校相遇，她不只是单调的铃声，也不只是没完没了的作业；她还有春花秋月，夏风冬雪，更有每天师生共同演绎的精彩，有滋有味的知识积累与情感积淀。同学们，让我们一起去寻找，去品味，去感悟，去歌颂独特的校园风景之美吧！这注定是一场图文并茂的盛宴，一次难忘的心灵旅行。

活动内容：(1)发现校园题材，拟写作文话题，唤醒学生尘封的心灵；(2)梳理课文素材，为写作去阅读，唤醒学生对文章的记忆；(3)探讨校园问题，掀起头脑风暴，唤醒学生僵化的思维；(4)"伙伴作文"借鉴，引发情感共鸣，唤醒学生沉睡的情感；(5)结集优秀习作，出版《稚鸽》专辑，唤醒学生对自我的认同。

活动形式：(1)促写式："以读促写""以图促写"和"以说促写"

(2)活动式："主题活动"和社团活动。

活动对象：《稚鸽》文学社成员，共47人。

活动时间：五月德育周。

活动地点：大中校园。

(二)校园作文话题征集活动

写作过程就是写作主体如何发现"物"——如何将"物"转换成

167

"意"——如何将"意"形成"文"这样的一个过程。引导学生发现"物"是写作教学的起点。引导学生观察校园，全面深入地感悟校园生活，征集"校园作文"话题活动是个很好的路径。笔者发动文学社成员，从自己观察、感悟出发各拟写一个话题。师生共同筛选出 10 个话题向全校发布，作为"校园作文"写作练习参考题目。

(1)过年回校，我们脸上似乎多了几分成熟，行动也多了些许的稳重。18 岁，应该告别童年了！新年几场雪，让我们重新回到纯真的年代。班会课上，我们畅谈"大学梦"，对未来充满憧憬。18 岁，对我们意味着什么？18 岁，我们又该如何去把握？请以"今年我 18 岁"为题，写一篇 800 字以上的作文，立意自定，文体不限。(严婷婷)

(2)进入高中，人与人之间交往少了。班里 90% 左右的同学是住宿的，而几乎每个人都给自己画了一个"圈"：这个"圈"有的以寝室为单位，有的以前后桌为单位，有的以班级部分要好同学为单位。同学们每天过着"圈子"式的生活，少与圈外的人接触交往。假如有朝一日，"圈子"被打破，我们又会怎样呢？请以"圈子"为话题，写一篇不少于 800 字的文章。立意自定，文体不限，题目自拟。(叶斐)

(3)教室里、寝室里我们常常议论我们的任教老师，有时会因为看法不同而争得面红耳赤，有时会异口同声说上一句：我要是××老师，肯定比他强！对曾教过自己的老师，我们会十分怀念；对未来的老师，我们都希望是心目中的好老师。请以"走近老师"为题，写一篇 800 字以上的记叙文章，立意自定。(徐辉)

(4)Y 校 X 寝室

A：爱情是美好的、甜蜜的，我们的生活会因为爱情而充满活力。

B：爱情是建立在物质基础之上的，温饱都不能自行解决，又何谈爱情？

C：听说，现在大学生都可以结婚啦！我们高中生谈谈恋爱又有什么？

D：……

请以"早恋"为话题，参与 X 寝室的讨论，或讲故事或发表议论。题目自拟，字数 800 字以上，立意自定，文体不限。(罗玲玲)

(5)学校的食堂，同学们都想早点买到饭菜喂饱辘辘饥肠的自己，大多数同学能按照先来后到排队等候。但也有个别同学在众目睽睽之下插队，神情如此自若，对同学们的指责充耳不闻。

请以"排队与插队"为话题写一篇800字以上论述文，立意自定，题目自拟。（董倩倩）

（6）语文课上，老师朗读"阿毛的故事"，有几个同学偷偷发笑；历史课上，老师讲到中国屈辱的近代史，问同学有何感触，同学一笑而过；南京大屠杀令人发指，少数同学仍在谈笑风生……

请以"课堂上的笑声"为题，写一篇800字以上的文章，立意自定，文体不限。（李霞霞）

（7）学校大门口，每当临近开门，总是挤满同学。一旦门开，同学蜂拥而出。这个现象同学们注意过吗？一道铁栅门似乎隔开两个世界！这背后是什么，同学们思考过吗？

请写800字以上的论述文，立意自定，题目自拟。（马平欢）

（8）"地上本没有路，走的人多了便成了路。"你看，我们校园里那片绿茵茵的草地，不知何时下自成蹊。一滴水折射出七彩阳光，一条践踏出来的路又说明什么呢？

请你以"从草坪被践踏说起……"为题写一篇论述文。（宋方）

（9）学校禁止学生带手机进校，否则将被没收，待毕业时归还。对于禁止学生使用手机，你们是否有话要说？

请以"手机是非"为话题，立意自定，文体自选，题目自拟，写一篇800字以上的文章。（陈麒）

（10）我们学校每学年都会向同学们征集校园文明语言，并选出10条予以奖励。学校这样做用意在哪里？

请以"文明语言和文明人"为话题写一篇800字以上的文章，立意自定，题目自拟，文体自选。（陈霞霞）

（三）"课文作文"教学活动

什么是"课文作文"？武汉六中著名特级教师胡明道认为，"课文作文"是学习者以阅读教材文本为依据，以文中信息为触发点，进行联想、想象、推理、整合、重组、改装、评点后，写出既与原文有关，但又不同于原文的新片段或新篇章的一种练笔途径。课文是在校学生主要的精读材料，"课文作文"通过梳理课文素材，为写作去阅读，唤醒学生对文章的记忆，理应成为校园作文重要的内容。下面是一份"在路上"课文作文创意写作活动简案。

创作一个"在路上"的散文片断

要求：创作一则由几个镜头构成的散文片断，围绕"在路上"这个话题；基于场景的描写，包括时空、景物、人事等基本元素，字数在250个字左右；主要通过描写来表达，而不是直白地叙述。

练习要点：围绕"在路上"话题，创意写作内容；把创意内容用散文笔调表达成一个精彩片断。

教学组织：教师提供微课群资料包，学生共同阅读相关课文（散文）片段，深度模仿（主题和技巧）散文写作。如表2-2、表2-3所示。

表2-3 课内（初中、小学）散文写作技巧借鉴

明确任务	课内（初中、小学）散文写作技巧借鉴
提炼议题	临帖"散文主题"
构建群文	有一天我放学回家，看到太阳快落山了，就下决心说："我要比太阳更快地回家。"我狂奔回去，站在庭院里喘气的时候，看到太阳还露着半边脸，我高兴地跳起来，那一天我跑赢了太阳。（林清玄《和时间赛跑》） 此后，我生命中有很多时刻，面对一个遥不可及的目标，或者一个令人畏惧的情境，当我感到惊慌失措时，我都能够轻松应对——因为我回想起了很久以前悬崖上的那一课。我提醒自己不要看下面遥远的岩石，而是注意相对轻松、容易的第一小步，迈出一小步，再一小步，就这样体会每一步带来的成就感，直到达成了自己的目标。这个时候，再回头看，就会对自己走过的这段漫漫长路感到惊讶和骄傲。［（美）莫顿·亨特《走一步，再走一步》］ 这样，我们在阳光下，向着那菜花、桑树和鱼塘走去。到了一处，我蹲下来，背起了母亲，妻子也蹲下来，背起了儿子。我的母亲虽然高大，然而很瘦，自然不算重；儿子虽然很胖，毕竟幼小，自然也轻；但我和妻子都是慢慢地，稳稳地，走得很仔细，好像我背上的同她背上的加起来，就是整个世界。（莫怀戚《散步》）
展开对话	"在路上"姿势：奔跑；走一步，再走一步；散步；等等
凝聚共识	人生之路、生活感悟

表2-4 课内（高中）散文写作技巧借鉴

明确任务	课内（高中）散文写作技巧借鉴
提炼议题	临帖散文精彩语段

续表

构建群文	但假若你在旅途的夕阳中听到舒伯特的某支独唱曲，使你热泪突然涌流的想象，常常是故乡的小径，月夜下的草坡泛着银色的光泽，一只小羊还未归家，或者一只犁头还插在地边等待明天。（韩少功《我心归去》） 为了改变祖国的命运，孙中山领导的革命运动发轫于美国檀香山，第一代中国共产党人，很多曾在法国勤工俭学。改革开放后掀起的出国潮，方兴未艾。这一代又一代炎黄子孙浮海远游的潮流，各有其截然不同的背景、色彩和内涵，不可一概而论，却都是时代浮沉的侧影，历史浩荡前进中飞溅的浪花。民族向心力的凝聚，并不取决于地理距离的远近。（柯灵《乡土情结》） 今天，我们在电视上，总是看见美洲荒原或者非洲荒原上的动物大迁徙的宏大场面：它们不停地奔跑着，翻过一道道山，穿过一片片戈壁滩，游过一条条河流，其间，不时遭到猛兽的袭击与追捕，或摔死于山崖、淹死于激流。然而，任何阻拦与艰险，也不能阻挡这声势浩大、撼动人心的迁徙。前方在召唤着它们，它们只有奋蹄挺进。（曹文轩《前方》） 我真的听见过一只大鸟在夜晚的叫声？整个村子静静的，只有那只鸟在叫。我真的沿着那条黑寂的村巷仓皇奔逃？背后是紧追不舍的瘸腿男人，他的那条好腿一下一下地捣着地。 当家园废失，我知道所有回家的脚步都已踏踏实实地迈上了虚无之途。（刘亮程《今生今世的证据》）
展开对话	韩少功《我心归去》：由"想象"切入，给"想象"设置情境，添加意象，从而丰满了语段的内容。柯灵《乡土情结》：历史呈现，加上精当议论，成为议论性散文经典语段。曹文轩《前方》：由"看见"切入，动态的画面充满质感。刘亮程《今生今世的证据》：由"听见"切入，"想象"跟上，由实入虚。
凝聚共识	虚实结合、表达多样

学生习作

暗 香

陆 璐

某夜夜自修下课后，我刚要拐进宿舍，却被一阵阵淡淡的清香所吸引，禁不住停下了脚步，竟是小道边的栀子花开了！

栀子花并未完全盛开，有的仅仅是长出了个花苞，有的也只是半开，在月光的映衬下，倒多了几分"犹抱琵琶半遮面"的娇羞。月光并不明亮，像是隔了一层纱照下来的。那小小的花苞，在月光温柔的抚摸下，显得乖巧可爱。闭上眼，将所有的知觉集中在鼻间，才能嗅到那般若有若无的香气，沁人心脾。恐怕也只在这样的月色的映衬下，这样静谧的环境中，才能细细品味隐藏的美吧！

"暗香浮动月黄昏"也大抵就是如此了。

(四)"以图促写"课堂写作活动

学校题材写作可以采用"以图促写"写作教学方式。这种方法在实际运用中往往分成两个步骤实施：先用相机捕捉校园中的作文元素，把"校园题材"拍成照片加以"凝固"；再把照片拿到作文课堂，通过照片引发学生的想象与联想，以之唤醒学生沉睡的情感，尘封的心灵，再引导他们将体验拓展，深入地思考，添加更丰富、深刻的内涵进行创新写作，最终把形象的照片转化为抽象的文字。

校园生活折射七彩社会，"以图促写"掀起动脑风暴，唤醒学生僵化的思维。以下是一节校园作文"以图促写"作文指导课的片段：

教师出示第一张照片(校园中的一大片草坪)，让学生观察，想象进入此情景后的体验，并说出来。

生1：看到这纯一色的绿色，不由得想起了朱自清的《绿》。那醉人的绿啊，仿佛是一张极大极大的荷叶铺着……现在，我就是用尽朱自清所描绘绿的比喻也难以表达我的喜悦之情。

生2：看到这幅画我真有点坐不住了，很想踩一踩那柔软的草坪。似乎小时候，赤脚踩在草坪上的那种小草舔脚趾般的痒痒的感觉重现了。

生3：这绿色能给人一种宁静、柔和的感觉。在此时，如果我有什么烦心事，肯定会跑到这草坪上睡一觉，保管醒后啥事也没有。

教师出示第二张照片(践踏草坪后留下的"路"，草坪上多了一个饮料瓶和一张废纸)：面对这张照片，你们又想到什么？并把它写下来。

生4：时间已然是初夏，草坪因人踩得太多而长不出草来了，那条伤疤算是永远地留下了。美是需要保护的，同学们不经意地少走几步路，却使美丽校园留下深深遗憾。有时你多走一小步，或许就是文明的一大步。

生5：或许一个饮料瓶和一张废纸，开始时，对草坪影响不大，可是时间一长，草坪的某一部分就会变枯变黄了。那是一种极不协调的色彩，"这是一沟绝望的死水，这里断不是美的所在，不如让给丑恶来开垦，看它造出个什么世界。"(闻一多《死水》)可见美是互相联系、互相作用的，可能一个不美的行为就会破坏校园整体之美。

教师抓住学生思维明显地被激活的契机，让学生设计最佳解决方案，把"丑景"化为"美景"，擦去这草坪上的那抹灰色。

生6：想到一个解决的方案，何不顺着践踏草坪后留下的痕迹造一条美丽的小路？这样，既能解决上述问题，还能方便同学走路。

生7：还是插一块标牌，提醒同学们自觉爱护草坪。其实爱护的不仅仅是草坪，还是一方纯洁的精神家园。

教师顺势引导学生联系身边生活，讨论社会上的不文明行为。学生热烈，气氛异常活跃。

……

（五）"伙伴作文"课堂评改活动

"伙伴作文"主要指班级同学平时写的习作或校园中出自其他班级同学和朋友之手的文章。"伙伴作文"来自学生身边熟悉的环境，学生对之往往有一种亲切感和新奇感。对于学生而言，它的优势在于易共鸣、易接受、易模仿。此外，"伙伴作文"比起其他范文，往往会让学生产生写作的危机意识，并更能激起学生的感情共鸣和写作欲望。"伙伴作文"评改课一般有四个步骤：印发作文、入题与导引、解读与分析和练习与仿照。"伙伴作文"评改课，会激活写作的主体，促使同学们积极主动参与写作教学。零距离接触文本及其文本的作者，同学间的对话会更充分。无论是作者还是评论者，其写作的积极性均能得到有效的调动，既能解决写作动力源的问题，又能培养学生主动探究、团结协作的精神，同时也促进同学间的相互了解和合作。

"伙伴作文"课堂评改活动，最精彩的部分在于"解读和分析"这个对话环节，以陈栋同学《将高三进行到底》为例。（见"学生习作"部分）

学生对话节选：

陈栋（作者）：经历高三，人生便会突然成熟许多，这是我的看法，也是我周围同学的看法。特别是那些平时在众人眼里不懂事的同学，一到高三，便变了个人似的。是什么魔力让人有如此变化？这最终的原因我想是周围环境促使人们自我觉醒了。我觉得这样的自我教育很值得一写，这就是我选择高三作为素材的原因。但要别具一格地写，我觉得是一件难事。反复掂量的结果，我想还是在语言上下些功夫。"黑色幽默"于是成了我的首选，不知结果如何。

许凤飞（同伴1）：虽然高三处于"内忧外患"的大背景下，虽然高三有不能做自己想做的事的无奈，虽然高三"插进一把刀"将生活"搅得像团泥巴一样稀烂"，但我并没有退缩，而是以积极向上的态度面对。在我看来，这的确难能可贵。文章结尾处说"笑对高三"，也许是一种成熟的标志。

蔡盼盼(同伴2)：文章所写的内容是沉重的，然而作者却以一种轻松的笔调写出。这是文章最大的亮点。但结尾有点阿Q的感觉。

何俊杰(同伴3)：文章给人一种玩世不恭之感。前文都写排斥高三生活，结尾却说要将高三进行到底，前后似乎不统一。结尾说要成为"国家的栋梁"，有点虚伪的感觉，不如去掉。

(六)优秀习作结集活动

为期一周的"相遇'大中'校园作文活动"结束了，成果丰硕，47位文学社成员共上交53篇作品，有诗歌、散文和论述文；有片段，但大多是整篇作文。作品大多是校园题材，质量普遍较高，由学生自己整理结集出版《稚鸽》"校园作文"专辑，以此唤醒同学的自我认同，也是这次活动留下的丰厚成果。

"校园作文"活动周暂时落下帷幕，明年五月再起航！

二、执教者言

本节课的教学思路如图2-16所示。

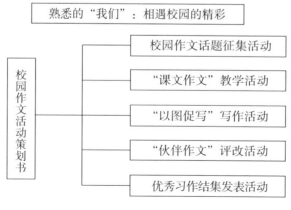

图2-16　教学思路图

  "校园作文"活动周起源于 2010 年，《"校园作文"实践研究》课题研究，成了我校五月"校园德育周"的重要组成部分。本案例部分内容参照了课题组其他成员成果，如活动 4 借鉴了倪小红老师"以图促想"写作案例，活动 5 借鉴了孙如明老师"伙伴作文"写作案例，在此表示感谢。把写作活动与校园活动结合起来，使生命作文理念的落地。校园作文写作活动内容丰富，形式多样，除了上述活动之外，还有教师下水作文、文学沙龙、网络写作等，其目的是让写作主体在活动中获得灵感，唤醒"表达"。在具体教学组织中，始终坚持以学生为主体，教师只是顺势进行引导。指导写作技巧时突出个体指导，采取面批形式，务求实效。如指导学生要用第一人称写校园故事；记叙类文章要凸显画面感，就要注意对声音、色彩、气味等的描写，要注意画面中的细节。本案例写作教学活动对象是本校文学社成员，由于本来写作热情较高、写作功底较好，无论是自主活动还是作文课堂均表现出积极的态度，活动进展顺利，成果颇丰。

三、观教者言

  写作即表达，表达即生命。生命写作培育必须把作文放在一个人生的平台上去思考这个问题。通过生命写作培育，学生在寻求自我展示中将生命投入写作。一个经过良好作文培育、具有较为丰富的写作经验的学生与一个缺乏良好的写作培育的学生最初的差别，往往表现在当这两个学生处于同样的外部环境时，前者可以迅速地从中获取写作所需的印象、情感体验和思想认识；而后者则可能内心一片茫然，下笔艰难。其原因比较复杂，究其根本，恰如罗丹所言："美是到处都有的，不是缺少美，而是缺少发现。"这发现不只是一般意义上的观察，还是内心世界由干瘪到丰满，由简单到丰富的过程。生命写作培育的功效重要的一点是让学生在寻求自我展示中学会睁开自己的眼睛去审视，以生命热情投入写作；在写作中养育人生的智慧、健康的情感和高尚的品质。

  校园是社会的一部分，象牙之塔折射七彩生活，从这个意义上说，以校园为写作基本素材的作文自然也能反映时代的脉搏、社会的变迁及生命的本质。鲁金会老师的这则案例从校园生活出发，通过充分挖掘校园写作资源，寻找写作触点，展开写作实践。其出发点是为了解决学生写作素材的贫乏，为学生写作活动提供充足的题材，从而转化众多学生疲软的写作心态；它的特点是引导学生发现身边平凡材料中的作文价值，激发学生写作热情，让写作渗透生活意识和生命意识，从而提高写作能力；其优势在于简捷易行，操作性强，每个学校每个语文教师都可应用。

其实学生不是缺少表达生活的语言，而是无心"遇见生活"，缺少发现生活的眼睛。校园作文想送给学生一双发现生活的眼睛，学生能用这双眼睛去发现：与人，与事，与万千校园景与物一次次相遇，并把它们写下来。

四、学生习作

将高三进行到底

陈　栋

教室后面的高考倒计时牌定格在"40"上，从满桌满地的书堆中爬出来，我似乎闻到了教室里一股浓烈的硫黄味儿。

毛主席告诉我们"一切反动派都是纸老虎"，可当我真正面对高三这只"纸老虎"时，我明显感到自己瞳孔放大，头脑发热，身体乏力。看来我是被这样的"纸老虎"吓倒了。

我向来不眼红别人的东西，可我实在为同桌那扑面而来的好成绩感到生气。论体重我几乎是他的一点五倍，即使以脑袋的大小比较，不等号的开口也是毫不含糊地指向我，可好成绩偏偏不受"万有引力"的影响，所以我没有理由不生气。

我原本可以很快乐地活着，可我数学不好。记得数学考试后，我像丢弃一片烂菜叶似地丢弃了那张遭到数学老师"全盘否定"的数学考卷。如果不是数学不好，妈妈的皱纹不会上来得这么早；如果不是数学不好，爸爸便可以安心地看几场球赛了。

我眼睁睁地看着自己从一个初中的优秀生变到现在这样的一个"过渡产品"，我也开始习惯任课老师一看到我便开始眼睛斜着，斜着，直至斜到看不见黑眼珠。

一个同学扯了扯我蠢蠢欲动的下巴，说："你又长胖了!"我愤恨这位同学说话的不负责任。平日里无论何时都可以说我胖，但千万不要在高三时说我胖，因为脂肪的"暴增"往往是师长断定你没有刻苦学习的有力证据。

太阳早起的毛病越来越严重，我也只得跟着它周转，从六点整起床改到五点半，后来干脆再缩半个小时，这哪里有什么四舍五入的"数学作风"？高三于我之大痛苦莫过于不能干自己想干的事情，我喜欢戴着耳机边聆听动感十足的音乐边涂十分张扬的漫画，我也希望能有足够的时间来撰写一本自己的书，我还想有足够的闲工夫去上网。可我不能，因为用我的重点论哲学道理来分析时，我发现高考比这些都重要了那么一点点，所以我只好割爱。很多时候我都要为自己的理智感到羞愧。

我喜欢自己的生活方式，但高三却插进一把刀来，将它搅得像团泥巴一样稀烂。

我的头老是胀痛，眼皮越来越长久地"南北接触"。我分明感到了某种危机。就如我现在涂写这篇稿子是危险的，因为它诞生于高三这样一个"自己担心，父母着急"的"内忧外患"的大背景下，因为在这一个多小时的写作时间中，我的同桌可以吞吐完数量惊人的试题，即便其他同学，也完全可以背完两章历史课本或者将马列理论再温习一遍，而我只完成这样一篇仓促的作文。

再回首倒计时牌上的"40"字样，我竟有些坦然，"幸好还有40天！"我庆幸自己能有这等乐观的想法。在这最后的40天里，为了实现自己的梦想，为了成为国家栋梁，无论结果怎样，我至少应该笑对高三，将尚有40天的高三进行到底。

【教师点评】

高三之痛，是历经高三的同学都有过的切身体会，从某种程度上说，这也正是一个人从幼稚走向成熟的必经之路。从写作角度来说，只有深切地感受过高三之痛的学生，才能写出这样有深切体味的文字。本文的可贵之处还在于，作者同时写出了历经高三之痛后的那一种觉醒，而这种觉醒，更多的是一种自觉，一种人生追求，一种积极的生活态度。

略带调侃语气的语句，紧张中显轻松，平淡中显智慧，不失为解读高三的一种好方式。

性灵：不可缺席的写作主体

执教者：杨瑶瑶　观教者：包建新

一、教学实录

（一）话题呈现，初谈感受

师：同学们，马上就期中考了，假如，这次期中考的作文命题是这样的：

（PPT 呈现）

以"课桌"为话题，写一篇文章，不少于 800 字，题目自拟，体裁不限（诗歌除外）。

（学生一看到这个作文题，异口同声"啊……"，语气里尽是失望和为难）

师：你刚刚的表情告诉我，你不喜欢这个作文题，我说的对吗？

生 1：是的。

师：能告诉我为什么吗？

生 1：感觉没东西可写。

师：这样啊，我再问问其他同学。

（连续问了五六位，都是相同的回应）

师：那你能告诉我，你认为什么样的作文题有话可写吗？

生 1：平常接触得比较多的吧。

师：哦？接触得多的，所以，你认为课桌不在此列？

生 1（笑）：也不是，课桌太熟悉了，没什么好写，而且就一张桌子而已，能写什么呢？

师：所以，你认为是因为太熟悉、太普通而没什么好写。那么你呢？

生2：就一张桌子而已，我也想不出能写什么。

师：看来同学们的感受大体相同，一张桌子，能写什么呢？

(二)唤醒记忆，激发回忆

师：同学们，从你们上小学开始到现在，今年，是第十年。这十年，你的记忆海洋里真的没有一点和课桌有关的印记吗，来源于真实经历的或是阅读积累的？(停顿片刻)

生3：第一反应就是"三八线"，小学时候比较流行，中学后就没有了。

(板书："三八线")

生4：鲁迅刻在桌子上的"早"。

师(问全班同学)：你们有没有在课桌上涂涂写写、刻刻画画过？(很多学生都表示有)。好的，我们就叫"课桌上的涂鸦"吧。

(板书：涂鸦)

生5：书越堆越多。

(板书：日益增多的书)

生6：课桌一年一换。

(板书：一年一换)

生7：学习。

(板书：学习)

生8：想起初三，那时我们每个人都在课桌上写下激励语，也写下自己的理想高中。

(板书：初三的课桌)

师：好的，我看好多同学的记忆大门被打开了，现在请大家把你能想到的关于课桌的记忆用关键词罗列下来，上面几位同学提到的经历你也有过的话，也写下来。

(给学生两分钟时间罗列)

(三)点拨转化，生成素材

师：好的，我看好多同学的记忆大门被打开了。现在大家看一遍自己罗列的关键词，大致地在心里想一下，任意挑一个关键词的话，你的文章可能会怎么构思？

生9：我选"三八线"。围绕课桌的"三八线"，展现一段友谊的分分合合，写出小学时候的那种天真纯洁。

师：嗯，好的。以课桌"三八线"为线索，记录一段纯洁友谊的故事。

（在"三八线"旁板书：友谊）

生10：我想以课桌为视角，展现当代学子的日常，记录这一段最美好的青春岁月。

师：所以你的叙述人称会用……

生10：第一人称，就是将课桌拟人化。

师：这个想法很不错哦。

（板书：见证青春）

生11：我这篇文章的想法，不是来源于某个记忆，就是刚开始的时候我们都觉得这个课桌没什么好写的，虽然它已经在我们生命当中陪伴了我们10年之久，但是现在细想，它真的是我们学习当中必不可少的一个装备，它一直在，但是我们一直忽略它。由此我想到了生活中也有这样一些人，是和我们最亲近的人，一直在我们身边默默付出，但是我们因为习惯了他们的陪伴和付出，而忽略了他们的存在，习以为常了，视而不见了。

（学生发出惊叹声，并鼓掌）

师：由物及人，你的联想很精彩，刚刚同学们的反应已经说明了。很棒！

（板书：忽略的真情）

生12：我是想到从小学到现在，我们的课桌一直在变化，功能越来越多了，也越来越美观了，课桌的变化过程代表着科技的变化和时代的进步。

（学生又发出惊叹声）

师：以小见大，你的视野很广哦。

（板书：课桌的变化、时代的变化）

师：我很惊喜地看到，同学们的思路打开了。现在同学们看一下，我们以"课桌"为话题，但是最后构思出来的文章内容都是和什么有关？

（学生有的说"人"，有的说"我们自己"，有的说"我"，各抒己见）

师：是的。文章有"我"那太重要了。我们平常说要观察生活，不只是用眼睛看，用耳朵听，用手去触摸，更要……用心去感受。只有体会到的东西，我们才能写得生动、流畅。写作，是一种自我表达，客观事物之所以能够进入到我们的文章，都是表现我们所思所想的需要。所以，我们在平常生活中要多留意自己的思考与体悟。写作过程中，要多挖掘自己的思考和体悟。这样，我们的生活才能成为为我们提供或丰富或深刻或有趣的写作素材的源泉。现在，我们就黑板上板书的这几条，一起再来挖掘挖掘课桌的故事。

（板书：我）

师：首先，来说说涂鸦。课桌上的涂鸦原来从鲁迅那时候就开始了，或者更早。长盛不衰啊！（学生笑）有人专门给了一个名称，叫"课桌文化"。能成为一个文化现象，说明这个影响是很大的。课桌文化代表了一代人青春时期的思想、行为，以及对自身情感的表达方式，是一代人青春的印迹。刚刚有同学提到对初三的课桌记忆深刻，上面记录了你们冲刺中考的激情燃烧岁月，这是这一年的主题。初一、初二的你们会在桌上涂鸦吗？

（板书：课桌文化）

生（齐声）：会。

师：也都是冲刺的话吗？

生（学生七嘴八舌）：……

师：所以，不同时间，你们在桌上涂鸦的内容是不一样的。也就是说，课桌文化可以反映你们不同时期的思想、行为。那我们把时间再拉长一点，比如，我读中学的时候，和你们现在涂鸦的内容会不会一样？

生（齐声）：不一样！

师：是啊！你们现在的偶像是鹿晗、吴亦凡，我们那时候是周杰伦、F4……（学生笑）我们这个校址建成已经 16 年了，大家可以去阶梯教室那边找找不同时期的课桌文化，看看你们是否能看出来。（学生很兴奋）那有没有一样的？

生 14：激励语、座右铭……

师：是啊，这不同年代，"课桌文化"的异同是值得我们咀嚼的。这小小的课桌，不仅见证一个人的成长，它也见证了几代人的更迭呀！

（板书：一个人、几代人）

师：从这一点看，平时注意到的东西，我们还应该思考、提炼、加工才能成为有价值的素材。这也是需要养成习惯的。我们要成为一个"加工厂"，运用我们的思维，将真实的生活提炼加工成为笔下生动有灵魂的文字。

师：我们再来看"一年一换"，同学们想到了什么？

生15：成长！我们那时候升一个年级，就换几个老师、换一批课桌，所以，这一年一换也象征着我们的成长。

师：嗯，课桌上的青春之成长！还有吗？

生16：我想到了流逝！我是个很恋旧的人，以前对课桌做过"破坏公物"的行为，因为我很想做个记号，想着毕业以后还能回来找到它，它是我"今生今世的证据"。（学生笑）但是其实毕业后，学校桌子可能有搬动过，茫茫桌海，很难找到了，又或许被后来的主人动了手脚，已经面目全非了。所以我就想到，有些东西，需要我们珍惜当下，一旦过去了就很难追回。

师：好，课桌上的体悟之珍惜当下！很有道理！大家知道我想到了什么吗？

生（好奇）：什么？

师：别离。当年我还是一个高中生，高一结束就要分班了，我在教室里，在课桌间来来回回地走，手指划过每一张课桌，想着坐在相应位置上的每一个同学的脸。这个时候，我对每一张课桌都充满了不舍，此时此刻，它们承载了我几年同窗的情谊，睹物思人，怎不悲伤？所以，以课桌作为载体，也可以表现课桌上的青春之别离。

（板书：别离）

师：同学们现在用的课桌都很新，你们是它们的第一任主人。你们知道那一批老课桌现在在哪儿吗？

生（七嘴八舌，那一批老课桌堆在学校1号楼的楼底，他们应该都看到过）：……

师：你现在回想起它们，有什么感受？

生17：感觉很可惜，它们像是被抛弃的老人，任劳任怨付出那么多年以后，就这样被淘汰了。

生18：它们将何去何从？那些旧时的主人曾经记下的青春的记忆，要随着它们的消逝而消逝了。我又想到了我们学过的那篇课文，叫《今生今世的证据》。

生19：如果课桌有生命的话，它们此刻应该是多么落寞悲伤，它们被层层叠起，你压着我，我挤着它，只为在有限的空间里能够尽可能多地塞下它们，好狼狈。天天风吹日晒，像是一群无家可归的濒临生命尽头的老人。

师：大家都这么伤感，那是不是学校不应该换新课桌，要继续使用它们？

生（齐声）：不行。

师：为什么？

生20：新的设计更科学、更好用。

生21：新的肯定比旧的好。（学生笑）

师：是啊，由物及人，即便再怎么不舍，社会在发展，淘汰是必然，就像人一样，谁也逃脱不了生老病死。所以，在遗弃的课桌身上，隐藏着一堂哲学课呀！

（板书：遗弃的课桌）

（四）当堂习作，提炼加工

师：好的，以后同学们不妨也用这样的方式，把与话题相关的所有你的"记忆"用关键词罗列一下，然后思考，这些关键词能挖掘出你内心的什么体悟，最后去表达。在这过程里面，你可以跳脱时空的限制，展开联想和想象，比如，写课桌，不一定是现在的，可以想到过去和未来；不一定是眼前的，可以想到1号楼底楼的废弃课桌、阶梯教室的连体课桌、高二高三的老课桌……下面，是同学们的写作时间，根据我的板书和你自己的笔记，选择一个方向，写一段200字左右的段落。

（10分钟）

（教师走动观察，拍下优秀习作）

师：好了，课堂的最后，我们一起来欣赏一下同学们的创作。

学生习作展示：

课桌平凡。普普通通的它，我们只当是承载学习用品的工具。它的外表一点也不华丽，木头、金属的材质，矩形的形状，简单而又质朴。可是，课桌承载着更加珍贵的东西，像盛世下的危机或富贵中的贫穷那样不为人知。课桌不仅装下了我们的书本，也装下了我们日记本中的心情。

（许高铭）

课桌从来都是静静的，不与我说一句话。

有时候，我莫名低沉、抑郁，不愿与人交流。真到想不通的时候，泪水啊，就会滚落，砸在课桌上。那时，就真的想放弃一切，去寻找自己想要的自由。但课桌平静的纹理告诉我，当我想着自由的那一刻，我已经失去了自由。更多时候，我是开心的，课桌也是静静地不说一句话，但我能感受到它的温柔。我细细打理它，让它干干净净地像个少年。我也会在它身上粘贴些细小的物件，表明自己的占有欲。

我的喜里有它，悲里有它，我的青春里有它。

（王静雯）

不禁怀念起以前的桌子了。红褐色的颜料刷满它的全身，就像书有墨香，它也有独特的香味，那是樟木的气息。桌子坑坑洼洼，一看便知晓它历经沧桑。那些密密麻麻的小洞，不知道有没有小虫在里面安了家？摸到一条长长的划痕，像是海天相交的一条线，分出了自己的领地，这是见证友谊分分合合的"三八线"。对的，那时的课桌，是一张两个人的座位。奇妙的是，那时的凳子也是两人坐的长凳。你在这头，我在那头；桌子的一头有你，另一头有我。它像是一座桥，将我们连接起来，悄悄传递着我们之间的秘密。

（郑闵之）

它，平静地安放在教室里。它很庞大，腹有诗书；它很渺小，仅容一人。任时光流淌于桌面，斑驳了过往：他爱她，她爱他；他有异于常人的想法，清奇而深邃；她有一份对未来的遐想，畅游其中，乐此不疲……桌面上的青春，或许曾被学校明令禁止，或许曾被后来人讥笑，但是，谁也不能否认，这些痕迹，也真实地雕刻在每个人的心中，随着时间的流逝，熠熠生辉。

（项楚）

朝夕相处的时间里，课桌的一切都满是我个人的气息。它知道我的每一个微笑的细节。于我而言，它也是最熟悉的存在。我可以闭着眼睛从桌下拿出我需要的东西；我也知道它的哪一个地方有着能割破皮肤的棱角；我说得出那右上角贴着的名言警句是来自哪一本书；我曾在哪个角落上刻下我的名字缩写；我曾借着桌上高高垒起的书作掩护，在数学课上睡得昏天暗地；我也曾在拿书时，不小心磕到额头……

（章群英）

我觉得我的课桌最难捉摸了，杂乱中有一丝严整，安静中又带点焦躁。桌面上的书总是凌乱地放着，一张张试卷在书的夹缝中艰难生存。各种颜色的笔散落在书本形成的沟壑中，眼镜总是站在书堆的最高处"傲视群雄"。桌子里的书参差不齐地排列着，角落里总是会有几个小纸团瑟缩着，离我最近的那个桌角总会筑成一座餐巾纸白塔。桌子两旁的挂钩从没空闲的时候，左边一个小包，右边一个大包，课桌因此像被挟持了一样。

（张婷婷）

师：同学们，"雪融化后是水"，这是我们用眼睛看到的世界；"雪融化后是春天"，这是我们用心感受到的世界。写作，需要的是后者。只有对客观事物注入我们深刻而细腻的丰富的情感，勤于思，善于挖，长期积累，我们才能不再惧怕"写什么"。这样以后，我们再来思考"怎么写"的问题。好，课后请同学们在今天课堂习作的基础上，写成一篇不少于800字的文章，下课！

生（齐声）：老师再见！

师：同学们再见！

二、执教者言

本节课的教学思路如图 2-17 所示。

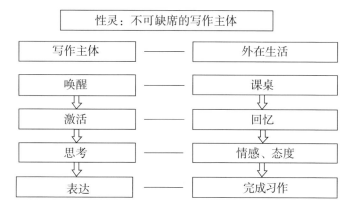

图 2-17　教学思路图

写作教学，一直是个老大难。估计大部分一线教师在写作课上花费的精力是不多的，大多时间花在阅读教学上。为什么会这样？因为觉得教与不教似乎没什么不同。但是，我们又确确实实看到，有相当一部分一线教师致力于写作教学研究并付诸实践，最后证明：教和不教是有不同的。关键在于怎么教，教什么。而要想清楚这个问题，我们又要回到学生身上，去发现他们笔端艰涩、惧怕写作的根本原因。本节作文课的设计正是基于这样一个背景做的一次尝试。

要围绕"课桌"这样一个平常到被学生忽略的事物写成一篇800字的文章，学生的第一反应是在意料之中的。他们对"一花一世界，一叶一菩提"这样的句子可以脱口而出，但不曾体悟其义。随着课堂的推进，他们精彩的表现，也是在意料之中的，因为十六七岁的他们，有着纯洁又细腻、敏感又丰富的情感。这时的他们，是接近文学的，只是需要激发，需要唤醒，需要引导。

这种激发也不是一次两次就能见效的，需要反复的刻意练习，直至变成他们的习惯。因此，这节课只是开始，不是结束。要上好这样一节唤醒作为写作主体的学生对世界的体验的作文课，教师应该做好以下几点准备。

(一)站在学生角度唤醒经验并作充分的加工处理

如果我们教授技法，我们可以充分预设，掌控课堂。但是要唤醒、激活学生的体验，存在很大的不确定性，我们必须做好充分的准备。同时，我们既要能想到学生这个时期能看到的、听到的、想到的生活，以便在课堂中及时点拨引导，这是课堂的基点。我们更要想到学生在这个阶段所不能做到的加工、转化、再造能力，以便在课堂中及时总结提升，这是课堂的难点。

(二)要对学生可能呈现的体悟提前进行归类整理，以便在课堂中及时梳理归纳

"一千个读者就有一千个哈姆雷特。"面对同一个客观对象，学生的生活经历和体验必定是多样化、个性化的。如果不进行归类整理，势必凌乱芜杂，学生也便无所适从，体悟只会停留在感性的层面上。只有进行归类整理，总结归纳，才能拨开云雾，上升到理性的层面。这一点，这一节课，做得还不够。

另外，如果有名家也有对相关话题的精彩描绘，可以在课堂展现给学生，让学生知道，名家名作也都关注生活，都在写"经验了的生活""体悟了的生活"。

唯有真实才能动人，唯有真情才能感人。写作，就是一次自我对话、认识自我的过程。当我们的学生能以这样的"准写作状态"生活时，

"写什么"才能不再是一个难题。

三、观教者言

朱自清在《荷塘月色》中写道："这几天心里颇不宁静。今晚在院子里坐着乘凉，忽然想起日日走过的荷塘，在这满月的光里，总该另有一番样子吧。"朱自清日日走过这荷塘，这荷塘四季的风景在他眼前一一展现过，昼夜晨昏的交替在他的脚步声中不曾混乱过，缘何在这一天，这一片荷塘天地进入了他的文章？主要原因不在于今晚"满月"，而在于今晚的"人"有特别的心绪。这值得我们去思考：能进入文章的不在于这"客观存在"怎么样，而在于"主体"想怎么样。一直以来，学生在写作上都存在"没内容可写"的问题，原因在哪里？其中最常见的说法大致有两种：一是学生每天困在学校过三点一线的生活，机械单调的生活如何挖掘出能写进文章的素材？二是阅读量不够，既不能行万里路，又没读过万卷书，如何写得出文章？于是，我们在写作课前以看新闻、做游戏、看电影、听音乐、观察某人某物等方式试图给学生提供素材；我们开设阅览课，设置图书角，鼓励学生们多阅读，试图让学生积累素材，这些自然可以。但是我们发现，同样的三点一线，有些学生依旧能从中发现素材，写出让人动容的优美文章；那些优秀范文中来源于阅读积累的素材，其他学生也不是不了解，但是就是用不出来。

在这里，朱自清的《荷塘月色》给我们一个提醒：学生"没内容可写"的第三种可能，就是对"我"的忽视，"我"即写作主体。"主体瘦则世界瘦则文章死，主体丰则世界丰则文章活。"客观存在的外在事物是客体，"我"的主观感受是主体，客体之所以能够进入文本，都是表现"我"的主观感受的需要。只有写作主体"我"有丰富的情感和感受，客观存在的外在事物才有可能融化为丰富的写作素材。那么，我们的写作如果离开了对主体"我"的关注而一味只强调生活和阅读，可能是缘木求鱼。

因为，写作不仅要生活和阅读，更要主体"我"感受了的生活和阅读——即经过主体心灵内化了的生活和阅读。写作教学的一个重要任务应该是培养学生对生活唤醒、激活、体验、加工、转换、再造的能力。这样，写作教学中学生"没内容可写"的问题，才算从根本上得到解决了。

　　杨瑶瑶老师本则课例的设计正是架构在这番理念上的一次有价值的尝试。围绕"课桌"这样一个对学生而言既陌生又熟悉的事物来展开写作，让学生更多地用欣赏、反思的态度关注身边的种种，只有如此，才能有源源不断的写作激情。

四、学生习作

光阴里的课桌

林美羽玟

　　下课，趴在课桌上静静地盯着手中的自动笔毫无规律地划来划去，突然铃声响起，我忙找来一块橡皮擦干净……

　　这张课桌，很干净，没有橡皮屑，也没有凹痕。摸上去，光滑平整，就跟新的一样。桌面是原木色的，树木的纹理清晰可见，天然雕饰的美，果真震慑人心。桌角完好，有一个漂亮的弧度，避免有人不小心撞到而发生"惨案"。它静静地矗在那里，看起来一本正经地，像个教书先生。它的肚子总是不够装，挤得再也塞不下一本书，但主人还是努力找出一小块缝隙，勉强塞下了她的一枚小镜子和一支唇膏。

　　而那张桌子，是的，就是那张。有点矮小，有点破旧，桌面不再光滑，油漆斑斑驳驳，一看就有些年头了。桌面撒满了黑黑的橡皮屑，不但如此，还被涂满了大人看不懂的各种没有规律的图案。是朵小花？又分明是一只小蝴蝶，怎么又有点像一小朵云？哦，这儿还有一个小图案，是一个小小的爱心，比指甲还小，样子有点歪歪扭扭。一个脸蛋圆圆的小女孩还在一笔一画地勾勒着自己的"新作品"，时而眉头紧锁，时而喜笑颜开，时而严肃专注，时而调皮嬉笑……嗯，不用继续看我都能想到，"新作品"完成后她的样子：小手叉腰，骄傲自满，呼唤其他小朋友来看自己的"杰作"。

　　桌子下面，还摆放着一个废物利用的小纸盒，盒子里有两只小小的西瓜虫，叫"小花儿"和"小草儿"，那个女孩时不时低头去瞧她们，小酒窝像花儿一样绽开了。

　　不知不觉，这两只可爱的西瓜虫从女孩身边溜走了……

　　就像那脏兮兮的可爱的课桌溜走了……

　　那份纯天然、无污染、零添加的童真真的也溜走了……

那个有着小酒窝的天真女孩也跟着走了，只剩下开始爱照镜子涂唇膏的女生了。

在这被条条框框所压制的阶段，在这被世俗洪流席卷的阶段，我是多么想念那个满心是无厘头涂鸦的小女孩，怀念那个因两只西瓜虫就能喜笑颜开的年纪。可如今，却只能在回忆中念想了，只剩回忆。

我回过神来，望着这被擦得能映出天花板、日光灯容颜的课桌，它这么干净，如此干净，干净地让我有些落空。

【教师点评】

该生以课桌喻人，通过描写两张截然不同的课桌生动形象地刻画了两个时期的"我"，很有新意。文笔细腻，情感真挚，形象生动地写出了"我"的成长的烦恼。

课桌上的青春
金一诺

课桌上总坑坑洼洼，圆规扎出的小洞、小刀晃过留下的划痕、笔尖吻过留下的涂鸦，分布在课桌的角角落落。抽屉里是用心包了书皮却被挤得乱七八糟的课本。

课桌是上一届学生用过的，桌面平整但掩饰不了老旧，写字的时候会微微地前摇后晃。桌板贴过抄着歌词的便利贴，而后上面的内容变成某次模考的年级名次了。

高中时的课桌，左上角叠着打折时买的真题，此时，我的手正压在干净的桌面上，绞尽脑汁……

桌和凳的编号是一样的，红色的油漆数字新到可以反光——我是它的第一任使用者。它和我一样，是第一次坐在这个教室里，第一次听到那些新鲜的知识，第一次用小纸条把说不出口的秘密写得隐蔽。课桌移动了几轮，换过几次位置。炎热的夏变成冬又变成夏。教室给高三当做考场时，课桌上叠成小山的书被全部搬走。高三的学长学姐们，初入学时，与他们初见的正是这样空荡荡的课桌，然后用三年时间，将课桌，也将自己填满。而临近毕业的那最后一场考试，也是用空荡荡的课桌为三年画上圆满的句号。桌背后的编号，磨损了，黯淡了，青春岁月却被擦洗得新而反光。

我们总听说学生时代是最值得追忆和回味的，但是被作业与考试压制的我们却毫无这份知觉。未来，校服将换成通勤装，而那课桌——或许变成讲台，或许变成舞台，或许变成电脑桌，或许变成料理食物的灶台……它们大概就是比课桌承载了更大的一份意义，定义了我们人生中暂时的走向。我抚摸着课桌的边沿，视线扫过各科习题、课程表与用完的笔芯，忽然忍不住在心中赞同这句话："学生时代是最好的时光。"而这份时光中最重要的角色之一，便是陪伴我们日日夜夜的课桌。它不语，不言，在原地见证者我们情绪与成绩的波动，或笑或哀的面容，见证了我们缓慢又波折却也坚定的成长。青涩的、朦胧的心思，坚决的、努力的念头，在课桌上留下浅浅的刻痕。课桌将会在我们毕业后继续被使用，再听一遍我们永没有机会再听的课；再记一次新的课程表，物理课后可能还会是体育课；再认识一遍同样的又不同的青春年少；再参与每周一次的班会课时的欢声和笑语。而我们，将从课桌后起身，离开。离开教室，离开校园，走向各色的生活里去。我可能会忘记电子在电场中的偏转，忘记通假字和文言句式，忘记三角函数——但我永远不会忘记这一刻，铃声响起，我们从课桌后起身，离开座位，欢乐地奔向一个人，或奔向教室外的无限春光里。天气温暖得刚刚好，空气里到处是香樟的气息。我清楚地感受到这是最好的时光，也是最好的我们。

眼前恍惚是许多年以后，我们举起酒杯忆起当年，随着一声清脆的玻璃杯碰撞的声音，我们笑着说着久别重逢的开心的话，但心底伤感却开始蔓延……

是再也摸不到的课桌，也是再也回不去的纯真年代。

【教师点评】

以课桌为载体，用丰富的细节展现了青春时期的方方面面，真实真切真挚，写出了很多人的青春记忆，也让我们看到一个生动立体的"我"：情感细腻、敏感多情。

那张只属于我的课桌

王穗迪

走进教室，一人一桌，一桌一编号。

每张桌子都是崭新的，原来我们是它们的第一届主人，它们看起来没有什么不同，只能凭编号来辨认。但是，久而久之，一些微小的事在不断变化。有的人喜欢吃零食，搞得桌子也被熏上了各种气味；有的人喜欢把书全都叠在课桌上，桌下空荡荡；有的人喜欢一展自己的绘画天赋，桌子的角角落落已然"焕然一新"……就这样，因为有了不同的主人，桌子也开始有了不同的"个性"。是啊，每张桌子都能反映一个人，他的思想，他的言行，他的喜好，他的习惯，都展露在那小小的桌上。

不同主人的桌子是截然不同的，同一主人的桌子在不同时期也会有不同的变化。因为一个人的心境也是在变化的。那个记号，是我为勉励自己而画上去的，上次课堂上看课外书被发现，我用这个记号来提醒自己，在正确的时间做正确的事；那个计划表，是我在第一学期期中考后贴上去的，挫折来得猝不及防，我需要用它来监督自己，避免自己离梦想越来越远。曾经，我是一个很不擅长整理的人，桌面的书总是凌乱地堆放着，需要时总要费一番工夫才能找到想要的书和讲义。慢慢地，我懂得了细节的重要，古人说："一屋不扫，何以扫天下。"整齐有序关乎学习效率，改变在悄然进行，现在，我的桌面东西摆放得整齐划一、规范有序。呈现在课桌上的变化不就是我的变化吗？我看到了我曾下的决心，我的改变与进步。但是，我也看见了我未完成的承诺以及愤怒时留下的"暴行"。今后，它们将时时刻刻提醒着我，勿重蹈覆辙。此时此刻，如果说要给我换一张课桌，换掉的何止是一张课桌呢？那分明是另一个我了。

是的，它分明是另一个我了。不只是一个我，过去的、现在的、将来的，每一个我都可以在它身上找到痕迹和影子。它又分明是我忠诚的伙伴了，我靠着它大笑，我依偎着它流泪，它看着我为一个难题从眉头紧锁到"柳暗花明"，它了解我为躲过老师的眼神从正襟危坐到垂首低头；我和它一起沐浴过朝阳，欣赏过落日，听过风过树梢，闻过四季香气……

走进教室，一人一桌，一桌一"貌"。看见了吗？那张只属于我的课桌，是我青春岁月的见证。

【教师点评】

我们说"字如其人""文如其人"，该生说"课桌如其人"。作者用细腻的笔触，既写了"不同人的不同课桌"，也写了"同一人不同时期的课桌"，充满了思辨意味。有"我"之课桌，像被施了魔法，魅力无穷。

感"物"：唤醒尘封的记忆

执教者：柳丽莎　观教者：方青稚

一、教学实录

(一)导入

师：同学们，在上个月刚刚过去的成人礼上，每个班级拍摄的微视频和父母师长在台上的深情朗诵，都让我们看到了过去的自己，回到了往日的时光。其实在我们成长的岁月里，有很多值得我们细细回味的地方，比如撕心裂肺的痛哭、肆无忌惮的大笑、心有余悸的惊愕、感人肺腑的感动等。我们都是有故事的人，而记叙文写作正是要写出我们的故事来。今天这节课就让我们打开话匣子，分享自己的故事，写一写记叙文。

(二)教师分享照片，概述照片来历

师：上周放假，我让大家回家带一张照片，同学们都带回来了吗？

生(齐声)：带了。

师：我今天也带了张照片，先与大家分享一下。这张照片是在我去年结婚当天，摄像师抓拍的我妈妈的一个瞬间。

(PPT 呈现一张自己婚礼上的照片)

(三)学生聚焦照片，捕捉产生情绪反应的细节

师：同学们，让我们仔细看看这张照片，然后说说你的情绪反应是怎样的？

生1：有点感伤。

师：你感伤的情绪是从照片中的什么地方产生的？

生1：照片中的妈妈捂着眼睛，试图压抑情绪，不让自己哭出来。这个举动，触发了我伤感的情绪。

师：好，我们再找位男生说说。

生2：看到这张照片后，我内心很沉重、很低落。这张照片拍得很高清，我们可以清楚地看到妈妈用手抹眼泪，而这双手长满了皱纹，甚至还有一些老年斑，感觉妈妈应该经历了很多的风雨。

师：大家都有一双敏锐的眼睛，很善于观察，抓住了照片中能够引起我们情绪反应的细节——妈妈的动作。

（四）学生聚焦细节，推想细节背后的故事

师：同学们，我们聚焦这处细节，聚焦妈妈的动作。大家想想，当时妈妈是在什么情况下哭的呢？

生3：现在的婚礼上都有一个"敬茶"的环节，可能是新郎、新娘正在向父母敬茶时，新娘的妈妈触景生情了。

生4：也有可能是新郎接到新娘之后，新娘马上就要出门，要跟娘家人告别的时候。

师：那么，此时妈妈看着即将出嫁的女儿，她的心里会想些什么呢？

生5：生活在自己身边几十年的"小棉袄"就要成为别人家的"小棉袄"了，非常不舍，但又希望自己的姑娘能过得幸福。

师：嗯，不舍的同时更是衷心的祝愿。

生6：妈妈心里会有落空感。女儿今天一旦嫁出去，更多的时间会待在婆家，再也不能像出嫁前一样黏着自己唠家常了。

师：对的，面对女儿的出嫁，母亲的内心总是五味杂陈，在幸福中交织着不可名状的伤感，在欣慰中难掩内心深处的不舍，在喜悦中也流露着些许的无奈……同学们，我们的肢体语言有时候比口头语言更真实。一抹不经意的微笑，一个关切的眼神，任何细小的动作、表情等都可能流露出人物的真实内心。

（五）教师展示所写文段，学生评论归纳

师：当我拿到摄影师传过来的照片后，看到母亲的这个举动，我在微博上写下了一段话。我想请碧珍帮我念一下这段文字。

（PPT呈现）

多少年后，我依然会记得那个交织着甜蜜喜悦与紧张不舍等各种情绪的清晨。我的手心始终湿嗒嗒地冒汗，不知更换过多少张纸巾。母亲一大早就在众多亲友中穿梭奔波，生怕对女儿婚礼细节考虑得有任何不周全。当我临行前与父母辞别，跪下的那一刻，我看到母亲常年不化妆不擦粉、略微松弛的脸在不受控制地颤动，嘴角似笑似颤地抖动。当摄像师让母亲在女儿临行前作最后嘱咐的时候，往日坚强如硬汉般的母亲，瞬间泪崩，剧烈抖动的双肩、双手捂眼强挡泪水、避开镜头，哽咽着对我身边的他说："交给你了，好好疼她。"简短之语，却让我瞬间明白，女儿欢喜出嫁之时，更是父母落寞不舍之际，眼看着多年养育的"小棉袄"被人穿走，噼里啪啦的一场热闹，唯留空荡荡的屋子和空落落的内心。当我踏出家门的一刻，我更懂得，无论何时何地，我的背后，始终站着我的母亲！

（一名女生诵读该段文字）

师：听完碧珍的朗读，大家来评论一下这段文字吧。

生7：这段文字详细描写了妈妈的一个动作，并且深入刻画妈妈的内心感受，同时又转换角度，兼顾到女儿的心里感触，文字很真实，很能打动人，至少让我感受到了母亲对女儿的种种不舍。

师：对，这段文字是从照片中妈妈的一个细节切入，展开回忆。

生8：写这段话的切口很小，不会泛泛而谈，文章一点也不空洞，有真情实感。

师：嗯，切入点细小。这归功于写作者捕捉到了照片中的一处细节，其实这个细节除了是人物的一个动作或表情之外，也可以是人物的穿着、一缕发丝、一道疤痕等，还可以是照片中的某一个物件或是某一处背景环境。总之，这个细节是可以启发我们回忆过往某些生活片段，帮助我们快速打开记忆之门，并让我们产生情绪反应，引起喜悦、愤怒、悲伤、恐惧、厌恶等感受的。我们称这样有效的、关键的细节为"启发性细节"。

（PPT呈现关键词：启发性细节）

师：找到启发性细节之后，我们再聚焦、利用这处细节，从这个细节切入，唤醒自己的记忆并讲述与之相关的故事。所以，今天这节课，我们以照片为记忆载体，去观察并留意照片中特别的地方，往往特别之处就是我们需要去琢磨和挖掘的地方，是有故事的地方。

（PPT呈现本节课的标题：《照片，唤醒记忆》）

(六)学生分享照片，唤醒记忆

师：好，下面大家把自己从家里带过来的照片拿出来。也许这是张旧照片，被我们尘封在箱底，时隔多年，大家先细细地看一看。

(停顿半分钟)

师：我们来分享一下手中的照片。先说说这张照片是怎么来的？

生9：这张照片是我大概一周岁时拍的。当时刚刚下过一场雪，我妈抱着稍微有点会走路的我到小区的广场上练习走下坡路，克服恐惧感。(生齐笑)

生10：这是爸爸在大连旅顺当兵时，我和妈妈去部队探亲，在海军军舰上拍的照片。

生11：这是我第一次进公安局，被工作人员要求摘掉眼镜看着镜头拍身份证照片，照片中的我一脸茫然，高度近视的我因捕捉不到镜头而眼神空洞。(生大笑)

师：好，接下来请同学们把手中的照片拿得近一点，看得仔细一些，找到一个让你产生情绪反应的细节。找到之后，先定格住这个细节，你想到了与之相关的哪件事？哪个人或哪些人？故事发生的时间、地点？你当时的情绪是怎么样的？周围人的情绪呢？这件事的结果是怎么样……我们用文字去记录这段故事。

(教师放慢语速，学生练笔，用时6分钟)

(七)芝麻开门故事汇——故事分享

师：很多同学洋洋洒洒写了好多，一旦打开回忆，就会蹦出一个个精彩的故事。下面请大家把自己写下的故事与照片先分享到组内，以小组为单位推选出一名同学上台分享故事。

(组内讨论、推举，用时3分钟)

师：好，很多小组已经跃跃欲试了，待会儿上台的同学先出示照片，然后分享故事内容。

生12：这张照片是我三岁的时候，在北京大学的未名湖畔拍摄的。当时我们一家住在北京，由于我没有北京户口，无法在北京上学，所以只能回老家浙江。临走之前，父母带我去逛北京大学校园，希望我以后能考到北京大学，重回北京。照片中的我身形是扭曲的，上身的T恤衫被我爸抓扯了上来，露出一点白肚皮。因为儿时的我虽是女儿身却有颗男儿心，非常好动调皮。未名湖边有很多螺蛳，我想下去捉螺蛳，我爸不放心，紧紧拽着我的两个胳膊不让我下水，我就不停地扭动身子，想要挣脱开，于是妈妈就抓拍了这特别搞笑、扭曲的一幕。

师：可心(生12)抓住了照片中人物扭动的身躯，从这处细节入手开始快速回忆与之相关的故事，一打开话匣子就滔滔不绝。

生13：十二年前的冬天，三个"小萝卜头"坐在洛河公园的大石头上冲着镜头傻笑，记忆定格在那一刻。坐在最右边的表姐比我大五岁，虽然还不是少女但已经有了几分清秀。中间的表哥大我两岁，正眯着眼冲相机大笑。他黑色的外裤缩了半截，里面穿着的毛线裤和秋裤已分截露在外面，虽然有些邋遢，但就是一副顽皮小男孩的模样。而边上的我是最小的，即便是冬天，额头上的刘海也被汗水浸成一缕缕，头顶隐约还冒着热气。刘海是老爸手动剪的，一缕缕头发贴在额头上有一种滑稽的整齐感。牙齿掉了一次还没有长齐，只有短短的两颗虎牙暴露在风中表现出当日的开心。

(学生看照片齐笑)

师：额头上的那一撮刘海、嘴巴中的两颗虎牙都成为了最珍贵的回忆。

生14：这是我第一次接触鸽子这种雪白机警的物种时拍下的照片。刚刚靠近一点，它们便会机灵地扇动翅膀，在天空盘旋，落在远处歪着头瞧我，发出咕咕的轻唤声。然而母亲一捧出玉米粒，它们又胆大得不得了，呼朋唤友地聚在母亲手心边，尖尖的小嘴快速地啄食，仿佛一片雪白的浪花将母亲包围起来。母亲叫我试试，岂料瘦小且胆小的我，一见到这声势浩大的鸽群靠近并用尖嘴啄食的刹那，我便自动松手，洒落一地的玉米粒。鸽群将我包围起来，争先恐后地扑腾着翅膀往前窜，脚边传来痒痒的触觉，叫我好生紧张，不由得攥紧手中的袋子，睁大眼睛扭头求助母亲。母亲却在一旁不住叹息，极力说服我把玉米粒摊在手心，不断强调鸽子只是啄食并不啄人。但我不肯再试，慌慌张张地逃出鸽群，此后再也没有近距离接触过鸽子，只能遥望这群白色精灵在高空中翱翔。

师：卢妮(生14)非常细腻地描绘出了第一次也是仅有的一次喂食鸽子的经过和内心错综复杂的感受。

生15：两年前，我被推选为代表参加中国共产主义青年团台州市第五次代表大会。为期三天的会议接近尾声，到了最后选举投票环节时，为了让年幼稚嫩的自己看起来更加干练精神，我将头发高高地扎成一束，穿着白衬衫黑西裤，双手端正地握着自己的选票，紧紧跟着代表团，绕着大厅走了大半圈。脚步逐渐逼近投票箱，我的心跳动得更加剧烈，好似一锅滚烫的开水在高温中不断沸腾，握着选票的双手渗透着手汗，选票上清晰可见我的指印。在市政府大会堂灯光的照射之下，在主席台上诸多领导的注视之下，我的脸颊温度足以煎熟鸡蛋，两瓣嘴唇紧紧抿在一起，眼睛紧盯着投票箱，当朱红的选票穿过箱子顶部扁平的小孔，我的眉眼开始舒展，紧抿的双唇打开了通气口，将之前的紧张、沉重一并吐出，留下满满的自豪与喜悦。（生鼓掌）

师总结：今天这节课，我们借助一张照片，借助照片中的一处细节，打开了话匣子，将往日的故事娓娓道来，同学们的文字细腻且生动。其实，生活中有很多这样的细节，比如一张糖纸、一把竹椅子、一个钥匙串等都承载了满满的回忆，这些物件的背后都有一个个生动真实的故事。所以，让我们做个有故事并爱讲故事的人吧。今日份的"故事汇"就到这里。

二、执教者言

本节课的教学思路如图 2-18 所示。

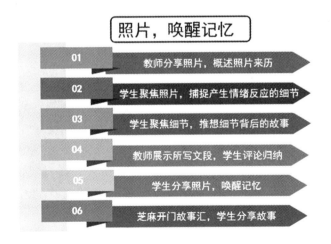

图 2-18　教学思路图

记叙文写作是"情动于中而形于言"的活动过程，是写作主体将自身对生活感受真实流露的过程。但是由于学生长期"两耳不闻窗外事"，对生活缺乏一定的敏感性，对生命缺少一定的咀嚼回味，导致写作成为无源之水，陷入了一种僵化状态。本节课尝试着跳脱出封闭的教学格局，打破时空限制，将学生的写作视角由课堂引向生活，从学生主体体验入手，找生活中的"动情物"，抓情感的"触发点"，唤醒学生已有的生活体验，以期解决行文无素材的困扰，更让学生意识到最本真的作文才能真切地打动人。

（一）以照片为载体，唤醒生活体验

记录生活的方式有很多，有人用文字，有人用照片，每一段文字、每一张照片都有背后的故事。为了加强学生多种感官的体验互动，本节课选用了"照片"这一物件。这是同学们喜闻乐见的形式，从课前布置的准备工作来看，大家对这节作文课抱有很大的兴趣与积极性。

写作教学课，教师的真情融入是对学生最好的鼓励与激发。为此，我率先分享了一张个人照片，用自己的生活体验唤醒学生的体验，并不断创设一些话题，引导学生去发现，激起他们的好奇心。这一环节为课堂营造了轻松愉快的写作氛围，接下来学生大胆地展示照片，讲述照片来历，争先恐后地分享照片上有趣或感人的一幕，充分调动了自身的联想与记忆。为了更加充分地唤醒学生沉睡的生活印记，我特地设计了一些新颖、富有情感的提示语，通过听觉、视觉等多种感官刺激来触发学生的动情点。学生看着照片讲述故事，真正地融入课堂教学，心理上对写作的各种束缚也得以解脱。

（二）以细节为切口，激发写作冲动

本节课在教学环节设计上删繁就简，做到精心精细，为学生创设更多的自由，让学生获得更大的发挥空间，同时也注重交给学生实际可操作的方法。每一张照片的背后都有一个故事，每一个故事里面都有一个感人的细节。课堂开始，我以自己照片作为切入，通过设问"看到照片后的情绪反应？照片中吸引你的地方？"引领学生去发现照片中的亮点或特别点，往往特殊之处是值得我们去挖掘并且有故事价值的地方。随后聚焦定格照片中的细节，让学生多角度观察，鼓励学生敞开想象推测细节产生的具体情境，让学生调动起生活经历，由活动体验走向生活体验，加深对启发性细节的理解。在后续教学环节中，学生对个人照片中启发性细节的精准捕捉以及有效利用，都为丰富的故事表达和顺畅的实践创作做足了准备。课堂上无论是对老师习作的点评，还是照片背后故

事的讲述，抑或是动笔写作，学生们都保持着高度的热情和参与的积极性。

（三）以活动为形式，创设展示平台

写作教学的课堂上不单单只有默无声息的写，还可以融入声情并茂的读、丰富多样的展示、真切中肯的点评等多种活动。我在分享自己的习作时，邀请了一名女生来朗读，以期通过声音带领大家进入故事情境。在课堂的展示环节，每个小组推选出的代表在上台分享照片和故事时，也是需要通过朗读将故事娓娓道来。"故事汇"之后，我通过每组组长的打分评选出本次的最佳故事，将学生们的习作张贴在班级中。除此之外，我还组织学生对我的习作进行评点，让学生对启发性细节在记叙文中的运用有个初步感知，使学生平面、模糊的生活体验走向清晰、深刻。

记叙文写作教学在交给学生完整的写作知识体系和某些写作技能技巧之前，首先要做的是减少学生对写作的恐惧和抵触，激发和唤醒学生爱说乐写的兴趣。本节课以照片为抓手，撬动学生的生活记忆，但课堂教学时间有限，未能形成系列的照片写作课，这是接下来可以继续努力的。

三、观教者言

高中生对记叙文写作的感觉就像鸡肋，食之无味、弃之可惜。这是我们从小到大最熟悉的文体，多少都会写点，但总写不出生动出彩的文章。记叙文写作，其核心是讲故事。让很多学生苦恼的恰恰是自己手头没有素材，没有积累生活体验，往往要绞尽脑汁去虚构、编造故事，那么最后呈现出来的作文往往是千篇一律，无血肉、无情感。

其实，我们每个人都是有故事的人，往昔生活的点滴汇聚成的记忆是一段又一段蕴含情感的场景，一个又一个值得回味的故事。但是，这些记忆大多被尘封，处于沉睡状态，需要我们借助一些事物去唤醒、激发它。柳丽莎老师的这则课例，告诉学生不妨试试去捕捉并利用那些启发性的细节，比如儿时的玩具、口风琴、木梳子、钥匙串、糖纸等，这些小物件都能迅速带我们回到某年某时某境。比如一直珍藏着的锈迹斑

斑的奶糖盒子，打开了这个盒子，就打开了话匣子。它可能是在物质匮乏的童年里，在外务工的舅舅寄回家的"喔喔"奶糖，于是它成了孩子向伙伴炫耀的骄傲，成了两姐妹各咬一口的温暖，成了家人过年招待客人的奢侈物。比如那把已经断裂的竹躺椅和那只已经弃置不用的木水桶，多少个夏夜的纳凉都靠它们支撑。

一个看似无足轻重的细节却承载起了一段故事，它就变得有效果、有分量。一个看似微不足道的细节却能快速开启记忆之门，把我们迅速带回到当年的故事情境中，让我们有话说并说得生动。这些都是基于学生真实生活经历基础上展开的真实写作，这些细节也饱含着故事讲述者重要的情感意义，从而也为这段故事带来感染人心的效果。

四、学生习作

黑夜中的身影

卢 妮

寂静夜中孤单骑行，不时有呼啸的车飞驰而过，来之匆然，去之洒脱，徒留我只身一人湮没于黑夜之中，身后的影子也在昏暗的灯光下若隐若现。寂寞的种子在这一刻疯狂地生长，叫嚣着要冲破我的胸膛。

深夜埋下了寂寞的种子，一切的悲伤、不安孕育着它的成长。夜晚的繁星渺茫无垠，却无法点亮心中的黑暗。黑暗中一次次的摸索，却只换来一次次痛彻心扉的伤害，终于如同刺猬蜷曲着身体，展露出故作坚强的利刃。

轮轴转动时发出的吱吱声在深邃的夜晚中异常刺耳，敲击着敏感的神经和早已脆弱不堪的心墙，无法抑制的悲伤在周身漫延，笼罩着我在黑夜中落寞的身影。环顾四周，早已没有过往的车辆和行人，心中越发寂寥，却突然瞥见一个熟悉的身影在光与影的交界处忽明忽暗，也牵动着我的心情忽明忽暗。待我走近后，不由得鼻头一酸，几颗晶莹湿润了眼前的视线。熟悉的身姿、熟悉的眉眼像与生俱来的印记深深烙印在心中。母亲的眼神锐利明亮却如一池春水包着我，母亲的双手粗糙褶皱却如冬日的阳光温暖着我，母亲的身影坚定挺直却在寂寥深夜中点亮了心中的黑暗。

犹记得儿时的我胆小柔弱，母亲便借着各种场合来历练我。还记得生平第一次接触鸽子这种雪白机警的物种，我只要靠近一点，它们便会机灵地扇动翅膀，在天空盘旋，落在远处歪着头瞧我，发出咕咕的轻唤声。然而母亲一捧出玉米粒，它们又胆大得不得了，呼朋唤友地聚在母亲手心边，尖尖的小嘴快速地啄食，仿佛一片雪白的浪花将母亲包围起来。母亲叫我试试，岂料瘦小且胆小的我，一见到这声势浩大的鸽群靠近并用尖嘴啄食的刹那，我便自动松手，洒落一地的玉米粒。鸽群将我包围起来，争先恐后地扑腾着翅膀往前窜，脚边传来痒痒的触觉，叫我好生紧张，我不由得攥紧手中的袋子，睁大眼睛扭头求助母亲。母亲却在一旁不住叹息，极力说服我把玉米粒摊在手心，不断强调鸽子只是啄食并不啄人。但我不肯再试，慌慌张张地逃出鸽群，此后再也没有近距离接触过鸽子，只能遥望这群白色精灵在高空中翱翔。

往事一幕幕涌现在眼前，寂寞在这一刻平静下来，不再叫嚣，悲伤也早已被心中涌起的温暖抑制。在这深夜之中我不再寂寞，因为我知道，会有这样一个坚定的身影在萧瑟的黑夜中等待着我的安归，不计利益、不计得舍地等待着我。繁星点缀的夜空熠熠闪光，轮轴的吱吱声在寂静中奏写了一曲欢歌。抛下一身的倦意，忘却满心的寂寞，前行的路途不再黑暗，路灯的微光下沐浴着我们的身影。

人们总是在无垠的黑暗中追求光明，在无限的寂寥中追求温暖，在曲折的命运中追求幸福，却不曾正视身边那个等着你回眸的人，等着你珍惜的温暖，等着你守望的幸福。

时光在白驹的脚下溜过，昔日牙牙学语的孩童早已长大，渐行渐远，却有个人依然在黑暗之中默默守护。而那黑夜中的身影，是我不曾远离的幸福。

【教师点评】

面对"母爱"这样古老而平常的作文素材，如何写得出彩而又不落俗套是需要一定的文学底蕴与写作技巧的。文章开篇就为我们定格了一个镜头，黑夜寒风中寂然等待女儿归家的母亲。在叙事的过程里，语言简洁、明了，没有任何的烦冗拖沓，此外还运用一系列的排比句与细节描写，为我们提供了形象的画面。行文中穿插进童年往事的回忆，细节描写生动具体，融入自己的情感体验与领悟，使文章有了哲理性与厚重感。在文章末尾进一步阐述对母爱的理解，点明立意的同时也升华了文章的情感意识。

一方天地，风景独好

朱碧珍

一回到教室就是兵荒马乱的晚自习，我因头脑胀痛而无法集中精力，想象着窗外繁华的世界。我害怕，害怕叵测的命运悬挂在分数线上，摇摇欲坠，眼前的一切事物蒙上一层重重的灰，觉得整个世界失去活力。

每一天，我都在这压抑的空间里机械地重复着听课、做练习的循环运动。我渴望逃离，渴望挣脱这牢笼，踏上欢快而轻松的旅程，去到那钟灵毓秀的山水之间，欣赏气吞山河的壮美景象，而我的生活丝毫没有变化的趋势，我还是会挠着自己头发在数学图形里摸爬滚打，还是会撑着自己的眼皮把恼人的哲学原理强行塞进脑门，还是会期盼室外的体育课以暂别成山的作业。

无数遍地抱怨学业的繁重，无数遍地向往旅程的愉快，可殊不知我已经踏上了一趟没有回路的旅程。能否将学习当成一场旅程，一场欢快而轻松的旅程，能否将同在一方天地中奋斗的战友当做最美的风景？

一回到教室就是喊着号子，精神抖擞的练兵仪式。看着教室里的同学们埋头奋斗的姿态——有的一手撑着头，一手握笔在草稿本上不断演算新学的公式；有的双眼直勾勾地盯着书上密密麻麻的文字；有的双手捧着书本，嘴里念念有词；有的捏着一支笔戳着下巴，在窗边踱来踱去。如今，这些在我的眼里也成了美妙的风景，也难怪说"读书是最美的姿态"。重新整理心情，把头和心都埋进书海里。书上的文字成了穿着礼服在你眼前跳着芭蕾的艺术家，成篇的定理成了红鼻子、绿帽子的小丑，给我带来轻松和闲适。就在这小小的一方天地中，它们构成了一幅特别的风景画。它不是不存在，就看你有没有擦亮慧眼找到它。

记忆定格在了这张照片中，中考前那段"暗无天日"的生活居然也在回忆里变得如此鲜明生动，一切的付出都为了盛夏的果实。最好的风景不在远处的繁华喧闹，而就在你身边的一方天地中的特别奇妙。在这方天地，望着身边的美好，踏着轻松的旅程，不再奢望挣脱这"牢笼"。

窗外的汽车呼啸着的鸣笛声，像天空的崩塌压垮所有的告别，踏上新的旅程……

【教师点评】

本文特别真实，在每一个人的学习历程中都会找到类似的足迹。学生与成绩之间的话题，是一个永恒经典的话题，也是一种说不清、道不明的关系。在这样的背景下作文章，非常有挑战性。本篇文章的亮点：一、拟定了一个非常贴切的题目《一方天地，风景独好》，它恰如其分地表达了文章的主旨、作者的心境，又不入俗；二、文章在结构上精心布局，文章前后思想意识、情感态度的转变，正是作者对日日发生在学生身上的学习之事由忽视到重视的转变。其中第三自然段巧妙地进行了过渡，行文设计之精巧、严谨，值得同学学习；三、语言上，行云流水，缓缓的诉说没有矫揉造作之感。语言凝练简洁又不失文雅，可见该同学文字功底之厚实。

【学生课后感言】

陈曦：说实在的，对于写记叙文，我提不起任何的兴趣。因为我以前的作文课，一般都是老师给出一段材料和写作要求，给出相关写作方法的指导，比如开头要运用哪些修辞来吸引阅卷老师的眼球，中间部分要如何写得曲折精彩，结尾要照应开头，再次点题。然后我们冥思苦想，埋头苦写凑足七八百字的作文。

而今天的这节课太不像作文课了。老师居然让我们带来以前的老照片，利用老照片展开记叙文写作，真是稀奇至极，但真的是别有风味。照片是给人以无数珍贵回忆的物质见证，每个同学都能从照片中找寻当年的记忆，与其说这是堂作文课，不如说这是一次怀旧的历程。因为每张照片的背后都是自己的亲身经历，"一枝一叶总关情"，老师尝试从照片的细微处、特别处入手来唤醒我们的记忆，让我们每个人都能有话说，我们不用再去绞尽脑汁编造假话和假故事，这让我明白了记叙文其实是亲切生活的再现，是发自内心的独白。

高妤婕：这是我记忆当中最独特的作文课，没有特定的材料，没有固定的思维导向，没有每个写作步骤的指导，而是让同学们以自己所带的照片引入，畅所欲言。老师给予我们的几个提示恰好是我们容易忽视的细节，故事的经过、人物的神情又或者是背景。细节中体现了生活中最朴素真诚的点点滴滴，让我们真正理解到"作文来源于生活"，或许有时我们并不是没有作文素材，而是缺少善于发现的眼睛。这节课老师的层层启发，步步诱导，逐渐唤醒了我们对往昔的回忆，也唤醒了我们动笔去写的冲动。这样和谐轻松的氛围，更能触动每个人真情实感的流露。

李侯燕：老师以自己婚礼上的照片作为课堂的开始，消除了大家对写作课的紧张与烦躁感。这张照片不单单只是个引子，老师精准地抓住照片中母亲掩面而泣的举动做足了文章，让我们体会到"牵一发而动全身"的艺术效果。让我比较新奇的是，老师居然拿出自己写的文章与我们分享，并让我们去剖析和点评，这种角色的调换让我们从中获取了经验和方法。课堂上更有趣的是老师让我们变换着各种角度去观察自己所带照片中的细节，比如人物表情、穿着、举动等，去想象细节背后的故事。先粗略回忆，后精细捕捉，在大家津津乐道中，一张照片、一个定格的画面居然让我们写成了一篇动人的记叙文。多年后，我们再去体会照片中的情绪时，感慨万千，我想或许这是时间带给人们的奇异力量吧。

重构：玩出新故事

执教者：任军杰　观教者：包建新

一、教学实录

师：如果让你写一篇小说，你觉得最大的困难是什么？

生1：题材，不知道写什么。

生2：不知道想要表达什么主题。

生3：情感表达，情感表达不到位。还有人物的特点很难把握。

生4：语言表达不好，写出来的语言跟自己想要表达的总是有距离。

师：我们在写作时一般情况是不是这样的：大部分时间是不知道要写什么，也就是我们没有目标，找不到要写的对象？所以"写什么"，往往是我们首先碰到的问题。找到写的题材后，我们接着会思考该表现什么，再接着是思考怎样表达的问题，是不是？生活的贫乏、阅历的短浅确实让我们感觉没什么东西可写，但有没有什么办法可以帮助我们克服眼前的困难呢？《西游记》大家都很熟悉吧？我们一起来关注一下它的"衍生"史，看看会对我们的写作产生怎样的启发。

师：我们都看过哪些跟《西游记》有点关系的影视作品？

生1：电影《大话西游》。

生2：动画片《大圣归来》。

生3：电影《情癫大圣》。

生4：《三打白骨精》。

生5：《春光灿烂猪八戒》。

生6：《悟空传》《女儿国》。

生7：《西游·降魔篇》。

师：看来大家看过的还真不少。这些作品跟《西游记》有怎样的关系呢？

生1：《西游记》写的是唐僧师徒四人的故事，其他作品往往写他们中的一个人的故事。

师：它们跟《西游记》的渊源表现在什么地方？

生1：人物。写他们的前生后世，比如有写五百年之前的故事的，有写五百年之后的故事的，甚至写穿越到现代的。

师：还有吗？

生2：在原来的基础上加入了我们当代的审美的一些东西，比如《女儿国》中加入了"爱情"。

师：原著中，唐僧跟女儿国王有没有爱情？

生2：有，只是原著中的爱情是极其克制的，而《女儿国》渲染了人物的爱情，对原著进行了不一样的解读，突出了唐僧的另一面。

师：这是在原著的基础上做了什么？

生2：发展。

师：还有吗？

生3：《春光灿烂猪八戒》中的猪八戒跟经典版的形象有点相似，但又很不同。

师：相似表现在哪里？不同又表现在哪里？

生3：相似表现在外貌有点像，贪吃的本性有点像，老实憨厚有点像。不同则是《春光灿烂猪八戒》中的猪八戒被美化了，变得年轻、帅气，变得更老实憨厚、更可爱。

师：说得很好。

生4：《大话西游》《情癫大圣》虽然很颠覆，但剧中的人物依然有原著中孙悟空的影子。他的叛逆、他的重情义的特性依然可以被感受到。

师：大家说得很好。今天我们把这些作品放在一起，对我们小说写作素材的选取有什么启示呢？

生5：我们可以从已有的作品中选取素材，可以写写人物的前世今生。

师：能举个例子吗？

生5：比如可以写猪八戒取经回来后依然凡心不死，回到了高老庄。但他忽略了天上一天，人间一年，高老庄早已物是人非。

师：不错，很有创意。

生6：我们可以对已有作品的某些比较模糊的故事进行改写。比如《最后的常春藤叶》，我们可以写写贝尔曼不为人知的其他故事。

生7：我们可以让原有的作品人物经历一场穿越，比如他们从古代来到现在，孙二娘经营一家酒店，猪八戒经商，孙悟空打工等。

生8：我们可以假设。假设唐僧在取经路上被妖怪吃了，孙悟空、猪八戒、沙僧各会怎样发展，也可以写花果山、高老庄或流沙河的故事。

师：很好，看来大家找到写作的灵感了。不过老师还想让大家比较一下在原有作品基础上创作新故事跟没有任何基础从头创作的差距。大家先自己思考一下，然后与旁边同学进行一下交流，然后我们一起听听大家的想法。

（学生思考交流后）

师：接下来谁来说说看法？

生9：我想从形象角度说。新的作品人物形象是模糊的，要创造一个个性鲜明的人物需要一个过程。而已有的人物有原有作品作铺垫，个性、形象都很鲜明，描述起来比较方便。

生10：旧的人物做些改变很可爱，比如猪八戒。而且，旧人物进入故事快，不像新人物要费笔墨。

生11：情节角度，有旧情节作基础，推演起来较容易，新情节可以跟旧情节产生对比。新作品就没有这样的优势。

生12：这样写作比较好玩，就像玩游戏一样，感觉可写的东西很多，每部小说我都可以拿来玩玩。

师：确实有意思，我们如果用"玩"的心态写小说，这小说就有趣了。刚才同学们说得都很好。一部优秀的作品一旦诞生，其人物也都有了型。有型的人物有自己的习惯性行为、有自己的习惯性思维、有自己的个性。如果我们用化学反应来比喻，每一个人物就像一种物质，不同的人物放在一起就可能发生化学反应。同一个人物把他放在不同的时空情境里就会有不一样的表现。所以这一类的作品我们可以用化学反应的方式，通过改变人物的关系、环境、情节来创造新的故事，比如李白恋上林黛玉、张飞遇上黑旋风、葛朗台邂逅包法利夫人等。我把这样的创作方式命名为"站在巨人的肩膀上"。不知道大家是否喜欢？下面我们做个小练习，看看我们能否站上"巨人的肩膀"。

师：请大家以鲁迅的《祝福》为基础，设计创作新的作品，罗列提纲，明确基本思路就行。

（5分钟后）

生13：我设想阿毛并没有死，其实狼吃掉的是别人家的小孩。二十年后阿毛有出息了，回来寻母。

生14：我想写祥林嫂童养媳的生活和故事，写祥林跟祥林嫂童年的生活。

生15：我想鲁四老爷既然是书香门第，也可以是善良、热情的。所以我想通过改变鲁四老爷的形象来改变祥林嫂的命运。

生16：鲁四老爷是有点冷血，但鲁镇的所有人都冷血吗？我不信，所以祥林嫂会不会遇上同病相怜的人？会不会在热心人的帮助下走出不一样的路，甚至遇到幸福？我想从这个角度改编《祝福》。

生17：我想以祥林嫂丧夫为起点，把故事搬移到现代，去写新时代祥林嫂的命运。

师：好，看来大家的思路很活跃。刚才大家通过改变情节、个别人物特点、时间、环境等元素实现了人物命运的改变，做得很好。在这里老师还想说两个注意点，希望大家重视：第一，我们要把握变与不变的度，既然有些元素是从原作中引出来的，我们应该清楚哪些是不能变的，对于变的也不能凭空而变，要根据情节合理地推进，且要符合生活的逻辑，即"变"要有"据"；第二，人物的发展变化要靠情节的推动，人物是会变的，关键在于我们给人物创设怎样的经历。

师：今天的作业就是，从你最喜欢的一部或几部小说中选取人物，有创意地编织一个新的故事。

二、执教者言

本节课的教学思路如图 2-19 所示。

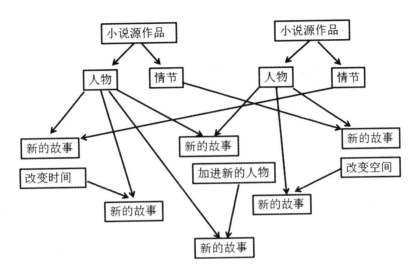

图 2-19　教学思路图

在写作方面，小说也许是学生比较喜欢的体裁。因为他们觉得写小说比较自由，可以天马行空地想象，没有什么条条框框的限制。然而真要动笔写的话，他们可能又会感觉无从下手，因为生活很大，他们的阅历很浅。这节课设计的初衷是通过课堂的实践与思考，帮助学生激活写作的另一个独特素材库——阅读。所以，这节课值得我们关注和思考的有以下几点。

第一，经历不仅仅来自于真实的生活，阅读本身也是一种经历。自己实现不了的经历可以借助别人的双脚、别人的眼睛来实现，阅读本身就是长知识、长经历。别人的经历我们可以感受，可以体会。只要我们具备足够的情感体悟能力，我们就可以实现任何穿越，就可以把自己变成任何一个人，就可以感受到任何人在任何情境中的特殊感受。这种能力是我们想象、推演人物发展轨迹的基础，也是创作的基础。

第二，创作是需要具体明确的对象主体的。如果我们让学生直接写一篇小说，相当一部分学生会感觉到压力，因为他们会觉得没什么可写。然而这节课，学生很放松，也很活跃。因为每个人都觉得自己有话可写，每个人马上产生了自己的创作设想。为什么？因为我们给的是重构的任务，重构有原作的存在，有具体的人物和具体的情境，对象非常具体。所以创作之前，学生仿佛已经充分拥有了素材。

第三，重构存在无限的空间。一部作品的诞生，它里面的人物也从此有了生命。每一个生命都会在不断地经历中成长，在不断地经历中改变。"偶遇""巧合""必然"会不断地发生，重构的空间也在不断地延伸。一个人物的背后可能就隐藏着无数的故事或可开发出无穷的可能。打开重构的大门，我们就可以让学生看到里面有无数个作品在生长，无限的空间在延伸。

第四，重构只是一个开始。这节课只是让学生看到了我们可以这么写小说。如果我们继续推进，我们还可以让学生看到人物的运行轨迹有什么特点，什么因素可以影响人物的运行轨迹，我们可以怎样去改变或设置人物的运行轨迹。环境也不仅仅是环境，环境中的时间和空间是两个非常重要的元素。熟练的重构手法可以充分激活学生的想象，让学生充分享受穿越的快感。

有时候，写作就是玩，玩起来了就是成功，玩出了创意就是最大的成功。这也许就是这节课最大的收获吧。

三、观教者言

小说的创作是否都必须要有坎坷的经历、丰富的阅历呢？其实未必。况且对于高中生来说，这些条件几乎是不可能具备的。那么，一个大部分时间在学校里度过的孩子是不是就不适合创作小说，是否只能写些学校里的细小的事件？其实也未必。

首先，小说的特点之一是"虚构"，所以作者不一定事事亲身体悟，学生只要有充分的情感领悟能力，能根据相应的情境进行符合逻辑的推演，就具备了创造新的情节的能力。其次，阅历的获得除了实践，阅读也是一条很重要的途径，只要学生有充足的阅读量，我们就不敢说学生的阅历浅。再次，学生的特点是想象丰富，创造力强。

任军杰老师的这个课例引导学生对经典文本进行"再创作"，即在前人的基础上进一步挖掘、延伸、改编等。一部优秀的作品一旦诞生，它里面的好多东西也同时定了型，比如《水浒传》里的李逵、林冲、武松等人物的形象特征。李逵的思维方式、习惯、处事风格等都会带上其独特的个性。我们在引领学生创作时，可以让学生以《水浒传》里的李逵的个性为起点，让他走进别的情境，演绎出新的故事，或者让他走出《水浒传》来到《三国演义》里，或者走进现代的某个空间，演绎出一个不变或不断变化的李逵形象。

这种再创作有已有的作品作为基础，有现成的典型的情境、现成的成型的人物，不需要从头开始创造形象，就像化学反应一样，不同的人物放在一起就会产生新的故事，演绎出新的人生。李白恋上林黛玉有没有戏？张飞邂逅李逵，他们会不会成为朋友？祥林嫂如果有第三次婚姻，她的故事应该怎样讲？有一天，你邂逅了某某(某位你最喜欢的作品中的人物)，会发生怎样的故事呢？这种以现有作品为基础的引申、演绎的创作方式，任老师把它称之为"站在巨人的肩膀上"的重构。这种方式的特点是：①我们可以把不同作品中的人物、时间、空间当做化学物质一样，进行有创意地重构；②用玩的心态去写作，轻松有趣；③方式方法简单，学生比较容易上手；④能快速构建虚拟情境，有效展开故事，比较适合阅历少的人。

四、学生习作

最后的常春藤叶

吴紫燕

三个月后。

在贝尔曼先生的鼓励下，琼珊开始变得乐观起来。她逐渐开始健康地饮食，每天锻炼身体。最终，她的肺炎痊愈了，苏艾也为她感到高兴。她们俩一起来到逝去的老贝尔曼先生的墓前，摆上鲜花以表示她们对他的感激之情与敬佩之意。她们在老贝尔曼的墓前叨叨了几个小时，讲琼珊康复的过程，讲日常生活中的小事。直至夕阳西下，倦鸟归巢，她们才站起身来，拍拍身上的土，真诚地向墓碑上微笑着的老贝尔曼先生的照片深深鞠了一躬，然后离开。

在那之后，琼珊立志要做一个一级棒的画家，她想把自己那份真心和贝尔曼先生伟大的梦想结合在一起，她想实现贝尔曼先生未完成的目标。她愿意追随贝尔曼先生，在画家的道路上越走越远，直至成功的远方。于是她每天没日没夜地画啊画啊，出去写生更是家常便饭，有灵感了就马上画出来。苏艾也常和她一起创作。由于频繁的练习，苏艾和琼珊的画技有了很大的提升。

皇天不负有心人，两年后的一场画展上，琼珊的画作深受大家的喜欢，还获了奖。她成为了一名当红画家，画作竞相被各名家收藏。琼珊自然也成了各大媒体关注的焦点。有一家媒体约了琼珊，想了解她的画作背后的故事，琼珊欣然答应了。

阳光明媚的午后，琼珊和记者面对面坐在工作室里。

记者问："你最喜欢的自己的画作是哪一幅？有什么特殊的原因吗？"

琼珊的眼睛突然闭上了，再睁开时眼中的光却黯淡了许多，她沉思了一会儿，指指墙上挂着名为《最后的常春藤叶》的一幅画作，轻轻地说："应该就是这幅了吧。"顿了顿后接着说，"画中，躺在床上脸色苍白、身体瘦弱的女孩子就是我。看见倾盆大雨下那点微弱的黄色的灯光了吗？再看看梯子上的老人，他正在墙面上画那一片常春藤叶……"

她仿佛哽咽了，停顿了一下，又重新开口说道："是他让我战胜了病魔，也是因为有他才成就了现在的我。我很怀念他，我很想亲口对他说一声'谢谢'。可惜了，这些都不可能了，他在淋了雨之后的第二天就被肺炎夺去了生命。"

说到这儿，琼珊再也忍不住了，捂着脸大哭起来。记者也被这幅画作背后的故事震惊了，她惊叹于琼珊口中这位老先生高尚的品德，也为这所有的故事动容。接下来的采访因为琼珊情绪的崩溃而停止。老贝尔曼先生的事迹很快家喻户晓了，并且感动了不少琼珊的画迷。

琼珊在大红大紫了几年之后，逐渐退出绘画圈，过上了她梦想的安逸的生活。只是，她还经常去老贝尔曼先生的墓前说说话。有一天，她说："贝尔曼先生，我完成了自己的梦想，也完成了您的梦想，我会永远记得您，世界也会永远记得您，永远记得那昏暗灯光下佝偻的身影，记得那黄绿相间的、永不凋零的常春藤叶。因为《最后的常春藤叶》是你和我共同的杰作。"

【教师点评】

本文采用的是续写的方式，依然把琼珊作为主人公。琼珊为了表达对贝尔曼先生的感激和怀念，努力作画，终成一名名画家。贝尔曼为救琼珊而画常春藤叶的那个风雨之夜是琼珊心中永远的结。为了表达对贝尔曼的敬意和怀念，她把它画了下来作为永远的纪念。情节符合生活逻辑，且有创意。

流浪人的遭遇

张凯涵

（一）

一位衣衫褴褛、遍体鳞伤的老战士，又一次站在了苏军的指挥部前。

"欢迎回来，"上校亲切地握着索科洛夫长满老茧的双手，"逃出战俘营本就不容易了，你还俘虏了德军的工程师！回头一定给你记功！"索科洛夫的嘴角艰难地露出了一丝微笑，转身爬上了卡车。

"伊林娜……"眼泪，落在了方向盘前的照片上。

（二）

学校的阵亡将士纪念碑前，身着军装的少年们整齐列队。金色的铁十字在战争的硝烟下显得黯淡无光。

"万岁！希特勒！"少年们振臂高呼，走向了燃烧中的城市。汉斯扣紧了钢盔，任凭曳光弹的尾焰在夜空中交织成网。冰冷的弹壳与尸体散落在每一个角落，凝固的血液洒满了每一条道路。"流浪人，你若到斯巴达，请报告那里的公民们，我们阵亡此地，至死犹恪守他们的命令。"汉斯默念着，将子弹推上了枪膛。

（三）

最后的总攻结束了。

索科洛夫无神地走下了卡车，跪倒在柏林的土地上。他的儿子——他唯一的亲人，一位出色的炮兵大尉，在最后的几小时里被敌军的子弹击中，永远地倒在了炮位上。他已无力流泪，德国的土地埋葬了他最后的欢乐与希望。

城市的另一边，阵亡将士纪念碑前，血肉模糊的尸体被随意地堆放着。汉斯没有死，但炮弹夺去了他的双腿，上了膛的步枪斜靠在他的身上，钢盔下的目光，显得恐惧而迷茫。

（四）

索科洛夫奉命在城市中运输尸体。卡车，开进了学校。"不许动！"汉斯警惕地举起了步枪，做着最后的挣扎。两双孤独的眼睛，在悲哀的空气里对视了。

索科洛夫坐在了黑洞洞的枪口前，用生疏的德语悄悄地问："孩子，

213

你知道我是谁吗？"

"谁？"

"我是你的爸爸。"

汉斯退掉了枪中的子弹。战争，结束了！

【教师点评】

本文提取了《一个人的遭遇》跟《流浪人，你若到斯巴达……》的主人公及其主要遭遇进行重构。语言简洁，结构清晰，行文如蜻蜓点水般却不乏韵味。从构思上，我们能看出作者独到的创意。

假如

章严匀

"怎么回凡尘？"

"吃一颗月桂上的假如果，便可。"

"这，是真的吗？"

"也许吧……"

一

黛玉静静地倚在桃树上，看着花儿在风的鼓舞下，提起裙摆，优雅地旋转，落地。不时有桃瓣带着粉色的梦幻从她眼前飘过。黛玉习惯地拢了拢衣摆上的花瓣，思寻着找个地儿将它埋了。

"绛珠妹妹，你又到这桃园来了。同样的景看了千年，也不腻？"

黛玉一惊，忙起身，霎时衣摆上的桃花撒了满地。看着从远处缓缓而来的幻云仙姑，那张熟悉无比的面庞，泪瞬间涌了出来，流到唇边，满是悲伤的味道。一切都没变，但一切也都变了。

就像千年前的那段时光，停留在原处，却在记忆中远远地去了，和所有的曾经一样，渐渐被时光淡化，褪去了真实的颜色，愈加虚幻缥缈起来，只留下一片又一片绚烂的粉色，一阵又一阵动人的香。一位少年模糊的身影，却永远也忆不起他当时的神情和模样。

"绛珠妹妹，你又哭了？"幻云仙姑拉着黛玉坐在石凳上，用手轻柔地抚动黛玉微蹙的眉，"千年了，这爱哭毛病也还没改掉呢。"

风轻轻浅浅，带着未落的话音，从她们的缝隙间穿过，击碎了黛玉心底仅剩的幻想。黛玉用她纤弱的手紧紧地抓着手绢，唇间轻轻挤出几个字："怎么回凡尘啊，可卿姐姐？"

可卿的手霎时僵在了半空。许久，她才开口："吃一颗月桂上的假如果，便可。"声音轻得没有重量。黛玉听了，一字一句地小声重复。

"这，是真的吗?"

"也许吧……"

二

这样平静而又静止的日子又过了好久。

一次宴会后，黛玉脚步微乱，匆匆地回到屋里。小心翼翼地张开手，手心里静静地躺着一颗青翠欲滴的假如果。放入嘴中，苦涩立即蔓延开来，亦如它的外表。

记忆的丝线一下子散开了，不断地穿梭着，交织在了一起。黛玉久久地凝视着窗外绚烂的桃花，露出极淡的笑，似冬日河面上的一层薄冰。她浓密的睫毛里隐约闪烁着什么，像天破晓时不明显的一抹白……

"宝玉，宝玉，快过来!"雨在林子里兴奋叫着，"我找到假如树了!"

一位少年闻声寻来，轻轻抚了抚雨的头："那我们把它移植到院子里吧。"

"好啊。"雨从树上摘下几颗假如果，放到嘴里，苦涩立刻蔓延开来。

"它，很好吃吗?"宝玉也摘了一颗，苦涩的味道不禁让他皱眉。

"不，传言它能回述前尘。"

黛玉拨开云层，俯视着地面上的雨和宝玉，任泪水滑过脸颊，滴落下来，化成雨水。

雨抱着假如树向屋里跑去，但仍有雨水滴落在假如树上。经过雨水灌溉的假如树似乎更显得朦胧。

"这又是何苦呢!"幻云仙姑从门外走进来，到黛玉的床边，俯下身，用手抚摸着她极柔软的头发："断了吧。"

"不。"黛玉慢慢合上了双眼，睫毛倾泻下来，看不见她的泪，她的手一点点攥紧，攥紧……

幻云仙姑不理会她的话，将荷包从她手中夺过，持起剪刀，剪了下去。

一声闷响，黛玉无力地倚在幻云仙姑的身上，云层下的景物不断地变幻着，最后定格在一间雪白的病房里，一位少女正小心翼翼地给一盆植物浇水，盆上醒目地贴着"假如树"。

"病人仍没有起色，活在自己的世界中。"护士从病房里走出，对外面的一妇女说道。

世上哪有什么假如树和假如果啊。

一切不过都是幻境。

都是虚的。

【教师点评】

小说通过改变时空的方式创造了林黛玉回到了仙界，依然对凡间的那段爱情念念不忘，虽时隔千年，依然时时以泪洗面，最终控制不了对宝玉的思念而偷吃"假如果"，窥视凡间的宝玉的情节。本文虽想象奇特，但依然保留了林黛玉多情、爱哭的特性，带上了几分原作的情味。小说中"假如果""假如树"的设置尤显其创意，很是难得。

细节：叙述的灵魂

执教者：朱林鹏　观教者：包建新

一、教学实录

（一）情境导入

师：今年三月份，老师参加了一场同事的婚礼，新娘是咱们语文组里的一位女老师。回来以后，老师和同学们分享了当时的婚礼发言内容。时隔三月，大家还记得当时新郎、新娘说了哪些事吗？

生1：我记得当时新娘说的是有一件困扰她多年的事情，就是每到冬天，她总是很容易生冻疮。然而到了某一年的冬天，她的冻疮奇迹般地好了，因为有了新郎的呵护。这件事让我印象特别深刻。

师：还原得很到位。这确实是新娘发言中着重谈的一件事，那新郎的发言谁还有印象呢？

生2：我印象比较深的是新郎发言中提到，说他表白成功之后，他自己躲在角落里，偷偷地给所有的好兄弟打电话分享这个喜讯，当时觉得这个场景特别生动。

师：看来大家的记性都很不错，但也说明一件事，那就是新郎、新娘的发言自有秘诀所在，以至于到了三个月后的今天我们都还能牢牢记得。这节课，我们就以新娘的发言为分析范本，进一步来探寻其发言背后所具备的优秀特质。

（二）自由探讨

（PPT播放当时婚礼的现场视频以及呈现新娘的发言文本）

发言文本摘选：

我要从2013年那个冬天开始说起，所以呢，大家要有点耐心。

那是一个和往常一样的江南湿冷的大冬天，我发现了一件让我非常惊讶的事情：往年一到冬天，我的手就会长满冻疮，一个手指都不会落下，手心手背也不会落下。它一直伴随了我十几年，十几个冬天呀。我常常梦想着有一天我的手可以再也见不到冻疮。因为一到冬天，当我伸出我的手指，要写板书的时候，我都觉得羞于拿出这双手，实在是太不堪入目了。

但是2013年的那个冬天，我发现，我手上一颗冻疮都没有了。这一切，要感谢我身边这个男人。他用他温暖的双手驱走了跟了我十多年的冻疮。

今年冬天，某一个晚上，我感觉手上好像有几处奇痒难忍。天哪，冻疮又回来了！从当初，有冻疮到没冻疮，我是笑到合不拢嘴；到今天，没冻疮到有冻疮，我彻夜难眠。我觉得这不是一个小问题，这背后暴露了某些问题。所以，今天晚上，那么多亲朋好友在现场，我一定要让新郎好好反思反思、总结总结……"

师：在看完婚礼视频之后，我们不妨来分析下这个婚礼发言好在哪里？为什么让我们作为听众在过去这么久后还能印象深刻？

生3：这段话讲述了一个完整的故事，而且前后有比较明显的对比，前面突出冻疮的严重，再到后面突出新郎的重要性。同时，在说故事的同时，新娘和观众有一定的互动，有较好的听众意识。

（板书：对比、听众意识）

生4：这段话有很强的画面感，我的脑海会随着新娘的发言浮现出相应的画面。而且新娘在讲述过程中也非常幽默。

（板书：画面感、幽默感）

生5：新娘在表述中反复强调一些词，同时也使用了比较多的细节描写。比如，最开始部分对长满冻疮的手的表述，非常生动形象。

（板书：细节描写）

师：三位同学分析得都很不错。从大家的分析里，我们会发现好的发言可能包含一些共性。

（三）分析特质

师：首先，应当有具体的事实细节，不可以泛泛而谈，也不可以满是承诺和抒情。比如，我们来看一句婚礼上经常说的话。"当我第一眼看到你的时候，就觉得你好美。"这句话初听之下，很真诚，但是听多了，也就成了一句空话。那如何才能让这句话更真诚些？比如说第一眼，具体情况是什么样的？如果你来说，会怎么说？

生6：这句话没有特定的场合、没有具体的时间，也没有对方的穿着打扮，表述得很模糊。我觉得加入一些当时看到这个女孩子时的一些样貌会更能打动人，比如她的头发、她的穿着以及具体在哪里见到她。

师：说得不错，那具体是怎么一个样貌和场景？你能否详细来说说？

生6：有点难度，不过我可以尝试下：那是2012年的秋天，在学校超市的柜台前，我与她初次相遇。她那一头浅褐色的长发，灵动的双眸，还有嘴角浅浅的微笑，一瞬间触动到我。

师：哇，说得真好，在你的表述里老师都有点动心了。这样的表述比最开始的表述显然要好得多。我们会发现加入了这些细节，整个场景的画面感自然而然就出来了。那不妨我们再把这个细节推进下去，让它更加地凸显出来。

师：其次，需要将细节甄选一二，进行放大、慢动作化。这样的做法在很多的文学作品或者影视作品中都出现过。比如著名的小说《情人》的开头，就是将男女主角再次见面的面容细节放大、慢动作化。

（PPT呈现）

我已经老了。有一天，在一处公共场所的大厅里，有一个男人向我走来，他主动介绍自己，他对我说："我认识你，永远记得你。那时候，你还很年轻，人人都说你很美，现在，我是特地来告诉你，对我来说，我觉得现在你比年轻的时候更美，那时你是年轻女人，与你那时的面貌相比，我更爱你现在备受摧残的面容。"——杜拉斯《情人》

师：夫妻之间，每天共同经历的事情肯定有很多，但如果要一一叙述细节，就显得过于冗长烦琐，所以肯定需要有一定的拣选。在我们刚刚看到的婚礼发言中，新娘也就是选取了相处过程中的一个细节——冻疮的好转来进行放大描写，因为有所侧重，所以会让我们印象深刻。

师：最后，还可以在细节表述上适当地制造一定的反差，以打破期待。当我们听着新娘的温情发言，猜想她接下来可能会说什么？

生7：期待着她把这种温情渲染地更深一层，让现场的氛围更加感动，甚至可能落泪。

师：但她有这么做吗？

生7：并没有。她反而说今年的冬天手又开始痒起来了。

师：这样说，有什么效果呢？

生7：有一点我们之前学的"欧·亨利式"结尾的味道——意料之外，又在情理之中。同时她也自然而然地把话茬衔接到了新郎这边，显得不刻意。

师：分析得真好，估计新娘都没想到这么多。是的，当我们都期待接下来有一段才子佳人的美妙佳话时，新娘却突然来了这么一段看似有点生气、出人意料的转折。但这样富有反差的细节既是对新郎有所告诚，也让她的发言在如此庄重的场合显得更为真诚。

师：接下来，我们简单测一测大家的听课效果，来做一个选择题。请问下面四个选项中，哪一选项不符合好的婚礼发言特点？

A. 还原当时具体可感的事实细节。

B. 使用一些大众熟知的婚礼成语。

C. 有意识地制造反差，打破期待。

D. 适当地增加一些有趣的小故事。

（结果：正确答案为 B，全班同学有 95% 的正确率）

师：说明大家的听课效率还是蛮高的，但为什么说好的婚礼发言，不应当有太多的成语大词？

生8：有些成语过于空洞，而且被用俗套了，反复提及，显得很没有诚意。

师：是的，这就是我们需要避免使用的词。细节是具体实在的，而成语大词很多时候就是空洞无力的。它往往是一种缩写、标签化，比如说很多人喜欢用"幸福美满"来描述生活，用"闭月羞花"来形容对方美貌。然而，没有人会为这样的成语感动。这是我们需要警惕的一点。

（四）迁移运用

师：分析了这么多，接下来，就是大家小试牛刀的时间了。将我们的视角从课堂延伸到自己的生活，设想一下这样的一个场景：

此时是一年后的今天，高三（11）班的我们即将面临告别，你有幸上台发言，分享自己对过去两年在 11 班点滴生活的想法，你会如何来讲述？

师：请你运用自己在这节课中所学到的方法，试着写一写自己的发言稿。

（学生写作 10 分钟）

（小组分享、推选 3 分钟）

师：接下来，我们请各组推选出来的同学分享下自己的发言稿内容。

生 8：两年的时间倏忽而过，回想在一起度过的两年，点滴画面浮现眼前。让我印象最深的，是我第一次见到我同桌的场景。第一次进到 11 班的教室，老师按个头高矮分配座位。我和我的同桌身高相近，我们就坐在了一起。刚开始的几天，她很少说话，经常拿着个指甲剪磨指甲，再加上她不苟言笑的神情，给我的感觉就是很"社会"。那会儿的我心想：完了，今后的两年都需要和这样的人一起度过，实在是可怕极了。不过很快，她就现出了"原形"，事实上她待人亲和、幽默，满脑子都是新鲜段子，一开口就停不下来，有个有趣的灵魂。马上就要毕业了，我想我会很想她的。

生 9：关于 11 班的记忆如此之多，今天站在台上，竟不知从何说起。现在的我脑海中浮现的是高二的某一节班会课上，老师组织我们到操场进行小组内的拔河。我们组不管是男生还是女生，长得都比较壮实，因而被其他组戏称为"坦克组"。大家都以为我们组会最终获胜，没想到在第一轮就被淘汰了，也算是完美地诠释了"表里不一"这一成语的概念。在接下来的"六人七足"比赛中，一贯觉得自己是游戏达人的我，竟然不小心马失前蹄，重重地摔倒在地上。但这时候，队友们没有为了胜利继续比赛，而是集体停下来，先把狼狈不堪的我赶紧扶起来，询问我有没有大碍，丝毫未在意最后的成败。那一刻，我真正地感受到了集体的力量。

生 10：过去的两年，我在班里一直担任着"语文课代表"的职务。所以在这最后的发言中，我也想谈谈这两年做课代表的个人感受。在 11 班的两年，让我改变了很多。原先的我是个内敛、不愿打开自己的人，但来到 11 班之后，同学们的热情与开朗很快就感染了我，让我愿意和人交流。但有一点我一直没有能克服自己，那就是作为课代表，我始终不敢在夜自修临下课时高喊"交语文作业"五个字，每次都要拜托周边的同学们帮忙喊一声。尽管老师和同学都告诉我，只要在同学们安静的时候，闭着眼，大声喊出那几个字就好了，但我始终都做不到，这也让我的语文课代表生涯留下了诸多遗憾。但今天能够有机会，或者说自己有勇气站上这舞台来发言，也算是完成了对自己的挑战。接下来的日子，我也会继续加油。祝愿大家有一个灿烂的前程！谢谢！

（五）教师总结

师：几位同学的发言，都有意识地融入了细节的叙述，也挑选了一二细节进行了重点描写。其中很多画面是我们共同经历过的，在同学们的讲述之下更是历历在目，相信大家都深有感触。

师：无论是发言还是写作，我们均要"言之有物，语有细节"。当然这一切的前提是要做一个生活的有心人，撷取到更多的生活细节。只有如此，才能让我们的文字更能打动人心。

二、执教者言

本节课的教学思路如图 2-20 所示。

图 2-20　教学思路图

尽管现在高考作文的主流方向为"论述文写作"，但这并不意味着高中的作文教学必须完全围绕着"论述文"来打转。同学们在论述文写作中最喜欢的论证方法是"举例论证"，这个论证方法本身没有问题，但到了很多考生的笔下，就成了一套套固定的名人事迹简介。这其中，可以改进的地方就有很多，比如思考怎样才能把他人的事迹叙述得更能打动人。这个时候，细节的价值不言而喻。写作并不要求面面俱到，但求有所侧重，让人有所共鸣。

本节课从一个生活化的情境——婚礼切入，通过讨论、分析、迁移运用，让学生意识到细节刻画在叙述时的作用之大。公开场合的发言要尽可能地避免假、大、空，要有足够强烈的听众意识，才能不让这样的发言成为逢场作戏。在发言中，融入一定的细节能有效地改善这一情况，让听众更好地感同身受。

在课堂的讨论分析中，学生可以得出刻画细节的三个要点：细节需足够具体，需有所侧重，可以适当制造反差。三个技巧皆从最开始的发言范本中讨论而得。同时讨论的范本是由教师本人从生活中获取的，也是以个人的亲身示范体现了"生活即语文"的特质。

最后再由学生尝试运用。迁移的话题选择——临别赠言也较为贴近学生的生活实际，每位同学在彼此长期的相处过程中，总能撷取一二细节展开叙述。同时，这样的话题写作也能够让同学们意识到时间匆匆，应更加珍惜彼此间的同窗情谊。课堂的效果呈现不仅仅只有写作技巧的传授，更要有情感价值的融入。整节课充分体现了写作教学"从生活中来，到生活中去"的特点。

本节课的创新点还在于教学过程中适当地结合教育信息技术，充分利用了 HiTeach 软件的抢答、投票、计时、计分、飞递等功能，相对于传统课堂，极大地调动了学生参与课堂的积极性，整节课发言与讨论的氛围都很浓厚。

课后学生的整体感受为"这节课非常有趣，也很有料"。技巧其实很简单，只是很多人之前并没有意识到。经过一节课的探讨和尝试，学生自己对细节的理解更加到位，也知道该怎样更恰如其分地运用细节。

当然，这节课还有一些需要进一步讨论的问题。比如对范本的分析稍显头重脚轻，后续的教学过程中提及较少；如何把细节的刻画实际运用到论述文写作中亦没有提及；受限于课堂时间，学生的写作、讨论过程未能更为充分地展开。

课堂是有一些遗憾的，但教师和学生如果能从中有一二所得，也算是课有所值了。

三、观教者言

在日常生活中，我们会在很多场合听到别人作公开发言，甚至也有机会自己来登台发言。但是在这其中，我们的发言能让彼此产生共鸣乃至记住的又有多少？相当多的发言者习惯了讲述高悬于空的假话、大话，习惯了自以为动人实际上却尴尬不已的大幅抒情。与此同时，听众也随之渐渐麻木，所有人只需心不在焉地听完，最后配合着鼓掌，看起来其乐融融，实际上彼此都成了逢场作戏。

如何使自己的发言能够让人产生共鸣，让人有兴趣听下去？核心之一在于学会叙述"故事"。而叙述一个故事的关键又是什么呢？怎样才能让自己的发言真正地打动人心，让人随之思绪飞舞、心潮涌动呢？关键就在于细节的刻画。细节，是叙述的灵魂。究其原因，简单来讲，可以概括为两点：一是细节带来了画面，因而能够形象；二是细节足够具体，因而能够生动。

发言的前提是稿件的写作。在写作中，回忆与事件有关的细节，然后甄选其一，将它放大、放慢，继而核心被凸显。"语有细节，言之有物"，描绘细节的关键有三点：首先是要求学生是一个生活的有心人，能够有意识地去注意到生活的诸多细节；其次是要求学生有足够敏锐的体察能力，能够观察到细节的方方面面；最后才是细腻动人的文笔，将心中所想真真切切地用文字呈现出来。

朱林鹏老师这则案例的起点依旧是来源于生活中的实际情境，选取的文本材料来自于身边同事（亦是语文教师）的婚礼发言。同学们虽未能亲身经历过婚礼，但正处青春期的他们对此类生活话题有很高的探讨热情。经过讨论，同学们会发现好的婚礼发言符合以下三点共同特征：首先应当是有丰富的事实细节，给人以充分的画面感；其次是讲述的细节应当有详有略，两人相处时每天都会有大量的动人细节产生，但只能选择其中一二详细展开，将这一二细节进一步放大、放慢，才会更有针对性；最后要学会在细节中适当地制造反差，以打破听众的期待，营造出更好的现场氛围。

在迁移运用环节，朱老师选取的练习题目同样契合学生的校园生活，可以有效引导学生回顾校园生活的点滴细节，撷取其中一二来重点延展，同学们对此均有话可讲、想讲也愿意去讲。又因为这些细节往往是大家所熟知甚至是曾一同经历过的，因而更容易引起在场同学的共鸣，其效果远胜于往常一贯偏于抒情感恩的毕业感言。

创意写作教学的起点来自于生活，又回归到生活。这样的教学尝试亦是教师在用自己的亲身实践向学生证明：要善用、多用语文的眼光留意身边时刻发生着的生活细节，它们都可以成为语文学习的一部分。

四、学生习作

临别感言
金 京

三年的时间很快，就像在高一那年从来没有想过高三一样，而如今竟然快毕业了。

2016 年 8 月 15 日，我怀着复杂的心情来到回浦中学，来到高一(11)班。"十一班的未来由你我创造"，黑板上的第一句话，真挚朴实。高中经历了很多，一年又一年，懂得东西也变多了，变复杂了。都说人生最宝贵的时光在十七八岁，但是我觉得人生每一个时期都是宝贵的，只可能这三年是最拼搏、最努力的。三年，进进出出校门很多次，但在真正离开校园的那一刻，也许才会真正潸然泪下。

我知道每年四月份，回浦中学教学楼间的玉兰会开放；九月份，桂花会隐隐散发幽香；秋末，操场的一棵大银杏在后山的衬托下黄得透亮；放寒假前，两株腊梅在雪中傲然独立；第一场春雨到来的时候，小桥边的迎春花会如期绽放。我也知道体育课上令人痛苦的长跑测试，篮球场上男生们的挥汗如雨，每年五月份回浦中学男篮的篮球联赛令每一名回浦学子为之激动，运动会上别出心裁的颁奖仪式、为高三学子呐喊助威的神圣典礼，以梦为马、不负韶华的成人仪式也都给大家带来了美好的回忆。

我更知道课堂上老师的板书和讲课风格只能在梦里聆听和感受；男生们的搞怪言行只能在回忆里笑出声；班主任追着的听写、背书、留学再也不会重演，再也不会有除父母外的人像对待孩子一样对待你；更没有一起讨论数学题、争分夺秒刷题写作的时光。之前三年里的怨恨、不解在高中结束时就会释然，甚至更早就已放开。我想再也没有这样的一个时期为了一个纯粹的梦想做最纯粹的努力。一踏出校门，这儿，再没有一张课桌是属于你的，能够证明的只有你曾经的回忆。

这儿，是终点，更是起点，有"而今更笃凌云志，莫教冰鉴负初心"的豪言壮志，有"仰天大笑出门去，我辈岂是蓬蒿人"的远大目标，更有"愿你归来仍是少年"的殷切嘱托。

【教师点评】

作者挑选了三年高中生活里的若干个细节来加以回忆，比如初进校园时的复杂心情、每年不同时刻校园的一草一木，还有周围相互尊重、有爱与温暖的师长与同窗。这些都成了毕业那一刻最为宝贵的珍藏。

移情：让记叙细致动人

执教者：王伟 观教者：包建新

一、教学实录

(一)结合教学内容，组成共同体

（学生按小组入座，根据班级组成分为住校组和通校组两大组，住校组以寝室为单位分成五个小组，通校组按意愿分为两个小组）

(二)触发情感，深入交流

师：今天的课堂对于大部分同学来说是很新鲜的。我们每天都跟同桌坐在一起上课，却从未跟寝室室友坐在一起上课；我们每天都跟前后桌坐在一起上课，却从未跟邻居坐在一起上课。今天，我们就与室友或邻居小伙伴做同桌，感觉是不是有一些特别呢？其实"在一起"是一种特别难得的缘分，每天"在一起"意味着我们有共同的回忆，有相似的情感，也意味着许多年以后我们还会特别怀念彼此，也许是听到一段熟悉的音乐，也许是看到一样熟悉的物品。前几天，高三的班级纷纷举办毕业欢送会，同学们畅聊三年间的往事，非常舍不得自己的高中生活。同学们也马上要进入高三了，一年后的此时，你们的高中生活也将被封存入回忆中，今天我们不妨先来聊一聊，如果请你们选择一样东西作为这三年共同生活的纪念品，你会选择哪一样物品呢？

（板书：我们的纪念品）

师：现在请大家闭上眼睛静静地感受，然后根据你头脑中出现的画面，在纸上写下自己心中的答案。

（教师播放抒情音乐，学生闭目感受 3 分钟，音乐停止，学生纷纷

在纸上写下答案）

师：看来大家都有属于自己的答案，现在我们可以看看，身边小组的同学的答案是否与你相同？如果你们小组要推选一样物品作为共同的纪念品，谁的答案会最有人气呢？现在，我们讨论一下吧！讨论出结果后，请你们将这个纪念品的名称写到黑板上。

（小组欢快地讨论了 5 分钟，各组相继将答案板书至黑板，内容包括：红内裤、体重计、镜子、袜子、男人装、门、饮水机）

（三）书面陈说，体悟方法

师：看到黑板上出现的物品，我真是非常好奇！有的很有冲击力，比如"红内裤"（生大笑）；有的非常神秘，比如"镜子"；有的一看就很有"女人味儿"，比如"体重计"（生大笑）……看大家这么激动，这背后一定藏着非常精彩的故事，那么哪一个小组能将故事说得最为动人，让大家投票表决使之成为班级纪念品呢？请大家将它写成文字，10 分钟后，我们邀请各组的代表到台前来，为我们一一诉说。

（小组合作讨论、编辑 10 分钟）

师：首先我们有请以寝室为单位的五个小组到台前来，掌声欢迎第一组！

镜子

生 1：宿舍的柜子上有一面很大的镜子，每天每个人都会很臭美地站在镜子前至少 3 分钟。比如陈梦茜说："我感觉我今天变白了！"（生大笑）王晓燕就会走过去，然后把头探到镜子前，说："那是因为我没有站在你旁边。"如果王晓燕说："我感觉我日渐消瘦，明天可以多吃点儿补补。"林佳柔和张紫霞就会说："我感觉你怎么吃都不胖！"每天宿舍还有几个"傻子"敷面膜，我们宿舍有一堆面膜。王晓燕说："我发现我这张面膜有点儿小，我脸都绷不住它。"然后徐雨琪说："唉，我这张和你的一样，我感觉它特别大，都拖到脖子根儿了！"（生大笑）每天晚上熄灯了还有人在敷面膜，几个人打着灯在镜子前挤来挤去，每次敷的时候都用手提着面膜上端，嘴里说："你们不要逼我笑。"但所有人都会使足了劲相互逗乐，直到她们的面膜掉在地上。

生 1：无论是不是住在 419 的孩子们，看到它的第一句话都是："这镜子好大！"它真的好大，很有魔力，可以装住所有人。

袜子

生2(上台后忍不住笑了好一会儿，清清嗓子)：我们寝室最多的就是袜子，床上有袜子，床底有袜子，卫生间有袜子，洗漱台有袜子，墙角的书堆上都有袜子。(生大笑)作为一个住满了男生的寝室，这些袜子自然是来源于我们每一个人，但是在这所有的袜子中，最"耐人寻味"的是我们张利的袜子。(生起哄)有一天，我们打完球回寝室，我第一个冲进去洗澡，刚从香喷喷的卫生间出来，忽然迎面闻到一股十分生猛的味道，一看，一双袜子躺在门口，微风吹来，送来缕缕……(生笑)我立刻问张利："张利，你的袜子洗了吗?"张利一脸纯真地看着我，露出两排大白牙，特别诚恳地说："洗了呀。"天真如我，竟然又凑到地上仔细地闻了一闻，那一刻，背后传来张利魔性的狂笑，而我已经"醉倒"在张利的味道里。

体重计

生3：每天早上起来后，每天晚上睡觉前，每天饭前、饭后，我们寝室每个人都会抢着去体重计上称体重。陈诗雨每天晚上洗完澡，都会穿着花睡衣，迈着"妖娆"的步子，边走边向大家宣布："我去称一下体重!"几秒之后，你就会听到她花容失色地惨叫："我怎么又胖啦!"(生大笑)这个体重计承载着不少烦恼，也承载着许多欢乐。任飞和金旭辉每天晚上都会吃夜宵，吃完夜宵之后还偏偏要去称体重。站在体重计上，任飞气定神闲，悠悠地飘来一句："我怎么吃那么多也没重一两!"这让我们全体"恨"得牙痒痒。前几天我特别开心，当我饿着肚子洗完澡上称一称，竟然发现我轻了六斤，(生大笑)那一瞬间，我仿佛听到了花开的声音!可这时，潘盈盈在旁边一扭身，朝我抛了个"媚眼"，清了清嗓子，郑重地告诉我："这称坏了一星期多啦!"(生大笑)

红内裤

生4：有一天江波裸着上半身，只穿一条红内裤在寝室里，抬着肉乎乎的手臂斜站着趴在一根床杆上，提着翘臀，眼眸深沉，十分性感!(生笑)我们几个打球回来，看到这一幕都惊呆啦，当下对视一眼，排成一队，轻轻走进寝室，走到江波身后，大喊一声："江波!"我们给大家演示一下，(边走边演边说)"啪啪啪"轮番给他的翘臀来了一掌。江波的红内裤，在我们心中永不褪色!(生全体鼓掌)

门

生 5：男女生宿舍是刚好面对面的，417 也刚好是面对面的其中一间，连接两岸的就是阳台上的那扇门。而 417 的门上是没有任何修饰的，门内场景一览无遗。每当夜幕降临，对面总是站着一排男生，吵吵闹闹的，偶尔还会听见自己班男生向自己班男生"告白"，声嘶力竭地大喊着："江波，我爱你！"（生笑）有时也会有女生跟着起哄，同我们班对面的男生们喊来喊去，特别有趣。每次宿舍的女孩子洗完澡，就身手敏捷地一把在腰间围个校服，或者缩头缩脑地从卫生间里探出半个身子，招呼我们过去帮忙挂衣服。这样吵吵闹闹、躲躲藏藏、嘻嘻哈哈的生活过了两年，每次大家都说要买些什么把门贴上，从此与外界隔离，可是到现在也没什么结果。大概这没心没肺、热热闹闹的课余时光，就是高中时光最可爱的模样吧！

师：掌声感谢五个寝室的精彩分享，原来背后的故事这么有趣，这么丰富。别说，认识大家这么久，今天才发现原来许多同学还有老师不知道的这样一面，实在是太可爱啦！那么，哪一组的分享最能打动别人呢？我们现在就有请通校的两个小组来进行现场投票，看看，谁的故事叙述得最精彩！

（通校小组同学现场用投票器投票，票数高低依次为：体重计、镜子、红内裤、门、袜子）

师：恭喜第三组获得最高人气，来看看是哪些同学被他们的讲述打动了，请举起手来让她们看到你们好吗？（通校同学支持者举手）来采访一下，（邀请一位男生）她们是怎样打动了你？

生 6：我觉得第三组讲得非常有意思，而且特别……特别生动。

师：能举个例子吗？哪个句子，或是一个词，你还记得吗？

生 6：比如说陈诗雨穿着花睡衣，迈着"妖娆"的步子，向大家宣布要去称体重那一句，（生集体起哄）我觉得特别传神，很有画面感。（生集体爆笑）还有后面那个"又胖了"的惨叫，很有女生的特点，在我印象中，我们班女生常常这样，非常……怎么说呢，非常臭美。（女生大笑）

（板书：画面感）

师：恭喜你，看来她们短短一段文字，就要把陈诗雨永远留在你的高中记忆里了。（生鼓掌）我对她们的描述表示佩服！同学们，她们是怎样做到的呀？

生 7：抓住了人物的性别和性格特点，然后通过动作、语言、外貌等细节描写刻画人物。

（板书：细节）

师：没错，她们很爱这个喜欢称体重的陈诗雨，所以才能把她描述得这样细致，这样可爱、动人，其他小组在这一点上有哪个细节成功打动你吗？（生抢着举手）

生 8：第四组。听完他们的讲述，我终于知道他们那边为什么三天两头大喊"江波，我爱你"了，特别是江波穿着红内裤，提着翘臀，又深沉又性感地趴在一根床杆上那句，"提"字用得特别好，这实在是"很江波"！

生 9：我们觉得第一组敷面膜那一段也非常棒。每天晚上熄灯后，几个人打着灯在镜子前挤来挤去特别有画面感，我想每个高中女生应该都有一段跟镜子的故事吧！然后敷面膜的时候用手提着面膜上端不敢笑而大家又非得逗你笑这个细节，特别真实，也特别好玩。我觉得高中女生的相处就是这样，我觉得这里特别打动我。（同桌不住点头）

师：是啊，就像她们所说的，一面镜子，能装下这个寝室里所有的人，看来选择一个能装下许多故事的物品，就已经是成功的一半啦！刚才她发表看法的时候，（邀请同桌）你好像感受很深？

（板书：物品）

生 10（腼腆地）：我非常赞同她的话，因为我听了都想回寝室住校了，还是住校好玩，以后回忆起来肯定特别美。

师：我猜让你动心的不只是好玩，还有由这些好玩的趣事感受到的她们朝夕相处的室友间的深情吧！你觉得呢？（生笑着点头）

（板书：情感）

师：不过不用太遗憾，我们同在一个班级朝夕相处，照样有许多朋友，照样有许多动人的回忆，下面就来看看，通校的两组同学又有怎样的故事要分享，到底哪一组会更打动你呢？掌声有请两组同学！

饮水机

生 11：我们班有个很破很旧的饮水机，按说它的出厂时间也不长，如今却是一副沧桑模样。我还记得那时正是盛夏，朱羽凡哼哧哼哧扛着一个同他一样高的东西闯进教室，满脸通红，汗流如注，霸气地将那东西往地上一摆，从此我们过上了随时有热水喝的好日子。自从有了饮水机，教室里最抢手的位置不再是前三排和风扇底下，大家开始自觉地申请坐到教室后方，因为和饮水机在一起，口干舌燥的时候伸手就能接满满一杯水，生活的幸福感特别强。当然，和饮水机坐在一起就要秉承饮水机服务群众的精神，每当自修课时，一个又一个杯子在班级传递，最后都会传到饮水机边的"活雷锋"手里。有的时候，饮水机还会发挥自己的神奇功力。记得那一天，班主任因为我们纪律不好大发雷霆，站在教室里整整批评了我们半节班会课，他批评得声嘶力竭，全班同学则低着头沉默不语，整个教室忽然陷入一片寂静，场面真是很恐怖。这时，只听教室后方传来一阵绵长而又热烈的咕噜咕噜声，莫名让人很想笑，好不容易憋住笑，谁知它停了几秒又开始了，一阵接一阵，在寂静的教室里独自卖力咕噜了整整一分多钟，我们班主任被惹得破了功，全班瞬间哈哈大笑。我想饮水机里一定住着一个灵魂，一个如水一般温暖、包容的灵魂。

《男人装》

生 12：高三毕业了，隔壁的教学楼一夜之间空无一人。班主任在班上三令五申："高二的同学严禁私自去高三教学楼拿东西！"但总有勇士以身涉险，这一天，我们亲爱的包永杰同学整个放学时间都不见人影，直到铃响，才气喘吁吁地跑进教室。只见他春光满面，还带着神秘的笑容，像抱着珍宝一般紧紧抱着几本神秘的书。周围的同学不约而同地围过来想看看是什么宝贝，一时间，这几本杂志在男生间争相传阅，引起班级轰动。虽然这件事已经过去很长一段时间了，但男生们表示这是青春期特殊的一课，它记录了我们的叛逆，还有懵懂，虽然不是什么正能量，但是一定是我们高中生活一抹独特的色彩。

师：掌声感谢两个小组的分享，把评判权交给大家，现在有请住校的五个小组进行现场投票，谁的故事更动人呢？

（住校小组同学现场投票器投票，票数高低依次为：饮水机、男人装）

师：恭喜第一组获得最高人气，请几位同学来评价一下两个小组的陈述。（邀请一位女生）你投票给了哪一组？你的理由是？

生 13：我投的是饮水机，因为我觉得他们组的描述非常细致，而且很有感情，听他们讲的时候，仿佛高中生活的很多细节在眼前闪过，让我有点感动。

师：用细节传递真情，然后引发了你的共鸣，对吗？看来你也是一个很温暖的人。那么你呢？（邀请一位男生）你投票给了哪一组？

生14：我当然是投"男人装"了！作为男生，我觉得这很真实，高中生不可能没有叛逆这一部分，我觉得这几本杂志很值得作为纪念品。

师：叛逆是必不可少的青春色彩，我非常赞同你的观点！但是有点遗憾，为什么你拥护的"男人装"的票数没能超过饮水机呢？你认为是什么原因？

生15：我觉得，两个物品都挺能代表高中生活的一部分的，但是很显然饮水机这个物品在女生中人气更高，比较能够代表全班同学的感受吧。而且他们这一组讲述的时候确实是更加细致，画面感比较强，用语什么的也比较生动，所以整体上会更打动人一些。

师：没错，越是与大家都相关的物品，越能承载更多故事，也越能引发更多人的共鸣。如果我们对一个物品充满感情，在我们提笔写它时，就能自然而然地用细节拼凑出画面感，而有画面感的故事，总是最能吸引大家的目光，也是最能打动他人的。用一个物品来传递一份情感，这不就是"移情"吗？

（四）总结提升，作品展示

师：这一节课，我们聊得非常开心，大家不知道，因为这些纪念品，老师听到大家背后的故事，仿佛在听一场青春故事会。这些不同的色彩，就是我们青春的色彩。希望我们好好保存这些纪念品，不管它是温暖的、伤痛的，还是向上的、叛逆的。也希望各个小组结合这节课所学习的知识，下课后将这背后的故事文稿再次进行修改完善，我们将把最终的文稿整理成电子稿，由班长发布到我们班的班级博客中去。许多年以后，当你打开博客，再翻看它们时会不会被当年的自己打动呢？让我们拭目以待吧！

二、执教者言

本节课的教学思路如图 2-21 所示。

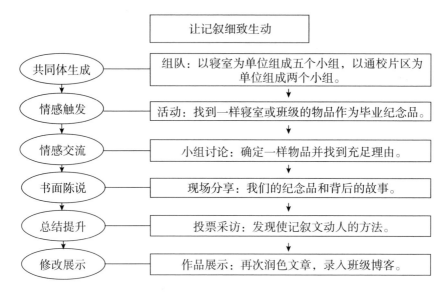

图 2-21　教学思路图

　　这堂课的设计，是有大片的留白给学生的，上课之前我不自觉地在心里进行了各种预测：学生会选择什么作为纪念品呢？晾衣架还是抱枕？黑板刷、日记簿、还是相册？事实证明，我的猜测一个也没中，学生最后写在黑板上的"纪念品"，比我料想的有创意、有个性、有时代感，而它们背后的故事，是此时的我根本无法想象的。由此可见，"预设"真不是一件简单的事，对作文教学这种没有教科书的课堂进行过多的预设，更是不合常情。"生本课堂"实践了这么多年，但课堂上真正留给"生本"的空间真的少得可怜，越是无法控制越是想控制，在自由度相对较大的作文课上，教师尤其容易犯这样的忌讳。摆方法、举例子、做练笔，让作文课真正成了技能练习课，不给学生活动空间的课堂不在少数，有活动设计的，也不过是追求形式，为了"生本"而生本罢了。其实我们都知道，情感是写作的源泉，下笔之前不给学生充分的时间调动情感，想靠方法、指令牵引出动人的文字本就是缘木求鱼。那么，怎么做才能在记叙文教学中，用情感牵引文字呢？

（一）情感的助力：共同体组成

　　单一的小组组合形式，不能满足日常教学中学生的交流需求，在作文教学交流中更是远远不够的。例如，在论述文写作教学中，我们需要为更多的思想碰撞提供可能；而在记叙文写作教学中，我们则需要为更好的情感发酵提供可能，因此我们需要更多的小组组合形式，写作共同体由此产生。有共同情感经历的群体，即为情感共同体，在这一节课堂伊始，我就组建了两组情感共同体。一组是住校生，又以寝室为单位分成五个小组，他们在日常校园生活中朝夕相处，在情感上拥有许多共同的敏感之处；另一组是通校生，又以片区为单位分成两个小组，他们在班级生活中十分熟悉，在课余生活中通常又是邻居身份，在情感上也有许多共同的体验。谈论与高中生活相关的情感话题，同学们身处这样的组合当中，无疑进入了一个强大的情感磁场，能够有效地助力情感的延伸。

（二）情感的激发：情境营造

营造一个恰当的情境，让学生身处其中，在体验中生发情感。在这节课开始，抛出"我们的纪念品"这一话题之后，我用音乐营造适合回忆的气氛，让学生闭上眼睛静静地聆听音乐，随着音乐回想画面，寻找属于自己的情感源泉。在这样的情境当中，学生的感受是自由的，但话题和音乐的旋律会牵引学生的思绪，而学生在自我的回忆中寻找到的物品，就是属于他个人的情感阀门。在这节课的中间，我让学生在小组内进行交流推选，选出共同的纪念品，这便是第二个情境。室友围坐交流，能快速将同学们拉入寝室的情境，让他们自在放松，即便是平时不善于言谈的学生，因为互相熟悉，也能很快融入其中。同片区通校生围坐交流，同样能找到属于他们上下学路途上聊天的话题，实现情感共鸣。

（三）情感的延伸：体悟方法

恰当的情感表达背后隐藏的，其实就是写作的方法。在一堂情感体验足够到位的作文教学课中，方法在学生的表达分享中会自然而然呈现，我们完全不必苦苦理解、模仿，只需要仔细感受、发现。这堂课的陈说分享环节，其实分成两个部分，第一部分是五个寝室小组代表上台陈说，然后请通校同学进行投票并接受采访；第二部分是两个通校小组代表上台陈说，然后请住校同学进行投票并接受采访。第一部分其实是在进行知识的"发现"，仔细聆听感受，然后讨论、发现自己被打动的原因，即使记叙文动人的写作方法；第二部分则是在进行知识的"巩固和检验"，不再是简单的感受，而是在感受的同时，借助专业的写作知识来辅助自己做出判断，在判断的过程中对知识加深理解。在这一堂课的教学中，学生边感受边思索，体悟出"物品—细节—画面—情感—物品"这一"移情"的过程，发现了成功的叙事的基本路径之一，并结合亲身体验真正理解了这一写作知识。

（四）情感的表达：写作实践

知识真正被消化，一定是在同学们带着知识再次实践的过程中，我在课堂最后布置了一道作业：运用这节课所学知识将小组故事再次进行修改，并发表到班级博客中去。学习是一个永久和反复的过程，修改之后的文章发表于博客是第二次分享，而文章在网络上收到的评论则将是第二次讨论，如果这些孩子留恋高中生活，不时到博客中来回顾当年的文章，那么新的一轮分享和讨论，便又开始了。

这样的记叙，始于情感，存于情感。永远都在发酵，永远都在更新，永不丢弃记叙的灵魂，永远生机勃勃，永远动人。

三、观教者言

记叙文就是记载、叙述我们在生活中看到、听到、经历过、接触过的一些人物和事件的文章，在成功的记叙文中，读者往往会有一种如见其人、如闻其声、如临其境的感觉。换个角度来看成功的记叙的发生，它是记叙者内心的情感被某些人物或事件所触动，因而从此人或此物出发让情感实现的延伸，情感的末梢到达的细微处，便是人物的"细节"、声音的"立体"、场景的"层次"，记叙因此而细致动人。

由此可知，"移情"是记叙文写作的本质和源头。在传统作文教学中，往往将记叙文按内容分成记人、叙事、写景、状物四个板块，分别教以人物描写方法、叙事顺序、景物描写方法、详略与细节等写作知识，让学生反复练习。这种教学方式无疑是本末倒置的，试想，提笔时的情感不鲜活，又如何能做到使所记之人、所叙之事鲜活动人呢？

王伟老师的这则课例给我们带来了不少的启发。记叙文写作教学尤其要重视情感的触发和体验交流，触发是为了让记叙找到抓手，体验交流是为了使记叙更细致生动。寻找最能触动内心情感的事物和人物，激发情感的源泉；借助最能推动情感流动的形式，使情感末梢延伸，譬如让有共同情感体验的群体一起深入交流。这样的群体即情感共同体，面对关于情感的话题，他们更容易实现情感的共鸣，并生发出极大的交流热情，使性情相对温润的同学受到更多启发，使情感炽热的同学碰撞出更多火花，是此类课堂必不可少的载体。

四、学生习作

镜里芳华

宿舍一进门，迎面就是柜子上很大的那面镜子，每天每个人都会很臭美地站在镜子前至少三分钟。比如我们的"黑妹儿"陈梦茜小姐："我感觉我今天变白了！"这时候，王晓燕就会踱着小碎步快速走过去，夸张地把自己的脸往她脸上一贴，半挑眉毛，说："那是因为我没有站在你旁边。"王晓燕有时也会掐着腰站在镜子前，貌似愁苦："唉，我感觉我日渐消瘦，明天可以多吃点儿补补。"然后林佳柔和张紫霞就会立马接话："我感觉你怎么吃都不胖！"每天晚上，镜子前总有几个"傻子"敷面膜，镜子后面堆了一堆面膜，王晓燕说："我发现我这张面膜有点儿小，我脸都绷不住它！"然后就听见徐雨琪细声细气地说："唉，我这张和你的一样，我感觉它特别大，都拖到脖子根儿了！"每天晚上熄灯了还有人在敷面膜，几个人打着灯在镜子前挤来挤去，姑娘们敷的时候用手提着面膜的上端，嘴里哼哼着："你们不要逼我笑！"每当此时，所有人都会铆足了劲逗她们笑，直到她们把面膜笑掉在地上……

无论是不是住在 419 的孩子们，进门看到它的第一句话都是："这镜子好大！"

真的好大，很有魔力，可以装住这一屋子的好时光。

【教师点评】

一面镜子，装下了六个性格迥然不同的女孩子，每个人着墨都不多，但字字句句凸显细节，人物形象跃然纸上。一面镜子，见证了天真烂漫的好时光，透过镜子，我们看到了一屋子的真情，一屋子的青春韶华。美极！妙极！

【附】调查问卷

教学反馈表

填表日期：2018 年 6 月 27 日

学生姓名		年级	高二	班级	16	性别	

这堂作文课给你的感受如何？请畅所欲言，并谈谈你对这堂课的建议和意见。（摘录五条）

1."我觉得这堂课非常有意思，拉近了同学与同学之间的距离，也学到了许多关于写作和表达的知识，感触颇深。"

2."这堂课的教学方法十分独特、新颖，能激发我们的好奇心，让更多人参与进去，效果也非常好。潜移默化中，我们学习了写作知识。唯一不足的是课堂气氛太活跃，个别同学容易失控，不过总体上非常好，期待下一次这样的课堂。"

3."平时很少有这样形式的课堂，真的是第一次跟室友坐在一起上课，感觉很不错，因为很容易找到共同话题，所以能够很好地调动自己的表达欲望。"

4."建议有更多的类似的尝试，比如去教室外面上课，草地或操场都行。"

5."从来没有上过这种形式的作文课。一向不喜欢作文课、排斥写作文的我也表示这样的形式很新奇很喜欢。就是课堂相对平时要松散一些，还可以更紧凑一点，其他都挺好的。"

合作写诗：共同完成的诗作

执教者：李圣宇　观教者：毕本弓

一、教学实录

(一)气氛渲染，激发兴趣

师：你曾经收到过情书吗？你曾经写过情书吗？

生(摇头)(异口同声)：没有。

师：这个世界上，不是缺少我们爱的人和爱我们的人，而是很少有人肯花时间慢慢地写一首情诗。当车、马、邮件都慢，一生只够爱一个人的时候，信件上写的是这样的诗歌：

(PPT 展示)

巴巴地活着，每天打水，煮饭，按时吃药

阳光好的时候就把自己放进去，像放一块陈皮

茶叶轮换着喝：菊花，茉莉，玫瑰，柠檬

这些美好的事物仿佛把我往春天的路上带

所以我一次次按住内心的雪

它们过于洁白过于接近春天

在干净的院子里读你的诗歌

这人间情事恍惚如突然飞过的麻雀儿

而光阴皎洁

我不适宜肝肠寸断

如果给你寄一本书，我不会寄给你诗歌

我要给你一本关于植物，关于庄稼的

告诉你稻子和稗子的区别

告诉你一棵稗子

提心吊胆的春天①

师：请一位男生读一读这首诗吧。

（男生读错了"稗"音，师纠正读音）

师：猜猜这首诗歌的标题？

生1：美好事物。

师：的确，诗人写到了许多植物。比如"菊花，茉莉，玫瑰，柠檬"，又写到了"稻子和稗子"。"菊花，茉莉，玫瑰，柠檬"是农村里少见的美好事物。但是这首诗的重点在于"美好事物"吗？诗人觉得自己的生活拥有这些"美好事物"么？诗人拿什么自比？

生2：稗子。

师：知道什么是"稗子"吗？

（生2摇头）

师：稗子是一种杂草，有害，和前面的美好事物一对比，显示出了自己在爱情中卑微的地位，不敢奢望，时刻担忧。诗人通过植物巧妙地创作了一首情诗。所以这首诗歌的名字就叫做……

生3：爱情。

师：相当接近了。

（PPT显示标题——《我爱你》）

（生惊呼）

师：大家想不想创作这样的情诗？有同学不相信自己能写诗，今天我们就迈出第一步，也从我们身边最熟悉的植物入手。

（二）合作创作，帮助点拨

师：一个人写诗难，但是一群人写诗还难么？在古代的时候，有一种习俗叫"百家衣"，利用每家每户搜集来的碎布制成一件新衣，有吉祥的寓意，我们不妨借鉴这样的思路，做一首"千家诗"。现在，允许你们每个人在心中偷偷地想起一个最爱的人。我不会让你说出这个人是谁，你尽管放心大胆地想。接下来，你有一个机会给自己所念之人一件唯有语言才能幻化出来的礼物。

（PPT出示游戏规则）

四个人为一个小组，选一个小组长。

---

① 余秀华：《月光落在左手上》，1页，桂林，广西师范大学出版社，2015。

随机给每个组长一张精美的明信片，明信片上有一种植物。

第一个同学以"我想给你一（个/朵/棵……）××（抽到的植物）"开头，以顺时针的方式传递明信片。

只有当明信片传到你手上时，你才有机会写，每人只允许写1~2句，写完将纸条递给下一个人，期间不允许讨论。

限时15分钟。期间遇到困难的同学，可以来讲台上打开一个"急救包"找点灵感。

限时5分钟，小组将创作好的诗歌抄到明信片上，并派一个代表准备朗读你的诗歌。

经过大家评选最优的小组可以获得一套情书卡片。

师：这有一个"急救包"。

（PPT出示"急救包"）

1. 可以通过增加一些出人意料的细节充实这首诗。

2. 可用多种方法结尾，比如一个笑话、一句妙语、一个开放性的描写等。

3. 用一些特殊的形容词来形容抽象事物，比如"很清瘦的三年时光"。

4. 用一些特殊的动词来使诗歌灵动起来，比如"味道直在嘴里淌"。

5. 可以化用前人写过的有关这种植物的诗句，装饰自己的诗歌。

6. 试着制造一些矛盾，让你的诗歌更加有张力，比如"黑夜给了我黑色的眼睛/我却用它寻找光明"。

7. 言不及情，有时候也是一种曲折的写法，比如想说"我爱你"，可以换成"今夜的月光真美"。

8. 省略一些内容，比如"如果，一滴声响／是屋檐下一个故事的轮回"就省略了中间的"水落地的"几个字，直接与"声响"衔接。

9. 将你的主观情感通过客观景物描写，若隐若现地透露出来，比如"年年今夜月光比水草缠绵"。

10. 将无形的抽象事物，通过一些动词，使其变化为有形的具体事物，比如"那些腐蚀钢铁的寂寞与单调"。

11. 用一个动词使两个不相干的事物建立联系，比如"混浊的浪头不时喷出受惊的群鸟"。

12. 利用逆向思维，写一个反喻句吧！比如"小别的湖面今夜明晰如我"。

13. 试着把被动的事物变为主动的事物，比如"那样傲慢地 / 尘灰说出了风""让书读我"。

14. 打乱原有句子的成分排序，重新组合，例如为了强调"沉静"的氛围，我可以写出"沉静是夜深"或"沉静是海底"。

15. 模糊一点吧！故意省略多种可能的具体细节，为扩大某个动作或性状词语的张力，从而给读者留下广阔的想象空间，比如"他们伸出手，想阻止什么"。

16. 试着去重复一个字，并且去变化它的词义，比如"我说，八戒，一生应戒的事太多"。

（学生开始抽卡片，构思诗歌，进行创作。每个小组在中途都抽了"急救包"来打开思路。）

（三）分组展示，集体投票

师：创作时间到！接下来是"哇哦"展示环节。只有三个小组有展示的机会，获胜的小组每个人可以获得精美礼品一份。

生4：可不可以每个小组都展示？

师：（由于临近下课，但是学生热情很高）好的，那么我们就不限定展示数量，只要是想展示的小组都可以和我们分享你的创作。

（展示环节省略，具体作品见"学生习作"）

师：大家在创作过程中的才华出乎我的意料，每一首诗歌我都想要珍藏，我也看见了大家在分享过程中为其他小组的才华由衷地鼓掌。接下来，我们来投票，每组的组长拥有投票权，选出一个最棒的小组，可以获得一套"情书明信片"。

（得票最高的是"青莲"组）

（四）现场访问，总结提升

师：原来写诗离我们的生活并不遥远，我们仅仅是要一个开始。我特别想针对这次的写诗活动，采访一下大家。首先，我想先问问刚刚"姜"小组的组长，你将票投给了"青莲"组，他们的诗歌中最让你觉得"哇哦"的是哪句诗？

生5：我最喜欢那句"青莲睡觉的时候/我来睡你"。我觉得这种表达既含蓄唯美又大胆热情。

师：其实我也很喜欢这句话，真当是一句"妙语"。那我就直接问问

"青莲"组的成员，当时写这句诗歌的灵感从何而来？

生6：因为我很喜欢余秀华，对她有一首诗歌的印象非常深。

师：是那首《穿过大半个中国去睡你》吗？

生6：没错。我写这句话的时候也是灵光一闪，想到"睡"这个词其实是非常有意思的一种内心剖露。这个词相当口语化，和"莲"这样高洁的植物有一种强烈的反差，同时也有某种契合。

师：好的诗歌一般都极具"穿透力"，你的这句话的确给人以震撼，对于生命，你一定有着独特的体验。那么，还有一个问题想问大家，你觉得个人写诗和集体合作写诗有什么区别？

生7：我觉得一个人创作诗歌的时候比较"孤独"，这种"孤独"感有时候可以让我更加沉浸在我的创作里。集体合作写诗的话，我觉得比较有意思，每个人会有不同的想法，这样容易形成思维的碰撞，我也很享受这个过程。

师：说得很中肯。诗歌可能是我们现阶段生活中的"奢侈品"，它看似遥不可及，但是它能给我们带来极大的愉悦感。希望今天的合作写诗是一个引子，希望我们班级里能多一些诗人。

二、执教者言

本节课的教学思路如图 2-22 所示。

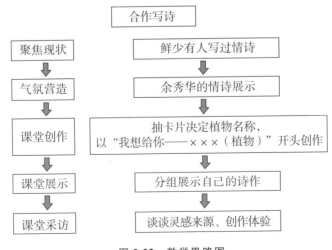

图 2-22 教学思路图

经过这节课，我有如下几点思考。

（一）诗歌创作地位亟须提升

诗歌作为文学形式的源头，在文学史上具有重要的地位，可以说是中华文化的正统形式，但是诗歌写作在中学教学中的地位却一直没有得到应有的重视，反而处于空白的尴尬地位。这一堂课在一开始的时候，学生对于创作诗歌是持否定态度的，我虽然早有预料，但没想到全班会意见一致地不想写诗。在平时的教学中，学生对散文还能略作欣赏，但是一遇到诗歌，特别是缺乏训练的现代诗，根本无从下手，诗歌常见的批评概念也不了解。这直接影响了他们在诗歌创作上的兴趣，但这可能更多的还是一种畏难的情绪。我们在诗歌的创作的引导上更是寸步难行。这次课堂教学算是一次尝试，也意味着诗歌永远不可能退出教学舞台，诗歌创作要渐渐渗透进日常的教学中，慢慢实践。

（二）学生写诗潜力亟待挖掘

在写作这件事情上，很多学生都处于被动的境地，愿意主动创作的少之又少。设计这节课之初，我一直担心学生会创作不出诗歌，课堂无法进行。但是从实际课堂效果来看，学生其实一旦进入了一种创作氛围，他们的思路就会拓展得异常宽广，就能够写出一些令人拍手称赞的妙句。甚至连一开始没什么创作基础的同学，也能够写出一两句话，虽然不一定写得好，但是能让人看到他们的潜力。他们自身在这过程中也渐渐对自己增强了信心。

（三）诗歌创作形式需要多元

为了激发、鼓励学生的创作兴趣，降低初次写诗的难度，我采用了合作写诗的形式，整堂课下来效果还算不错，至少每个人都在充分享受这个过程，我也因最后作品的呈现而充满了成就感。但是这样的创作形式能持效多久呢？合作的方式在创作诗歌初期起"引进门"的作用，最后的"修行"靠的依然是个人的独立创作，这样才能保持作品的完整一致性。所以，在今后的诗歌写作形式上，如何用更多有趣的形式来激发写作灵感，引领写作之路，还需要很深的思考和很多的尝试。

三、观教者言

诗歌写作教学是写作教学中极度空缺的一块。学生对于诗歌望而生畏，更加不相信自己可以创作诗歌。究其原因可能有如下几点：第一，引起诗歌创作的情感触点比较难以寻找；第二，单独创作一首完整诗歌的难度较大；第三，缺乏第一次的尝试，害怕写得不好，自尊心受挫，因而不敢尝试。这些原因都基于一种惯性的认识，即一首诗歌是由单个诗人独立创作，带有个人私密性。

李圣宇老师的这节课帮助我们打破了这个惯性认识，展开了一个很好的尝试。本节课旨在给学生一个特定的感情触发点，并让诗歌从个人创作变成集体创作的一个过程，这也许可以解决上面三个阻碍学生写诗的问题。因为是集体创作的诗歌，学生不用承担创作失败的风险，所以他们乐意迈出诗歌创作的第一步，他们会乐意与他人分享最后的成品，也能够客观地对他人和自己的作品进行评价。而且集体创作在诗歌写作的过程中，组员之间可以相互启发，相当于一个小型的头脑风暴，这更能激发他们天马行空的创作灵感，降低了诗歌的创作难度。

李圣宇老师的这节课完全由学生的活动构成，教师在课中起到的作用主要是诗歌写作起点氛围的营造，情感触发点的激发，组织小组协作，在学生遇到创作瓶颈的时候给予启发，以及鼓励学生大胆创作、大胆分享、大胆评价。这堂课将成为学生诗歌创作的起点。

四、学生习作

组 1：青莲

我想给你一枚青莲，
随便你供在净瓶里，
或者随手掷入我的玉壶。
他们说八月十五的月亮最圆。
夜深人静，
荷花池旁西厢房，

青莲睡觉的时候，

我来睡你。

【教师点评】

用一个动词"睡"来连接植物和特殊的情感，构思奇特，语出惊人。

组2：红梅

我想给你一枝红梅，

磊磊如山上劲松，皎皎似缺月映幽泉。

幽暗星夜下傲雪凌霜的姿态，

便如云散月现之渺然。

你踏雪而归，在建康的寒食东风里，

我听见你说："弱叶栖霜雪，飞荣留余津。"

你是珠玉在侧，而我是灞陵蒲柳。

只愿郎君犹记，折枝赠柳忆长安。

承平二年的沧州没有红梅。

【教师点评】

语言古典优雅，颇有大师风范，赋予红梅坚贞的品格，也托红梅巧诉相思。

组3：苦瓜

我想给你一个苦瓜，

晨曦的光晕点点，是苦瓜上的碧绿透亮，

在碧绿上写下你的名字。

夏天的温度使他肆意地攀缘，

苦涩丝丝绝不是我的本意，

我想要的是你心里的三尺之地，

便足矣。

【教师点评】

恋爱之中的苦涩，不就正如苦瓜，虽苦但滋养身心。

组 4：姜

我——一块姜
我愿我身陷黑色的泥沼，
只是为你留下一络温暖。
我不愿风雪，
不愿寒冷，
不愿黑夜。
当你终于疲惫，终于掌心冰凉，
可愿——可愿——

【教师点评】

姜加可乐，驱寒时不忘甜蜜，暖人心头。结尾似乎不够完整。

组 5：松叶

我想给你一片松叶，
在风中傲然挺立，
松针戳破我的心，
四季常青，日日夜夜，月月年年，
你的容貌在心里挥散不去。
那样傲慢吧，
扎了心。

【教师点评】

松针片片，如我真心。尾句比较唐突。

组 6：勿忘草

我想给你一棵勿忘草，
哪怕发生战争，你也不会忘了我。
回头时，你还在那里，
在你面前，我会变得好安静，
看你笑，我会忘了呼吸，
今晚的月色很美。

【教师点评】

前后衔接不上，创新不足，勿忘草的特性没有充分利用起来。

组 7：青竹

我想给你一棵青竹，那万古长青的陪伴，

温暖的春风拂来，

青竹冲出大地，

就像你，

冲破我的心门。

炎炎的夏风袭来，

它提供另样的阴凉，

就像你，

送给我的清凉。

凉爽的秋风拂来，

它吹奏起窸窸窣窣的音乐，

就像你，

演奏我的琴弦。

寒冷的冬风拂来，

它平添一抹绿意，

就像你，

变化我的冬天。

我愿做你身边的青竹，

给你万古长青的陪伴。

【教师点评】

结构完整对仗，首尾呼应，语言不够准确，比如"拂"字应有些变化。

组 8：樱

我想给你一朵樱，

轻诉我迷失初春的过往，

粉红的微笑，慌乱过岁月悠长，

然而，

当我一脚踏入漫天花海，

另一只脚却还在现实的梦幻里彷徨，

你可知落尽红樱不见，

我只拾那一朵，

轻绘你模糊的脸庞。

248

【教师点评】

语言唯美，略带伤感，但情绪表达还不够到位。

组 9：梧桐

我想给你一棵梧桐，

种在盛夏的希冀里，

为你长了满树的欢喜，

冬天满目疮痍，

春天遥遥无期。

【教师点评】

没有凸显梧桐的特性，构思不够精巧。

组 10：白橡

我想给你一棵白橡，

与你坚定地站在风雨飘摇里，

一起长大、变老，

携手经历樱花满地，

湖波微漾，

星辰坠入你眼眸，

我从不会说"我爱你"，

但撩过你微红脸颊的微风，

悄悄地告诉了你，

这个心照不宣的秘密，

愿这棵白橡，

像我在你身边，

像风，像光，

陪伴你到天荒地老。

【教师点评】

白橡的特征不够突出，但可看出一点三毛诗歌和舒婷诗歌的影子。

描写：调动感官和记忆

执教者：朱雪梅　观教者：邹兆文

一、教学实录

（一）口头描述，启发引导

师：有人说，人的一生永远都在琢磨三个问题——

生1：我是谁，我从哪里来，要到哪里……

师：不对，没有那么抽象，人的一生永远都在琢磨早上吃什么，中午吃什么，晚上吃什么。（生齐笑）广厦千间，夜眠仅需六尺；家财万贯，日食不过三餐！日出日落，柴米油盐，试问在座的各位哪一个不是天天与吃打交道呢？中国人向来爱吃会吃，也从来不吝把各种吃食写进文字里。今天这节课我们就来分享一下自己"吃"的体验。

师：首先问大家一个私人问题：你比较偏爱吃哪种口味的食物？

生2：酸的。吃什么都喜欢放醋。

生3：我喜欢甜的。

生4：我比较喜欢清淡的口味。

生5：我除了太辣的吃不了，其他都很喜欢。

师：看来大家都有各自的心头好，不过大家说得有些笼统，这样吧，我请课代表具体地说一说。

生6：我喜欢甜的。

师：上海、江浙地区的人比较爱甜，喜欢甜食的人多是很温柔的人。（生笑）那你能描述一下甜是一种怎样的味道吗？

生6：就是一种……香香甜甜的……令人很愉快的味道。

师：感觉不是太好描述，对吧？不过你形容"甜"的时候，加上了"香"，还有"令人很愉快"，加上了嗅觉和内心的感受，这样你的描述就更加丰富了。还能接着描述一下吗？

生6：……

师：那我请你试着描述一下巧克力的甜，好吗？

生6：巧克力的甜带着一种很浓、很独特的香味，放进口里它会慢慢融化，然后整个嘴里就会充满巧克力的香甜……还有黑巧克力还会带着一点苦，然后再变成一种有回味的甜，像茶和咖啡一样……

师：你看，当你有具体的描述对象时，你的语言就更丰富了。你的感受力很敏锐，把吃巧克力的过程以及口感的变化都细致地描述了出来，这就是动用各种感官把味觉细化。而且你在说黑巧克力时还联想到了茶与咖啡，这个非常形象。现在我再难为你一下，请你接着描述一下苹果的甜，你怎么描述？

生6：苹果是……清清淡淡的甜，散发着天然的果香……脆脆的、含有很多水分。

师：所以苹果的甜完全不同于巧克力的甜，对吗？其实老师还可以继续要求你描述蜂蜜的甜、蛋糕的甜、白米饭的甜……你就会发现这些甜其实都不相同。我们的舌头有一万多个味蕾，可以品尝各种各样不同的味道，所以味道是很丰富、很细微的，而且我们吃东西还讲究色香味俱全，这就更加复杂了。所以当你描述一种味道时，必须要学会让味觉细化，动用各种感官去感受它，而不是像我们平时常常表达的那样，只用"酸、甜、苦、辣、咸"这几个词就草草带过，显得太过笼统了。

（二）书面描述，调动感官

（PPT呈现：食味，感官的交织）

师：现在我们做一个小小的练笔。请大家拿出纸和笔，按图表要求来感受你最喜欢的一种水果的主要特征，然后把它们组织成一段完整的描写。要求尽量运用多种感官，从不同角度来描述它，遣词用句要尽量准确贴切。

表 2-5　描述你喜欢的一种水果的特征

感官	水果名称：＿＿＿＿＿＿＿＿	
视觉	形状： 体积： 颜色：	
嗅觉		
味觉		
触觉		
听觉		

（时间 5 分钟左右，完成后分别请三位学生朗读习作）

生 7：我写的水果是菠萝。菠萝是圆柱形的，比香瓜稍大。黄色的菠萝顶端长着又窄又长的绿叶，叶子边上长有锯齿，摸起来有些扎手。整个菠萝看上去像一个扎了冲天小辫的娃娃头。菠萝的皮特别厚，也特别粗糙，像穿着盔甲。用刀把菠萝皮削开，我们就会看到黄澄澄的果肉，果肉带着自然而浓郁的芳香，让人垂涎欲滴。轻轻咬一口，菠萝的汁液就会溢满嘴巴，酸酸甜甜的味道好极了。

生 8：我写的是杨梅。以前的杨梅像桂圆一般大小，但现在培养的东魁杨梅几乎比乒乓球还大，表面上布满一粒粒的杨梅果肉，整个看起来像一个个小绒球。色泽鲜红的杨梅看起来漂亮，吃起来却很酸；熟透的杨梅应该是紫中透黑，肉质细腻，轻轻咬一口，水津津的满口是汁，清新、爽口的甘甜滋味在口中渗开来，汁水顺着喉咙，流入心头。再甜的杨梅也含酸，所以一次不能吃太多，否则牙齿会又酸又软，连豆腐也咬不动。

生 9：我写的是西瓜。西瓜是椭圆形的，比皮球大一些，它外表是深绿和青绿相间的花纹，像水草般，美丽极了。拿出一个成熟的西瓜，用刀轻轻一切，"哧啦"一声，那清脆的瓜皮就自动裂开，呈现在你眼前的是红彤彤的瓜瓤，上面散布着一个个的小瓜籽。切下一小块闻一闻，沁人的清香扑鼻而来，轻轻地咬上一口，汁水溢满了嘴巴，甜甜的瓜汁塞满你的每一个牙缝，滑入你冒火的喉咙，顿时全身一阵清凉，爽极了！

（三）视域拓展，阅读品鉴

师：感谢刚才三位同学的分享。通过不同的感官来感受某一种食物，是将味觉细化的一种有效手段。但我们对某种食物的感受，是否只是停留在感官层面呢？举个例子来说，比如你很爱吃麦虾，但有没有哪个时刻的麦虾特别好吃？或者某个时刻，你突然感觉同样一碗麦虾却不好吃了？

（PPT呈现：食物最好吃的时候）

生10：我觉得什么时候都好吃。

师：恐怕不一定哦，比如麦虾凉了也好吃吗？或者你生气的时候、考试考砸的时候，麦虾的味道会不会差一点呢？

生11：我觉得心情好的时候味道就好，比如考试考得好，比如放假了。

师：说明味道有时是跟情感联系在一起的，对吗？才下舌尖，又上心间，让我们几乎分不清哪一个是滋味，哪一种是心怀。

生12：要认真品尝，认真感受，才能吃出最好的滋味。

师：你提到了一个词"认真"。认真是一种专注和投入的态度，你要吃出最美的滋味，就需要拿出最好的态度细细品，心不在焉或者狼吞虎咽，是尝不出滋味的。

师：这里容老师多感慨几句，其实我以前是个胃口奇差的人，吃什么都不太香，吃什么都一样，把吃饭当任务。我尝试了很多法子想让自己变得馋一点，比如看《舌尖上的中国》，比如常到美食街闲逛，但发现作用都不大。后来偶尔读到汪曾祺的一本集子，居然是他的文字让我突然有了胃口，我发现原来文字是能开胃的。后来我又把汪曾祺谈吃的文字统统搜罗来读，发现他最大的特点就是能把各种普通食物写得特别好吃。我这里给大家略摘几段，咱们来读读：

（PPT呈现）

①没有喝过豆汁儿，不算到过北京。

小时看京剧《豆汁记》（即《鸿鸾禧》，又名《金玉奴》，一名《棒打薄情郎》），不知"豆汁"为何物，以为即是豆腐浆。

到了北京，北京的老同学请我吃了烤鸭、烤肉、涮羊肉，问我："你敢不敢喝豆汁儿？"我是个"有毛的不吃掸子，有腿的不吃板凳，大荤不吃死人，小荤不吃苍蝇"的，喝豆汁儿，有什么不"敢"？他带我去到一家小吃店，要了两碗，警告我说："喝不了，就别喝。有很多人喝了一口就吐了。"我端起碗来，几口就喝完了。我那同学问："怎么样？"我说："再来一碗。"

——汪曾祺《豆汁儿》

②狮子头是淮安菜。猪肉肥瘦各半，爱吃肥的亦可肥七瘦三，要"细切粗斩"，如石榴米大小（绞肉机绞的肉末不行），荸荠切碎，与肉末同拌，用手抟成招柑大的球，入油锅略炸，至外结薄壳，捞出，放进水锅中，加酱油、糖，慢火煮，煮至透味，收汤放入深腹大盘。

狮子头松而不散，入口即化，北方的"四喜丸子"不能与之相比。

周总理在淮安住过，会做狮子头，曾在重庆红岩八路军办事处做过一次，说："多年不做了，来来来，尝尝！"想必做得很成功，因为语气中流露出得意。

我在淮安中学读过一个学期，食堂里有一次做狮子头，一大锅油，狮子头像炸麻团似的在油里翻滚，捞出，放在碗里上笼蒸，下衬白菜。一般狮子头多是红烧，食堂所做却是白汤，我觉最能存其本味。

——汪曾祺《肉食者不鄙》

③酒菜不少。煮花生豆、炸花生豆。暴腌鸡子。拌粉皮。猪头肉，——单要耳朵也成，都是熟人了！猪蹄，偶有猪尾巴，一忽的工夫就卖完了。也有时卖烧鸡、酱鸭，切块。最受欢迎的是兔头。一个酱兔头，三四毛钱，至大也就是五毛多钱，喝二两酒，够了。——这还是一年多以前的事，现在如果还有兔头也该涨价了。这些酒客们吃兔头是有一定章法的，先掰哪儿，后掰哪儿，最后磕开脑绷骨，把兔脑掏出来吃掉。没有抓起来乱啃的，吃得非常干净，连一丝肉都不剩。安乐居每年卖出的兔头真不老少。这个小饭馆大可另挂一块招牌："兔头酒家"。

——汪曾祺《安居乐》

师：读汪曾祺这类写吃的文字，你们有什么感觉？是不是特别好吃开胃？

生13：感觉他心态真好，吃什么都开心。

生14：我觉得汪曾祺是个很有趣的"吃货"，他这个人比他笔下的食物更有趣。

生15：汪曾祺本来就是个老顽童。

师：我觉得如果汪曾祺带着咱们下馆子，保准人人都要多吃三大碗。（生笑）同学们要知道，走近一种食物，需要倾注你的情感，汪曾祺什么都爱吃，吃什么都开心，因为他热爱生活，他能吃出一种快乐的人生态度，这是一种"食外之趣"。美食的诱惑除了色香味，它更大的乐趣在于喜爱美食的人，每天跟着一个有趣的"吃货"吃吃喝喝，哪能不开胃？

（板书：乐趣、心态）

师：我们可以再来读一读丰子恺《忆儿时》一文里回忆父亲吃蟹的段落。

（PPT 呈现）

父亲说：吃蟹是风雅的事，吃法也要内行才懂得。先折蟹脚，后开蟹斗……脚上的拳头（即关节）里的肉怎样可以吃干净，脐里的肉怎样可以剔出……脚爪可以当做剔肉的针……蟹上的骨可以拼成一只很好的蝴蝶……父亲吃蟹真是内行，吃得非常干净。所以陈妈妈说："老爷吃下来的蟹壳，真是蟹壳。"

师：我们也常常吃蟹吧，大家都是怎么吃的？风雅吗？

生 16：掰开了咬着吃，很豪放。（众生笑）

生 17：切成块炒年糕吃，更方便些。

师：其实家常烧出来的蟹，味道应该都差不多吧？但我们不会把蟹的脚爪当做剔蟹肉的针，把蟹上的骨拼成一只很好的蝴蝶。我们很难吃出那份"风雅"和情趣的味道，也不如丰子恺的父亲吃得那般认真。当然，这些描写都是丰子恺的回忆，而最有滋味的食物，都承载着记忆，丰子恺对父亲的怀念也会给食物烙上不一样的滋味。

（板书：情趣、回忆）

再举一例，是最近在网上看到的一篇神作，我选了其中描写嫩蚕豆的一段。

（PPT 呈现）

蚕豆丰收也在春天，出来混的小孩每个人都要有一串蚕豆"项链"，特别豪华的还有蚕豆"手镯"。大人们用蒸锅焖熟，用线穿起来做成项链，我们挂在脖子和手上，想吃就拉一个下来。所有的小孩都挂着蚕豆无所事事地坐在各处，你吃一个我的，我还你一个。焖熟的蚕豆皮很软，一捏就挤出来了，小孩子吃它会发出"miamia"享受的声音。我注意到最近人们常常提起"薄荷色"，其实要是叫"嫩蚕豆色"好像会更美，那两种颜色非常接近。因为蚕豆的颜色好像更厚和柔软一点。这样感觉没什么道理，就是胡乱一说。

师：大家有没有吃过焖熟的蚕豆？这也算是美味吗？但为什么孩子们却吃得"miamia"作响？

生18：童真，充满童趣，哈！把蚕豆串成项链和手镯挂在脖子和手上，还彼此交换着吃，这也太逗了！

师：这哪里只是写嫩蚕豆，这分明就是写傻乎乎的童年嘛。鲁迅也说过小时候吃过的东西是最好吃的，《社戏》里有一句——"真的，一直到现在，我实在再没有吃到那夜似的好豆，——也不再看到那夜似的好戏了"，让多少人依稀忆起往事和童年！我相信这些孩子一定认为嘴里的蚕豆是世上最好吃的蚕豆。

（板书：童趣、童年）

（PPT呈现：食趣，情感和记忆的交叠）

（四）下水示范，完成习作

师：有人说，中国人对食物的感情多半是思乡，是怀旧，是留恋童年的味道。老师的记忆里也有一道美食，写出来与大家分享。

（PPT呈现）

从初一到十五，家里来来往往都是拜年串门的亲戚。孩子多，母亲会炸些藕夹给孩子们当零嘴。湖北产藕，湖北人更爱吃藕，藕夹、酸辣藕丁、莲藕炖排骨，几乎是所有人家百吃不厌的美味。把莲藕去皮，切成薄薄的连刀片；用筷子夹肉馅儿塞入藕内，使肉馅儿均匀分布于藕孔；再放入面浆中打个滚，挂上面糊，然后温油炸至外表金黄即可。炸好的藕夹香酥焦脆，老少咸宜，煞是诱人。记得那半月里，母亲的油锅终日嗞嗞冒着泡，孩子们微微张着嘴，眼睛在发光。一年一年，我们就这样在滋滋作响的油锅旁成长、相爱、别离、团聚，家常美味，也是人生百味。

师：这是我昨晚临睡前写的一段文字，这是老师的乡愁。贾平凹说过，"人的胃是有记忆功能的"，记忆中的美食已经不再是为了满足口腹之需，而是为了满足心灵之需。我在食物中感受亲情，感悟生活，体味人生百味。可能很多同学没有吃过藕夹，但我相信每个人都会有自己的食物记忆，这种记忆就像一个味觉定位系统，会把你和一个人、一方土地紧紧锁定在一起。鲁迅的罗汉豆，周作人的苋菜梗，还有汪曾祺的咸鸭蛋，梁实秋的核桃酪、萝卜汤，都是他们各自记忆里最美的味道。那么在同学们记忆里，有哪些不可忘的味道呢？它们又带给你怎样的生活感悟？

师：最后给大家留两份作业：①请将文学大师们描写吃食的作品搜

罗起来阅读，把你最喜欢的一篇分享到班级的学习群里；②调动你的感官和记忆来描写你喜爱的一种食物，要求尽量避免陈词滥调，字数不限。

二、执教者言

本节课的教学思路如图 2-23 所示。

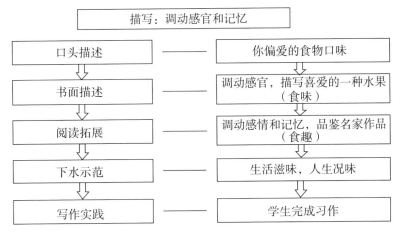

图 2-23　教学思路图

设计这堂作文课，是因为几次作文写下来，我发现大部分学生还是习惯于写套话作文，描写造作，情感苍白，思想贫瘠……这实在是当下学生作文的通病。生活美好，但缺少发现的眼睛，书籍浩瀚，却没有阅读的冲动，于是他们习惯了在单调枯燥的文字世界里记流水账。

其实，自我表达是每个人心底根深蒂固的渴求，只要重视自我心灵体验，简单的甚至枯燥的生活也掩抑不住人对美的追求，所以在提升文笔的写作训练中，如何打开思路以引导学生审视自己的生活和心灵，诱发他们的想象，甚至比写作本身更重要。我想到了"吃"这个话题。每个人每天都要与吃打交道，面对食物，孩子们总是格外感兴趣，所以涉及食物的写作练习总能够获得学生较高的参与度。

我把这节课的教学重点放在了"体验""感悟"二词上。

首先是激活体验。作文不止是作文，更是人全部感官体验的集合。写好作文的第一步，就是要学会激活自己的感官，书写自己的感官体验。所以我把"描述口味"作为课堂教学的起点。一开始学生们的发言较为干瘪，但通过对"甜"这种滋味的引导，学生们的思路打开了，语言也丰富了起来。书面描述环节主要是引导学生感知并细化味觉，通过设计图表，学生的写作思路开阔了起来，思维也很活跃了，很快就写出了完整的文段，但最大的不足在于描写缺乏新意，陈词滥调较多。

其次是阅读感悟。阅读无疑是最直接、最便于诱发体验的方式了，"视域拓展"环节实则为学生提供了几篇美食写作的名家范文，通过品鉴名家作品，将"食味"提升到"食趣"层面，把食物同人的情感和记忆联接起来。但是在这个环节中，由于我设计的"食物最好吃的时候"这个议题有些笼统，教学过程显得有些松散，学生的发言也不太充分。倒是课后交上来的习作给了我一个不小的惊喜，写作质量很高。同学们笔下的美食既有味道上的诱惑，也有对制作过程的欣赏，还有从中获得的种种生活感悟。看来阅读仍是一种非常有效的引领，在适当的教学情境下，选择经典的名家作品对学生加以阅读指导，能把散落在学生身体里的点滴灵感激发出来，久而久之，学生就能获得心的成长，写作的能力自然也会提高。

三、观教者言

好的文笔需要好的感知力和表达力，但好的感知力和表达力从何而来？长久以来，人们都认为好文笔是通过反复训练写出来的。传统的写作课堂专注于探讨以丰富的词汇、多样的角度和手法来编织锦绣文章，这样做固然能够把客观对象描绘得有声有色、有味有形，但这样做往往也会催生出众多的虚伪造作和陈词滥调。写作，若过度沉浸于形而上的知识，就会逐渐僵化，远离生活。

真正有效的写作路径，一是生活，二是阅读。生活带动感知，阅读唤醒生活，所以从某种意义上说，提升文笔的阅读比写更重要。只读不写，写作仍旧可以提升；但只写不读就未必了。语文是感性的，良好的语言感知力和表达力，需要熏陶或浸润。所以，写作必须通过大量的阅读和鉴赏，取法其中，才有可能获得实质提升。

朱雪梅老师的这则课例从激活学生的生活体验出发，开阔学生的思路，继而通过阅读大量的名家范文，拓展学生的写作视域，将阅读与写作两相结合，取得了不错的效果。

四、学生习作

习作 1

初中三年，我几乎每天早餐都吃它。八个一笼，十个一屉，躺在小巧精致的蒸锅里，像一朵朵洁白娇嫩的小桃花。咬开松软的外皮，汤汁就涌进嘴巴里，醇美浓厚，齿颊留香，满足极了。当然吃的时候不能太急，否则不是烫着嘴，就是汤汁流满地。馅心和皮最好一起吃，又软又弹，口感更丰富。麦香混着肉香，伴着香油和姜蒜末的香味吃到肚里，整个人变得元气满满……现在到了高中，我开始了住校生活。食堂的早餐不能说不丰富，但与元气满满的汤包相去甚远。上月听妈妈说，早餐店的夫妻俩已经搬回仙居老家了，每个人的生活都在变化。窗外晨曦渐明，我洗漱收拾往食堂赶，不要紧，时光会逝，但味觉的记忆永存。

【教师点评】

看到"像一朵朵洁白娇嫩的小桃花"一句，我就知道作者有一颗七窍玲珑心。若不是对食物有着感官、感受上的真切体会，怎能写出如此细致深情的文字作品？

习作 2

做粽子这种传统食物就像是制作一件工艺品：把褐绿的箬叶折叠成漏斗形状，放入雪白的糯米和几颗鲜红的小枣，裹成漂亮的三角形，最后用棉线缠绕数圈，系上活扣，就可以拿去煮了。煮熟后的箬叶变深，散发出高雅的竹叶清香，剥开来，红白绿三色互相映衬，艳丽动人。小枣几乎已经成为枣泥，完全融入香浓的糯米中，咬一口香甜绵软，黏而不腻，清香四溢。奶奶和我特别喜欢这种甜粽，所以全家人会格外多包一些，这种宠爱让我对粽子又多了几分喜爱。虽然现在粽子时时都能吃到，但我依然盼着每年的端午，因为家人做的粽子才是最好吃的。

【教师点评】

文字真切到什么程度，对食物的情结就深到什么程度。当情感被唤醒，粽子的"色香味"里便包裹进了浓浓的亲情之味，于是端午就成了粽子最好吃的时候。

习作 3

麦虾是我最爱的一种临海面食，因面团在锅中翻滚的时候，恰似鲜活的虾在河滩上跳动而得名。它的做法类似北方的刀削面，但并不是用刀削，而是用筷子。听家里老人说，在旧社会，麦虾是穷人吃的东西，把面粉加水调成糊状，买不起菜刀，就拿筷子将面糊一条一条削进锅里，倒点萝卜、瓜藤下去拌一下，就是一碗美味。

我对麦虾永远吃不厌。小时候是奶奶烧，现在在外上学，都是妈妈烧给我吃。状如大虾的面疙瘩软韧弹牙，滑润又有劲道，加入清爽的萝卜丝和满满的海鲜或猪肉牛肉，再放点猪油和酱油葱花就可以开吃了。热腾腾的一碗上来，光是闻着香味儿就已经快要等不及了。有时候妈妈跟我打趣，说我身上有一股洗不掉的麦虾味儿，我说："那有什么关系，我以后就打算改名叫'麦虾'。"

【教师点评】

文学的审美多属于一种移情作用。麦虾的特色风味，不仅在细化的味觉里，也在对待平日一饭一蔬的珍重态度里，而经由情感而生的文字，最能打动人、感染人。

后　记

　　书稿编撰好后，不免有几分踌躇满志，又有几分忐忑不安。踌躇满志，因为一件想做的且要花很多精力去做的事情，终于做好了；一种想表达的思想，终于通过合适的方式表达出来了。忐忑不安，因为这些文字呈现在读者面前，呈现在同行面前，不知道会有怎样的反应，会受到怎样的评价。也许这是许多笔耕者共同的心态吧。

　　两年前，包建新高中语文名师工作室成立，加上领衔人刚好十人。两年来，工作室开展了各种研讨活动，我们相互切磋，相互学习；我们研中学，做中学，不断丰富自身内涵，提高语文教学水平；我们有相聚的欢笑，也有求索的痛苦，更有成功的喜悦。两年后，我们又一个成果——《写作：我们这样教》完成了，我们终于发出了自己的声音。

　　是上级领导的支持，才有了我们名师工作室，才有了我们为共同而明确的目标努力的平台，这一点，我们都铭记于心。

　　本书的出版，我们除了要感谢相关领导外，也要感谢北京师范大学出版社伊师孟编辑，感谢她热心的帮助和对本书付出的辛勤劳动。当然，我们也感谢自己，因为我们一直在努力。我们还要感谢关心、鼓励我们的朋友，感谢观教者的指点。

　　这一期的工作室即将届满，可是我们的研究工作还只是开了个头儿，我们还有很多想法要表达，希望能够继续努力，把教学研究延续下去。

包建新

于三峰山下